古典文獻研究輯刊

三五編

潘美月・杜潔祥 主編

第4冊

阮刻《毛詩注疏》圈字彙校考正（下）

孔祥軍 著

國家圖書館出版品預行編目資料

阮刻《毛詩注疏》圈字彙校考正（下）／孔祥軍 著 -- 初版
-- 新北市：花木蘭文化事業有限公司，2022〔民111〕
目 4+226 面；19×26 公分
（古典文獻研究輯刊 三五編；第 4 冊）
ISBN 978-626-344-106-4（精裝）
1.CST：詩經 2.CST：研究考訂
011.08   111010302

ISBN-978-626-344-106-4

古典文獻研究輯刊
三五編 第 四 冊   ISBN：978-626-344-106-4

阮刻《毛詩注疏》圈字彙校考正（下）

作　　者　孔祥軍
主　　編　潘美月、杜潔祥
總 編 輯　杜潔祥
副總編輯　楊嘉樂
編輯主任　許郁翎
編　　輯　張雅淋、潘玟靜、劉子瑄　美術編輯　陳逸婷
出　　版　花木蘭文化事業有限公司
發 行 人　高小娟
聯絡地址　235 新北市中和區中安街七二號十三樓
　　　　　電話：02-2923-1455 ／傳真：02-2923-1452
網　　址　http://www.huamulan.tw 信箱 service@huamulans.com
印　　刷　普羅文化出版廣告事業
初　　版　2022 年 9 月
定　　價　三五編 39 冊（精裝）新台幣 98,000 元

阮刻《毛詩注疏》圈字彙校考正（下）

孔祥軍　著

目次

卷十六

卷十六之一

1. 頁一右　文王之能伐殷

按：「伐」，單疏本、十行本、元十行本（正德十二年）、李本（正德，板心有塗抹）、劉本（正德十二年）、十行抄本同；閩本作「代」，明監本、毛本同。阮記云：「閩本、明監本、毛本『伐』作『代』，案：所改是也。」盧記同。此處單疏本與宋元諸本皆作「伐」，閩本改作「代」，實無依據，阮本是之，謝記謂作「代」為是，皆誤。

2. 頁一左　年八十九年其即諸侯之位

按：「年」，十行本、元十行本（正德十二年）、李本（正德，板心有塗抹）、劉本（正德十二年）、明監本、毛本同；單疏本作「也」，十行抄本同，《要義》所引亦同。阮記云：「案：浦鏜云『下年字當衍文』，是也，讀九字斷句。」盧記同。單疏本《疏》文云「受命之元年，年八十九也，其即諸侯之位，已四十二年矣」，「也」、「矣」相應，則「年」當作「也」，當從單疏本等，浦說誤也，阮記亦誤。

3. 頁二右　二年伐邘

按：「邘」，十行本、元十行本、李本（元）、劉本（嘉靖）、閩本、毛本、十行抄本同，《要義》所引亦同；單疏本作「邗」，明監本同。阮記云：「閩本、明監本、毛本同，案：『邘』當作『邗』，下二『邗』字，十行本不誤。」盧記

－397－

同。《正字》云「『邘』，誤『邠』」，乃阮記所本。考諸下文，確應作「邘」，當從單疏本。阮記謂明監本亦作「邠」，此內閣文庫本作「邘」，未見描改之跡，而重刊監本則作「邠」，其間詳情，難以確知。

4. 頁二右　易類謀云

按：單疏本、十行本、元十行本、李本（元）、劉本（嘉靖）、毛本、十行抄本同；閩本作「是類謀云」，明監本同。阮記云：「毛本同，閩本、明監本『易』作『是』，案：皆誤也，當作『易是類謀曰』。」盧記同。《正字》云「『是』，毛本誤『易』」，《考文》云「嘉本『易』作『是』，謹按：似是」。「易類謀」，疑為緯書，閩本改為「是類謀」，不知何據，或為猜測，當從單疏本等，浦說、山井鼎說、阮記皆不可信從。

5. 頁二右　乃為此改猶如也

按：「猶如也」，十行本、元十行本、李本（元）、閩本、明監本、毛本同；單疏本作「應猶如也」；劉本（嘉靖）作「猶知也」。阮記云：「案：『猶』上當有『應』字，讀以『改』字斷句。」盧記同。揆諸文氣，「應」字不可闕，當從單疏本，阮記所補與單疏本合，堪稱卓識。謝記謂「改」應在「此」上，純屬猜測，不可信從。

6. 頁三右　得魚即云俯取

按：「云」，單疏本、十行本、元十行本、李本（元）、劉本（嘉靖）、閩本、明監本、毛本皆同。阮記云：「案：『云』下，浦鏜云『脫王字』，是也。」盧記同。諸本皆同，浦說無據，不可信從。

7. 頁三左　終而復始紀還然

按：「紀還然」，十行本、元十行本、李本（元）、劉本（嘉靖）、閩本、明監本、毛本同；單疏本作「後紀還然」，十行抄本同，《要義》所引亦同。阮記云：「案：此當重『紀』字，『紀紀還然』者，每紀還甲子，等二十部，比前為然也，浦鏜云『紀還然三字疑衍』，誤甚矣。」盧記同。諸本皆同，浦說無據，不可信從。單疏本《疏》文云「是一紀之數，終而復始，後紀還然」，文從字順，當從單疏本等，阮記猜測之說，不可信從，茆記謂其以意改，是也。

8. 頁四右　有人侯牙

按:「牙」,單疏本、十行本、元十行本、李本 (元)、劉本 (嘉靖)、閩本、明監本、毛本皆同。阮記云:「案:浦鏜云『牙當𤘩字誤,與下步、顧相叶』,是也。」盧記同。諸本皆同,浦說純屬猜測,不可信從。

9. 頁四左　故圖者謂

按:單疏本、十行本、元十行本、李本 (元)、劉本 (嘉靖)、閩本、明監本、毛本皆同。阮記云:「案:此當云『故得圖者』,錯誤耳。」盧記同。《正字》云:「『者謂』二字,疑衍。」諸本皆同,浦說、阮記皆屬猜測,不可信從。

10. 頁四左　謂之為鳥鳥者羽蟲之大名*

按:單疏本、十行本、元十行本、李本 (元)、劉本 (嘉靖)、閩本、明監本、毛本皆同。阮記云、盧記皆無說。《正字》云:「『鳥』,監本誤『烏』。」檢監本重刊本亦同,則浦鏜所謂「監本誤烏」誤甚。

11. 頁四左　君王其終無諸*

按:「無」,元十行本、李本 (元) 同;單疏本作「撫」,十行本、劉本 (嘉靖)、閩本、明監本、毛本同。阮記、盧記皆無說。揆諸文義,顯當作「撫」,李本、阮本之「無」字顯因脫去「扌」旁而誤也。

12. 頁六右　以魚釣于周*

按:單疏本、十行本、元十行本、李本 (元)、劉本 (嘉靖)、閩本、明監本、毛本皆同。阮記、盧記皆無說。《正字》云:「『于』,《世家》作『𡚾』,音干。」諸本皆同,此孔穎達所見本也,原文不誤。

13. 頁七左　不世顯德乎也者世祿也

按:「也」,十行本、元十行本、李本 (元)、劉本 (嘉靖)、閩本、明監本、毛本、巾箱本同;監圖本作「士」,纂圖本、岳本、日抄本同;五山本作「仕」。阮記云:「小字本、相臺本,上『也』字作『士』,案:『士』者是也,《正義》云『仕者世祿』,易『士』為『仕』而說之耳,《考文》一本采之,非也。」盧記無說。《正字》云「『仕』,誤『也』」,《考文》云「一本上『也』作『仕』,無下『也』字」。考《疏》云「『仕者世祿』,欲舉輕以明重,若子孫復有顯德,爵位亦世之,『仕者世祿』,《孟子》文」,涵泳文義,則孔穎達所見

本當為「仕者世祿」，此《正字》所本，與五山本合。國家圖書館藏敦煌殘卷北敦一四六三六《大雅・文王》，作「不示世顯德乎者土祿也」，「者土」似為「士者」之譌，則「仕者」、「士者」乃別本之異，然作「也」顯誤。

14. 頁八右　本宗之子皆得百澤相繼

按：「之」、「澤」，十行本、元十行本、李本（元）、劉本（嘉靖）、閩本、明監本、毛本同；單疏本作「支」、「世」，《要義》所引同。阮記云：「案：浦鏜云『支誤之，澤當世字誤』，是也。」盧記同。百澤，不辭，考經云「文王孫子，本支百世」，《傳》云「本，本宗也，支，支子也」，故單疏本《疏》文本《傳》釋經云「本宗支子皆得百世相繼」，《疏》文之「百世」正本經文之「百世」，「支子」正本《傳》文之「支子」也，故當從單疏本等，浦說是也。

15. 頁八右　言文王德人及朝臣

按：「人」，單疏本、十行本、元十行本、李本（元）、劉本（嘉靖）、閩本、明監本、毛本皆同。阮記云：「案：『人』當作『又』，形近之譌。」盧記同。《正字》云：「『人』，疑『澤』字誤。」諸本皆同，此處不誤，浦說、阮記皆猜測之說，不可信從。

16. 頁八右　所以常見稱識

按：「識」，十行本、元十行本、李本（元）、劉本（嘉靖）、閩本、明監本、毛本同；單疏本作「誦」。阮記云：「案：『識』當作『誦』……」盧記同。《正字》云：「『識』，疑『職』字誤。」稱識，不辭，顯應作「稱誦」，當從單疏本，阮記是也，浦說誤矣。

17. 頁八右　行復已止也

按：「行」，十行本、元十行本、李本（元）同；單疏本作「不」，劉本（嘉靖）、閩本、明監本、毛本同。阮記云：「閩本、明監本、毛本『行』作『不』，案：所改是也，此互易而誤。」盧記同。考經文作「亹亹文王，令聞不已」，故前《疏》釋之云：「毛以為，亹亹乎勉力勤用、明德不倦之文王，以勤行之故，有善聲譽，為人所聞，日見稱歌，不復已止也」，「不復已止」正釋經文「不已」，則作「不」是也，當從單疏本也。

18. 頁八右　釋詁哉維侯也

按：「哉」，十行本、元十行本、李本（元）、劉本（嘉靖）同；單疏本作
「云」；閩本作「文」，明監本、毛本同。阮記云：「閩本、明監本、毛本『哉』
作『文』，案：皆誤也，此當作『云』，與下『云』互易。」盧記同。《正字》
云「『文』，當『云』字誤」，乃阮記所本。檢《爾雅・釋詁》云「伊，維，侯
也」，則作「云」是也，當從單疏本，浦說是也。

19. 頁八右　箋云始至百世

按：「云始」，十行本、元十行本、李本（元）、劉本（嘉靖）同；單疏本
作「哉始」，十行抄本同；閩本作「令善」，明監本、毛本同。阮記云：「閩本、
明監本、毛本『云始』作『令善』，案：所改誤也，此『云』當作『哉』，與上
『哉』互易。」盧記同。此標起止，考箋云「哉，始……皆百世」，無「云始」
之辭，則當從單疏本，阮記是也。

20. 頁八右　不能敷陳恩惠之施

按：「不」，元十行本、李本（元）、劉本（嘉靖）同；單疏本作「以」，閩
本、明監本、毛本、十行抄本同，《要義》所引亦同；十行本作「又」。阮記
云：「閩本、明監本、毛本『不』作『以』，案：所改非也，此『不』字當與上
『行』字互易，山井鼎云：宋板作『亦』，當是剜也。」盧記同。考箋云「乃
由能敷恩惠之施，以受命造始周國」，故單疏本《疏》文釋之云：「以能敷陳恩
惠之施，故得受命造周」，「由」者，釋因之義，「以」字正本「由」也，作「又」
無此義，作「不」則句義乖舛，作「行」語涉重複，皆非也，故當從單疏本，
謝記以為作「以」字，與下句「故」字相應成文，是也。元十行本、李本、劉
本之「不」或因誤認「又」字而誤也，山井鼎所見作「亦」者，不知何本也。

21. 頁八左　傳不至世祿*

按：「不」，十行本、元十行本、李本（元）、劉本（嘉靖）、閩本、明監
本、毛本同；單疏本作「不世」。阮記、盧記皆無說。此標起止，《傳》云「不
世……世祿也」，孔《疏》例取前後數字以標起止，而以前二後二居多，無前
一後二者，則此處顯脫「世」字，當從單疏本。

22. 頁八左　舉輕苞重耳

按：「苞」，單疏本、十行本、元十行本、李本（元）同；劉本（嘉靖）作

「包」，閩本、明監本、毛本同。阮記云：「閩本、明監本、毛本『苞』作『包』，案：所改是也。」盧記同。此處作「苞」不誤，「苞」有包義，《儀禮・既夕》「苞二」，鄭注：「所以裹奠羊豕之肉」，賈《疏》云「下文既設遣奠而云苞牲取下體，故知苞二所以裹奠羊豕之肉也」，則劉本等誤改，阮記亦誤。

23. 頁九右　故經譏尹氏齊氏崔氏也

按：單疏本、十行本、元十行本、李本（元）、劉本（嘉靖）、閩本、明監本、毛本同，《要義》所引亦同。阮記云：「案：『齊』下當衍『氏』字，『齊崔氏』在《春秋》經宣十年也，《王制・正義》無引，不備耳。」盧記同。《正字》云「『齊氏』二字，當衍文」，乃阮記所本。諸本皆同，存疑可也。

24. 頁十一左　言之進用臣法

按：「言」，十行本、元十行本、李本（元）、劉本（嘉靖）、閩本、明監本、毛本同；單疏本作「言王」。阮記云：「案：『言』當作『王』字。」盧記同。《正字》云「『之』，當『王』字誤」，乃阮記所本。考本詩經文云「王之藎臣，無念爾祖？」箋云「今王之進用臣，當念女祖為之法」，《疏》文本箋釋經，則《疏》文之「王之進用」，正本箋之「王之進用」，故當從單疏本，浦說、阮記皆誤。

25. 頁十二右　如早來服周也

按：「如」，十行本、元十行本、李本（元）、劉本（嘉靖）同；單疏本作「知」，閩本、明監本、毛本同。阮記云：「閩本、明監本、毛本『如』作『知』，案：所改是也。」盧記同。考單疏本《疏》文云「王肅云：殷士有美德，言其見時之疾，知早來服周也」，揆諸文義，顯當作「知」，當從單疏本，阮記是也。

26. 頁十三右　皆能配天而行故不忘也

按：「忘」，十行本、元十行本、李本（元）、劉本（嘉靖）、閩本、明監本、毛本、巾箱本同；監圖本作「亡」，纂圖本、岳本、五山本、日抄本同。阮記云：「小字本、相臺本『忘』作『亡』，《考文》古本同，案：『亡字是也』。」盧記同。監圖本箋云「殷自紂父之前，未喪天下之時，皆能配天而行，故不亡也」，揆諸文義，作「忘」顯誤，敦煌殘卷伯二六六九《大雅・文王》，作「故不可亡也」，此為別本，國家圖書館藏敦煌殘卷北敦一四六三六《大雅・文王》，

作「故不忘」，亦作「忘」，可見此字之譌，由來已久也。

27. 頁十三左　言爾國亦當自求多福者

按：「爾」，十行本、元十行本、李本（元）、劉本（嘉靖）、閩本、明監本、毛本同；單疏本作「爾庶」。阮記云：「案：『爾』當有『庶』字。」盧記同。此《疏》引《傳》語，《傳》云「爾庶國亦當自求多福」，則「庶」字不可闕，當從單疏本，阮記是也。

28. 頁十三左　舉未亡以駿亡者耳

按：「駿」，十行本、元十行本、李本（元）、劉本（嘉靖）、閩本、明監本、毛本同；單疏本作「駮」。阮記云：「案：浦鏜云『駿疑駮字誤』，是也。」盧記同。單疏本作「駮」，浦說是也，駿無駮義，或因與「駮」形近而譌。

卷十六之二

1. 頁二右　不以兩明赫赫之文

按：「赫」，單疏本、十行本、元十行本、李本（元）、劉本（元）同；閩本作「兩」，明監本、毛本。阮記云：「閩本、明監本、毛本，上『赫』作『兩』，案：所改是也。」盧記同。單疏本及宋元刊本皆作「赫赫」，閩本改作「兩赫」者，意其見經文作「明明在下，赫赫在上」，遂以為既「明明」《疏》改云「兩明」，則「赫赫」亦當為「兩赫」，遂改「赫」作「兩」，此種推論，似是而非，並無切實文獻依據，不可信從。

2. 頁二左　摯國任姓之中女也

按：十行本、元十行本、李本（元）、劉本（元）、閩本、明監本、毛本、巾箱本同；監圖本作「摯國任姓仲中女也」，纂圖本、岳本、五山本、日抄本同。阮記云：「小字本、相臺本『之』作『仲』，案：『之』字是也……」盧記同。此段文字別本較多，檢敦煌殘卷北敦一四六三六《大雅·大明》，作「摯國名也任姓之中女也」，敦煌殘卷伯二六六九《大雅·大明》，作「摯國也任姓也摯國之中女也」，阮記之說，不可信從。

3. 頁二左　尊而稱之故謂之大姜大任大姒皆稱大*

按：單疏本、十行本、元十行本、李本（元）、劉本（元）、閩本、明監本、毛本、十行抄本皆同，《要義》所引亦同。阮記、盧記皆無說，不知阮本

為何於此加圈。浦鏜云：「（謂之大）下當脫一『大』字」。諸本皆同，「故謂之大姜」為句，原文不誤，浦鏜猜測之說，不可信從。

4. 頁四右　　所言居河之湄

按：「所」，單疏本、十行本、閩本、明監本、毛本同；元十行本、李本、劉本為闕頁。阮記云：「案：『所』當作『巧』。」盧記同。諸本皆同，存疑可也。

5. 頁七右　　維行大任之德焉

按：「維」，十行本、元十行本、李本（元）、劉本（嘉靖）、閩本、明監本、毛本同；巾箱本作「能」，監圖本、纂圖本、岳本、五山本、日抄本同，《要義》所引亦同。阮記云：「小字本、相臺本『維』作『能』。《考文》一本同。案：『能』字是也，《正義》云『故知能行大任之德也』，是其證。」盧記同。檢敦煌殘卷北敦一四六三六《大雅·大明》，作「能行大任之德焉」，敦煌殘卷伯二六六九《大雅·大明》，作「能行大任之德」，則當從巾箱本等作「能」，阮記是也。

6. 頁七左　　繼姑而言維行*

按：單疏本、十行本、元十行本、李本（元）、劉本（嘉靖）、閩本、明監本、毛本皆同。阮記、盧記皆無說。諸本皆同，「而言『維行』」者，正指經文「長子維行」之「維行」也，原文不誤，不知阮本為何於此加圈。

7. 頁八左　　辰星始見於癸巳武王始發

按：「於」，十行本、元十行本、李本（元）、劉本（嘉靖）、閩本、明監本、毛本、十行抄本同，《要義》所引亦同；單疏本無「於」字。阮記云：「案：浦鏜云『於字衍』，是也。」盧記同。原文辭氣不暢，此段《疏》文乃引《漢書·律曆志》，檢之，正無「於」字，故當從單疏本，浦說是也。

8. 頁九左　　礼記及時作坶野

按：「時」，十行本、元十行本、李本（元）、劉本（元）、閩本、明監本、毛本同；單疏本作「詩」。阮記云：「案：山井鼎云『時恐詩誤』，是也。」盧記同。《正字》云：「『詩』，誤『時』。」揆諸文義，顯當作「詩」，當從單疏本，浦說是也，作「時」似因形近而譌。

9. 頁九左　　箋臨視也女女武王也至伐紂必克無有疑心

按：十行本、元十行本、李本（元）、劉本（元）同；單疏本作「箋臨視至疑心」，閩本、明監本、毛本同。阮記云：「閩本、明監本、毛本，作『箋臨視至疑心』，案：所改是也。」盧記同。此標起止，單疏本與閩本等同，十行本似誤。

10. 頁九左　　太誓曰師乃鼓譟

按：「鼓譟」，單疏本、十行本、元十行本、李本（元）、劉本（元）、閩本、明監本、毛本皆同，《要義》所引亦同。阮記云：「案：『鼓』下當有『鼓』字，見鄭大司馬注引。」盧記同。諸本及《要義》皆同，阮記之說，純屬推測，不可信從。

11. 頁十一右　　鄭箋膏肓云

按：「肓」，十行本、元十行本、李本（元）、劉本（元）、閩本、明監本同；單疏本作「肓」，毛本同，《要義》所引亦同。阮記云：「毛本『肓』作『肓』，案：『肓』字是也。」盧記同。《正字》云「『肓』，監本誤『肓』」，乃阮記所本。膏肓，不辭，顯應作「肓」，當從單疏本等，浦說是也。

12. 頁十一右　　定遠彊也

按：「彊」，十行本、元十行本、李本（元）、劉本（元）、閩本、明監本、毛本同，《要義》所引亦；單疏本作「疆」。阮記云：「案：浦鏜云『彊當作疆』，是也。」盧記同。疆土從土，作「疆」是也，當從單疏本，浦說是也。

13. 頁十一右　　其言皆可與尚父義同*

按：「可與」，單疏本、十行本、元十行本、李本（元）、劉本（元）、閩本、明監本、毛本同。阮記云：「案：『與可』二字當倒，『可尚父』者，謂《傳》之『可尚可父』也。」盧記惟「與可二字」作「可與二字」，餘同。《正字》云：「『可』，疑衍字。」原文辭氣無滯，諸本皆同，浦說、阮記皆誤也。

14. 頁十一左　　其合兵以朝且清明之時

按：「且」，十行本、元十行本、李本（元）、劉本（元）、閩本、明監本、毛本同；單疏本作「旦」，《要義》所引同。阮記云：「案：浦鏜云『旦誤且』，是也。」盧記同。朝旦清明，不辭，考下《疏》云「故謂朝旦清明」，則作「旦」

是也，當從單疏本等，浦說是也。

15. 頁十一左　言其昧之而初明晚則塵昏旦則清

　　按：單疏本、十行本、元十行本、李本（元）、劉本（元）、閩本、明監本、毛本、十行抄本皆同，《要義》所引亦同。阮記云：「案：十行本『其』至『晚』，剜添者一字，當是衍下『塵』字，而上有脫，故補之也。」盧記同。諸本皆同，辭氣曉暢，原文不誤，阮記非也。

16. 頁十二右　綿綿不絕貌*

　　按：十行本、元十行本、李本（元）、劉本（元）、閩本、明監本、毛本、巾箱本、監圖本、纂圖本、岳本、五山本、日抄本皆同。阮記、盧記皆無說。諸本皆同，檢敦煌殘卷伯二六六九《大雅·緜》《傳》文同，下《疏》云「故云『不絕貌』也」，則孔穎達所見本亦同，則此處無誤，不知阮本為何於加圈。

17. 頁十二左　狄人之所欲吾土地

　　按：十行本、元十行本、李本（元）、劉本（元）、閩本、明監本、毛本、巾箱本、日抄本同；監圖本作「狄人之所欲者吾土地也」，纂圖本、岳本同；五山本作「翟人之所欲者吾土地」。阮記云：「小字本、相臺本『欲』下有『者』字，『地』下有『也』字，《考文》古本同，案：有者是也」。檢敦煌殘卷北敦一四六三六《大雅·緜》，《傳》文作「翟人之所欲，貪吾土地也」，敦煌殘卷伯二六六九《大雅·緜》，《傳》文作「翟人之所欲，＝吾土地也」，則別本眾多，阮記謂有「者」、「也」者為是，未見其必也。

18. 頁十二左　君子不以其所養人而害人

　　按：「而」，十行本、元十行本、李本（元）、劉本（元）、閩本、明監本、毛本、巾箱本、岳本、五山本、日抄本同；監圖本作「者」，纂圖本同。阮記云：「小字本『而』作『者』，案：『者』字是也」。檢敦煌殘卷北敦一四六三六《大雅·緜》，敦煌殘卷伯二六六九《大雅·緜》，《傳》文皆作「而」，則作「而」是也，阮記謂作「者」為是，誤甚。

19. 頁十二左　何患無君

　　按：「患」，十行本、元十行本、李本（元）、劉本（元）、閩本、明監本、毛本、巾箱本、五山本、日抄本同；監圖本作「患乎」，纂圖本、岳本同。阮

記云：「小字本、相臺本『患』下有『乎』字，案：有者是也」。檢敦煌殘卷北敦一四六三六《大雅·縣》，敦煌殘卷伯二六六九《大雅·縣》，《傳》文皆作「患」，無「乎」字，則作「患」是也，阮記謂有「乎」為是，誤甚。

20. **頁十二左** 邑乎岐山之下

按：「乎」，十行本、元十行本、李本（元）、劉本（元）、閩本、明監本、毛本、巾箱本、岳本、五山本同；監圖本作「于」，纂圖本、日抄本同。阮記云：「小字本『乎』作『于』，案：『于』字是也」。檢敦煌殘卷北敦一四六三六《大雅·縣》，敦煌殘卷伯二六六九《大雅·縣》，《傳》文皆作「於」，揆諸文義，作「于」是也。

21. **頁十二左** 諸侯之臣稱君曰公

按：「稱」，十行本、元十行本、李本（元）、劉本（元）、閩本、明監本、毛本、巾箱本、五山本、日抄本同，《要義》所引亦同；監圖本作「稱其」，纂圖本、岳本同。阮記云：「相臺本『稱』下有『其』字，案：有者是也」。檢敦煌殘卷北敦一四六三六《大雅·縣》，箋文作「稱其君曰公」，敦煌殘卷伯二六六九《大雅·縣》，箋文作「稱君曰公」，斟酌辭氣，無「其」者似勝，阮記謂有「其」者是，未見其必也。

22. **頁十三右** 釋訓云由從自此*

按：十行本、元十行本、李本（元）、劉本（元）、閩本、明監本、毛本同；單疏本作「釋訓云由從自也」。阮記云：「案：浦鏜云『詁誤訓』，是也。」盧記同。《正字》云：「『詁』誤『訓』，『也』誤『此』。」檢《爾雅·釋詁》：「遹，遵，率，循，由，從，自也」，則今本「由從自也」在《釋詁》，與孔穎達所見異，浦鏜必謂其誤，或非也。又阮記、盧記皆不及「此」字，不知為何於加圈。

23. **頁十四右** 即云處豳為異耳

按：單疏本、十行本、元十行本、李本（元）、劉本（嘉靖）、閩本、明監本、毛本皆同。阮記云：「案：『處豳』當作『古公因』，讀者記『處豳』於側，因誤改正文也。」盧記同。《正字》云：「『即云』下，當脫『古公』二字。」考《疏》云「唯彼云『太王居豳』，此因『古公』之下即云『處豳』為異耳」，所謂「『古公』之下即云『處豳』」，正指《傳》文「古公處豳」也，諸本皆同，

辭氣曉暢，未知何誤之有，浦說、阮記皆妄加猜測，若如阮記之說，原文當為「此因『古公』之下即云『古公因』為異耳」，真不知何意也！

24. 頁十四左　請免吾乎

按：單疏本、十行本、元十行本、李本（元）、劉本（嘉靖）、閩本、明監本、毛本皆同。阮記云：「案：『吾』當作『居』，浦鏜云『《莊子》作勉居，《呂氏春秋》作勉處』，是也，『免』即『勉』字。」盧記同。諸本皆同，存疑可也。

25. 頁十四左　耆老曰吾不為社稷乎

按：「吾」，十行本、元十行本、李本（元）、劉本（嘉靖）、閩本、明監本、毛本同；單疏本作「君」。阮記云：「案：浦鏜云『君誤吾』，是也。」盧記同。考單疏本《疏》文云「耆老曰：君不為社稷乎？太王亶甫曰：社稷所以為民也，不可以所為民亡民也，耆老對曰：君縱不為社稷，不為宗廟乎？」前後「君」字正相對應，「君」者耆老尊稱古公也，則作「君」是也，當從單疏本，浦說是也。

26. 頁十五右　若顧戀彊宇*

按：「彊」，十行本、元十行本、李本（元）、劉本（嘉靖）同；單疏本作「疆」，閩本、明監本、毛本同。阮記無說，盧記補云：「案：『彊』當作『疆』，毛本不誤」。疆土從土，則作「疆」是也，當從單疏本，盧記是也。

27. 頁十五右　後有明主因而聽之也*

按：「主」，單疏本、十行本、元十行本、李本（元）、劉本（嘉靖）、閩本同；明監本作「王」，毛本同。阮記、盧記皆無說。宋元刊本皆作「主」，明監本改作「王」，不知何據，實不可信從。

28. 頁十五右　說文云陶瓦器

按：「陶」，單疏本、十行本、元十行本、李本（元）、劉本（嘉靖）、閩本、明監本、毛本、十行抄本皆同。阮記云：「案：『陶』當作『匋』。」盧記同。諸本皆同，阮記之說，純屬猜測，不可信從。

29. 頁十五右　則覆之與穴俱土室耳*

按：「覆」，單疏本、十行本、元十行本、李本（元）、劉本（嘉靖）、閩本、明監本、毛本、十行抄本皆同，《要義》所引亦同。阮記、盧記皆無說。

阮記有引文「覆地室」，云：「案：『覆』當作『復』。」盧記同。此「覆」，單疏本、十行本、李本、劉本、閩本、明監本、毛本、十行抄本皆同，《要義》所引亦同。諸本皆同，則阮記之說，純屬猜測，不可信從。

30. 頁十五右　故箋辨之云覆者

按：「覆」，單疏本、十行本、元十行本、李本（元）、劉本（嘉靖）、閩本、明監本、毛本、十行抄本皆同，《要義》所引亦同。阮記云：「案：『覆』當作『復』。」盧記同。諸本皆同，阮記之說，純屬猜測，不可信從。

31. 頁十六左　雖有性苦者甘如飴也

按：「甘」，十行本、元十行本、李本（元）、劉本（嘉靖）、閩本、明監本、毛本、巾箱本同；監圖本作「皆甘」，纂圖本、岳本、五山本、日抄本同。阮記云：「小字本、相臺本『甘』上有『皆』字，《考文》古本同，案：有者是也。」盧記同。檢敦煌殘卷北敦一四六三六《大雅·緜》，敦煌殘卷伯二六六九《大雅·緜》，箋文皆作「皆甘」，有《疏》文云「箋云『性苦者皆甘如飴』」，則「皆」字當不可闕，阮記是也。

32. 頁十六左　內則曰堇苴粉榆

按：「苴紛」，十行本、元十行本、李本（元）、劉本（嘉靖）同；單疏本作「萱粉」，《要義》所引同；閩本作「直粉」，明監本；毛本作「萱粉」。阮記云：「閩本、明監本『苴』作『直』，毛本初刻同，後改『苴』，案：所改是也，下同，浦鏜云『粉誤粉』，是也。」盧記同。《正字》云：「『粉』誤『粉』，『萱』監本誤『直』。」檢《禮記·內則》，正作「堇萱粉榆」，則「萱粉」是也，當從單疏本等，浦說是也，阮記誤甚，下阮本「堇苴」之「苴」，亦當作「萱」。

33. 頁十七左　乃疆理其經界*

按：「疆」，十行本、閩本、巾箱本、監圖本、纂圖本、岳本、五山本、日抄本同；元十行本作「彊」，李本（元）、劉本（元）、明監本、毛本同。阮記、盧記皆無說。檢敦煌殘卷北敦一四六三六《大雅·緜》、敦煌殘卷伯二六六九《大雅·緜》，箋文皆作「疆」。而阮記引文「迺疆迺理」，云：「唐石經、小字本、相臺本同，閩本同，明監本、毛本『疆』誤『彊』字，十行本《正義》中字作『彊』，亦誤，餘同此。」盧記同。本詩經文「迺疆迺理」之「疆」，十行本、李本（元）、劉本（元）、閩本、巾箱本、監圖本、纂圖本、岳本、五山本、

日抄本、唐石經、白文本同；明監本作「彊」，毛本同。檢敦煌殘卷北敦一四六三六《大雅・緜》，敦煌殘卷伯二六六九《大雅・緜》，經文皆作「彊」。敦煌抄本經、箋皆作「彊」，李本、劉本經作「疆」，箋作「彊」，則「彊」、「疆」可通，阮記遽謂作「彊」者誤，未見其必也。下文於「疆」圈字者，亦同。

34. 頁十八右　乃召司空

按：「乃」，十行本、元十行本、李本（元）、劉本（元）、閩本、明監本、毛本、巾箱本、監圖本、纂圖本、岳本、日抄本、白文本同；五山本作「迺」，唐石經同。阮記云：「唐石經『乃』作『迺』，《考文》古本同，案：『迺』字是也，下『乃召司徒』同，標起止云『乃召』，當是後改，又見《公劉》。」盧記同。檢敦煌殘卷北敦一四六三六《大雅・緜》，經文作「乃」，敦煌殘卷伯二六六九《大雅・緜》，經文作「迺」，則「乃」、「迺」乃別本之異，阮記之說，未見其必也。

35. 頁十八右　其繩則直*

按：「繩」，十行本、元十行本、李本（元）、劉本（元）、閩本、明監本、毛本、巾箱本、監圖本、纂圖本、岳本、五山本、日抄本、唐石經、白文本皆同。阮記云：「案：《釋文》云：繩本或作乘，後人誤改經文，是也。」盧記同。檢敦煌殘卷北敦一四六三六《大雅・緜》，經文作「繩」，敦煌殘卷伯二六六九《大雅・緜》，經文作「乘」，此「乘」或即《釋文》所謂後人誤改之本，作「乘」者誤，《釋文》已明言之，則作「繩」本不誤，不知阮本為何於此加圈。

36. 頁十八右　箋云傳破之乘繩也

按：「傳破」，十行本、元十行本、李本（元）、劉本（元）、閩本、明監本、毛本、巾箱本、監圖本、纂圖本皆同。阮記云：「通志堂本同，盧本『之』作『為』。案：『為』字誤改也，此『傳破』二字誤倒耳，當作『破傳』，陸意謂箋之所云，乃破《傳》之乘字也，《傳》未嘗破經為乘，箋又無此云，盧文弨全誤。」盧記同。《釋文》亦作「箋云傳破之乘字」，諸本皆同，阮記曲為之說，不可信從。

37. 頁十九右　呂沈同*

按：「沈」，十行本、元十行本、李本（元）、劉本（元）、閩本、明監本、毛本、巾箱本、監圖本、纂圖本皆同。阮記引作「呂忱同」，云：「通志堂本、

盧本『忱』誤『沈』。」盧記補云:「『呂沈同』,『沈』當作『忱』。」《釋文》作「忱」,《釋文》多引呂忱之說,則此處作「忱」似勝。

38. 頁十九右　說文云引取土*

按:十行本、元十行本、李本(元)、劉本(元)、閩本、明監本、毛本、巾箱本、監圖本、纂圖本皆同。阮記云:「通志堂本、盧本同,案:此《正義》亦引《說文》作『引取也』,今《說文》同,『土』字當誤……」盧記無說。《釋文》作「說文云引取土」,則諸本皆同,阮記之說,純屬推測,不可信從。

39. 頁二十右　以上有止之文而因設耳

按:「設」,十行本、元十行本、李本(元)、劉本(元)、閩本、明監本、毛本同;單疏本作「誤」,十行抄本同。阮記云:「案:浦鏜云『設當誤字之誤』,是也。」盧記同。揆諸文義,顯當作「誤」,當從單疏本,浦說是也。

40. 頁二十二右　其行道士眾兌然

按:「兌」,十行本、元十行本、李本(元)、劉本(元)、閩本、明監本、毛本、巾箱本、監圖本、纂圖本、岳本、五山本、日抄本皆同。阮記云:「小字本、相臺同,案:《釋文》:脫然,通外反,本亦作『兌』,《正義》云『行於道路兌然矣』,是其本作『兌』……當以《釋文》本為長。」盧記同。諸本皆同,作「兌」不誤,阮記非也。

41. 頁二十二右　王蒼說棧即柞也

按:十行本、元十行本、李本(元)、劉本(元)、閩本、明監本、毛本、監圖本、纂圖本同;巾箱本作「三」。阮記云:「案:『王』當作『三』。」盧記同。《正字》云「『三』,誤『王』」,乃阮記所本。《釋文》作「三」,則作「三」是也,當從巾箱本,浦說是也。

42. 頁二十三右　可為櫝車

按:單疏本、十行本、元十行本、李本(元)、劉本(元)、閩本、明監本、毛本皆同。阮記云:「案:浦鏜云『櫝誤櫝』,是也。」盧記同。諸本皆同,檢《爾雅疏》卷九引陸機《疏》,正作「可為櫝車」,則原文不誤,浦說顯誤,阮記是之,亦誤。

卷十六之三

1. 頁一右　樸枹木也

按：「枹」，十行本、元十行本、李本（元）、劉本（嘉靖）、閩本、明監本、毛本、監圖本、纂圖本、岳本、日抄本同；巾箱本作「抱」，五山本同。阮記云：「案：《釋文》云『抱木，必茅反』，《正義》云『釋木云樸枹者，孫炎曰樸屬叢生，謂之枹，以此故云樸枹木也』，是《正義》本作『枹』，《釋文》本作『抱』，或毛公讀《爾雅》字從手，當以《釋文》本為長也，於經中為『苞』字，《釋言》所謂『苞積』。○按：抱者枹之譌文，枹者苞之或體，其實當作『包』，言包裹然，舊校非。」盧記同。檢敦煌殘卷北敦一四六三六《大雅·棫樸》，《傳》文作「枹」，敦煌殘卷伯二六六九《大雅·棫樸》，《傳》文作「苞」。則「枹」「苞」「抱」，皆為別本之異，阮記案語已誤，而按語又云當作「包」，尤謬也。

2. 頁一右　栖音酉字亦作櫨*

按：十行本、元十行本、李本（元）、劉本（嘉靖）、纂圖本同；閩本作「櫨音酉字亦作栖」，明監本、毛本、監圖本同；巾箱本作「櫨音酉字亦作栖」。阮記、盧記皆無說，不知為何於此加圈。檢《釋文》，出字「栖之」，注云「音酉，積也，字亦作櫨」，則當以十行本等為長。

3. 頁一左　似聘取賢人積之

按：單疏本、十行本、元十行本、李本（元）、劉本（嘉靖）、閩本、明監本、毛本皆同。阮記、盧記皆無說。不知為何於此加圈。

4. 頁三右　宗廟之祭賢臣取之

按：「取」，十行本、元十行本、李本（元）同；單疏本作「助」，劉本（嘉靖）、閩本、明監本、毛本同，《要義》所引亦同。阮記、盧記皆無說。不知為何於此加圈。賢臣取之，不知取何物，與宗廟之祭又有何關係，揆諸文義，顯當作「助」，當從單疏本也。

5. 頁三右　王肅云o本有主瓚者

按：「o」，元十行本、李本（元）、劉本（嘉靖）同；十行本為空格；單疏本無空格，《要義》所引同；閩本作「一」，明監本、毛本同。阮記云：「閩本、

明監本、毛本『o』誤『一』，案：此有缺文耳。」盧記同。考《疏》文云「王
肅云：本有『圭瓚』者，以圭為柄，謂之圭瓚，未有名『璋瓚』為『璋』者」，
此引王說乃駁鄭箋，本詩經文云「濟濟辟王，左右奉璋」，箋云「璋，璋瓚也」，
王肅所云乃謂雖然其他文本有作「圭瓚」者，那是因為以圭為柄可稱圭瓚，
而不可稱「璋瓚」為「璋」也，此處「本」字即指其他文獻之意，閩本改作
「一本」，則不知所云，此處單疏本「王肅云」三字為一行行末，隨即轉行又
云「本有圭瓚者」，則十行本合刻時，或誤以為此處有闕，遂置以空格，而元
代翻刻十行本時，於此空格之處加「o」以代之，閩本重刊時又覺此處作「o」
不可理解，遂代以「一」字，遂一錯再錯，以致不可卒讀也。阮記猜測之說，
顯誤。

6. **頁三右**　祭統云君執圭瓚祼尸大宗伯執璋瓚亞祼是也

按：「大宗伯」，單疏本、十行本、元十行本、李本（元）、劉本（嘉靖）、
閩本、明監本、毛本、十行抄本皆同，《要義》所引亦同。阮記云：「案：『伯』
衍字也，當在下，錯入於此，浦鏜云『《記》文無伯字』，是也。」盧記同。諸
本皆同，此孔穎達所見《禮記‧祭統》文也，檢宋刊本沈約《宋書》卷十六
《禮三》，云「說云：君執圭瓚祼尸，大宗伯執璋瓚亞獻」，則亦作「大宗伯」，
則此《疏》非孤證也。浦鏜謂「《記》文無」，尚為存疑之語，阮記謂「衍」，
則武斷甚矣！

7. **頁六右**　故理之為人以喻為政有舉大綱赦小過者*

按：「人」，十行本、元十行本、李本（元）同；單疏本作「紀」，劉本（嘉
靖）、閩本、明監本、毛本同。阮記、盧記皆無說。此段《疏》文釋箋，箋云
「理之為紀」，《疏》文引之，顯當作「紀」，當從單疏本等。

8. **頁六右**　作旱麓詩言文王受其祖之功

按：「詩」，十行本、元十行本、李本（元）、劉本（嘉靖）、閩本、明監
本、毛本同；單疏本作「詩者」，十行抄本同。阮記云：「浦鏜云『詩下當脫者
字』，是也。」盧記同。「作某某詩者」，乃《疏》文行文之通例，「者」字不可
闕，當從單疏本，浦說是也。

9. **頁六左**　以大王言重明前已得周祿

按：十行本、元十行本、李本（元）、劉本（嘉靖）、閩本、明監本、毛

本、十行抄本同；單疏本無「周」字。阮記云：「『周』字當在『明』字下。」盧記同。《正字》云：「『周』，疑『福』字誤。」此《疏》釋《序》，考《序》云：「周之先祖，世脩后稷、公劉之業，大王、王季，申以百福干祿焉」，單疏本《疏》文云「申者，重也，今大王福祿益多，故言重也，以大王言重，明前已得祿，是《敘》者要約之旨也」，大王本為周王，而受周祿，此絕難可通，「周」顯為衍文，當從單疏本，浦說、阮記皆誤。

10. 頁七右　若斬木林

按：「林」，十行本、元十行本、李本（元）、劉本（元）、閩本、明監本、毛本同；單疏本作「材」。阮記云：「浦鏜云『材誤林』，是也。」盧記同。「木材」成辭，作「材」是也，當從單疏本，浦說是也。

11. 頁七右　周語韋昭注云榛以栗而大

按：「榛以栗而大」，十行本、元十行本、李本（元）、劉本（元）、閩本、明監本、毛本同；單疏本作「榛似栗而小」；《要義》所引作「榛似栗而」。阮記云：「浦鏜云『似誤以，大當小字誤』，以《國語》注考之，是也。」盧記同。當從單疏本，浦說是也。

12. 頁七右　上黨人織以為牛筥箱器

按：「牛」，單疏本、十行本、元十行本、李本（元）、劉本（元）、閩本、明監本同，《要義》所引同；毛本作「斗」。阮記云：「毛本『牛』作『斗』，按：所改是也。」盧記同。此《疏》引陸機云，檢《讀詩記》卷二十五《大雅·旱麓》，引陸璣《草木疏》，作「牛莒箱岐」，則作「牛」不誤，毛本誤改，阮記亦誤。

13. 頁七右　箋旱山名至被其君德教

按：劉本（元）、閩本、明監本、毛本同；十行本作「箋旱小名至被其君德教」，元十行本、李本（元）同；單疏本作「箋旱山至德教」。阮記云：「案：『名』當作『之』。」盧記同。此標起止，箋云「旱山之足……被其君德教」，《疏》文標起止，例取前後數字，而以前二後二居多，則單疏本是也，十行本作「旱小名」，顯誤，李本、劉本此葉同為元刊十行本，而一作「小」，一作「山」，意李本印刷時間靠前，故承南宋十行本之誤，劉本為後印本，後印時或有校訂，見此處作「小」顯誤，遂剜改為「山」，而為閩本等所承，或閩本

所見元刊亦作「小」，而挖改為「山」，阮本之底本或情況相似，亦為後印元刊本，故作「山」，然皆誤也。

14. 頁七右　周語引此一章ｏ乃云

按：「ｏ」，元十行本、李本（元）、劉本（元）同；十行本為空格；單疏本無空格，閩本、明監本、毛本同，《要義》所引亦同。阮記云：「閩本、明監本、毛本，不空，案：所改非也，『ｏ』當作『下』。」盧記同。此句並無語氣可頓之處，當從單疏本，阮記誤也。

15. 頁七右　藪澤肆逸民力周盡

按：「逸」，單疏本、十行本、元十行本、李本（元）、劉本（元）、閩本、明監本、毛本同，《要義》所引亦同。「周」，十行本、李本、劉本、閩本、明監本、毛本同；單疏本作「彫」，《要義》所引同。阮記云：「案：浦鏜云『既誤逸，彫誤周』，考《國語》，浦按是也。」盧記同。孔穎達所見本作「逸」，豈可據傳世本以疑之？周盡，不辭，「彫盡」是也，當從單疏本，浦校前非後是也。

16. 頁八右　說文云瑟者玉英華相帶如瑟絃*

按：「瑟」，單疏本、十行本、元十行本、李本（元）、劉本（元）、閩本、明監本、毛本皆同。阮記云：「案：此不誤……」盧記同。阮記既已認為此處不誤，按照阮本圈字通例，則不應加圈也，不知為何於此加圈。

17. 頁九右　進退有節行步有度

按：「步」，單疏本、十行本、元十行本、李本（元）、劉本（元）、閩本、明監本、毛本皆同。阮記云：「案：浦鏜云『止誤步』，是也。」盧記同。諸本皆作「步」，浦鏜以為當作「止」，不知何據，此《疏》引《含文嘉》宋均注，《禮記·曲禮》孔《疏》亦引之，作「進退有節行步有度」，又單疏本《公羊疏》莊公元年，「此《禮緯》《含文嘉》文也，彼注云：諸侯有德，當益其地不過百里，後有功，加以九賜，進退有節，行步有度」，則作「步」不誤，浦鏜妄加猜測，誤矣，阮記是之，亦誤。

18. 頁十左　亦謂之得大我之福*

按：「我」，元十行本、李本（元）、劉本（元）、閩本、毛本同；單疏本作

「大」，十行本、明監本同。阮記、盧記皆無說。考本詩經文云「以介景福」，《傳》云「景，大也」，故前《疏》有云：「以得大大之福祿」，則此處顯應作「大大之福」，當從單疏本等，謝記謂阮本作「我」誤，是也。又監本重修本作「我」，細察明監本之「大」，乃抹去「我」字改為「大」也。

19. 頁十左　說文作尞一云此祭天也*

按：「一云此」，十行本、元十行本、李本（元）、劉本（元）、閩本、明監本、毛本同；巾箱本作「云柴」；監圖本作「一云柴」，纂圖本同。阮記引作「一云柴」，云：「通志堂本、盧本同，案：山井鼎云：『一』字可刪，是也，考今《說文》不當有，小字本所附正無『一』字。」盧記引作「一云此祭天也」，補云：「通志堂本、盧本『此』作『柴』，各本所附同，案：『柴』字是也。《釋文校勘》：山井鼎云『一』字可刪，考今《說文》及小字本所附，正無『一』字」。檢《釋文》出字「所尞」，小注云「《說文》作尞，一云柴，祭天也」，則此處別本眾多，阮記、盧記皆嫌武斷也。

20. 頁十左　王以為神所勞來*

按：「王」，元十行本、李本（元）、劉本（元）同；單疏本作「正」，十行本、閩本、明監本、毛本同。阮記、盧記皆無說。考本詩經文云「豈弟君子，神所勞矣」，單疏本《疏》文云「此君子所以得福者，正以為神所勞來，去其患害矣」，作「王」則句義不通，則作「正」是也，當從單疏本等，作「王」者，或因形近而譌。

21. 頁十左　延蔓於木之枚本而茂盛

按：「枚本」，十行本、元十行本、李本（元）、劉本（元）、明監本同；閩本作「枚木」，毛本同；巾箱本作「枝本」，監圖本、纂圖本、岳本、五山本、日抄本同。阮記云：「小字本、相臺本『枚』作『枝』，閩本、明監本、毛本『本』誤『木』，案：『枝本』是也，枝，條也，本，枚也，《考文》古本『本』字不誤。」盧記同。《正字》云：「『枚木』，當『條枚』誤。」檢敦煌殘卷北敦一四六三六《大雅·旱麓》，敦煌殘卷伯二六六九《大雅·旱麓》，箋文皆作「枝本」，又《讀詩記》卷二十五《旱麓》，引鄭氏曰：「延蔓於木之枝本而茂盛」，亦可為證，則當作「枝本」，阮記是也，浦說誤也。又監本重修本作「枚木」，細察明監本之「枚本」，乃描摹「木」之改為「本」也，故阮記云明監本

作「枚木」。

22. 頁十一右　箋葛也而至起*

按：十行本、元十行本、李本（元）、劉本（元）同；單疏本作「箋葛也至而起」，閩本、明監本、毛本同。阮記、盧記皆無說。此標起止，箋云「葛也，藟也……先人之功而起」，《疏》文標起止例取前後數字，而以前二後二為主，則此處顯當作「箋葛也至而起」，當從單疏本等。

23. 頁十一右　此經既言依緣先

按：「先」，十行本、元十行本、李本（元）、劉本（元）同；單疏本作「先人」；閩本作「先祖」，明監本、毛本同。阮記云：「閩本、明監本、毛本『先』下有『祖』字，案：所補是也。」盧記同。此《疏》釋箋，箋云「喻子孫依緣先人之功而起」，則《疏》文之「先人」正本箋文之「先人」，則作「先人」是也，當從單疏本，閩本見「先」字不可通，故補「祖」字，實誤也，阮記是之，亦誤。

24. 頁十二右　唯周公康叔為相時也

按：「時」，十行本、元十行本、李本（元）、劉本（嘉靖）、閩本、明監本、毛本同；單疏本作「睦」，《要義》所引同。阮記云：「案：山井鼎云：時恐睦誤也。」盧記同。《正字》云：「『睦』，誤『時』。」此《疏》引定公六年《左傳》，檢之，正作「相睦」，當從單疏本等，浦說是也。檢《考文》云：「謹案：『時』當作『睦』」，則山井鼎非疑似之見，阮記云「恐」，乃篡改原意也。

25. 頁十二左　無是痛傷其將無有凶禍

按：「傷」，十行本、元十行本、李本（元）、劉本（嘉靖）、閩本、明監本、毛本、巾箱本、監圖本、纂圖本、岳本、五山本、日抄本皆同。阮記云：「相臺本『傷』下有『其所為者』四字，案：有者是也，《沿革例》云：諸本皆無『其所為者』四字，唯建大字本有之，此相臺本所出也。考《正義》云『無是痛傷其文王所為者』與上句《正義》云『無是怨恚其文王所行者』正同，是《正義》本自有此四字，諸本於『其』字複出而脫之耳。」盧記同。檢敦煌殘卷伯二六六九《大雅·思齊》，箋文亦無此四字，則各本皆無，阮記所云，純屬推測，不可信從。

26. 頁十三右　易傳曰

按：「曰」，十行本、元十行本、李本（元）、劉本（嘉靖）、閩本、明監本、毛本同；單疏本作「者」。阮記云：「案：浦鏜云『曰當者字誤』，是也。」盧記同。《疏》文釋鄭箋與毛《傳》異解時，例有「易傳者」之辭，作「者」是也，當從單疏本，浦說是也。

27. 頁十三左　意寧百神

按：「意」，單疏本、十行本、元十行本、李本（元）、劉本（嘉靖）、閩本、明監本、毛本、十行抄本皆同，《要義》所引亦同。阮記云：「案：浦鏜云『億誤意』，是也。」盧記同。諸本皆作「意」，作「意」不誤，浦說不知何據，不可信從。

28. 頁十三左　辛男尹侯

按：單疏本、十行本、元十行本、李本（元）、劉本（嘉靖）、閩本、明監本、毛本皆同，《要義》所引亦同。阮記云：「案：『男』當作『甲』，『侯』當作『佚』，皆形近之譌，韋昭云：辛辛甲，尹尹佚，即本此，賈、唐注可證也。」盧記同。諸本皆同，阮記純屬推測，不可信從。

29. 頁十四右　箋云厲假皆病也

按：十行本、元十行本、李本（元）、劉本（嘉靖）、閩本、明監本、毛本、巾箱本、監圖本、纂圖本、岳本、五山本、日抄本皆同。阮記云：「考此箋當云『烈假皆病也』……○按：訓病則字當作『癘』，經書『癘』字多譌『厲』，不可勝正。」盧記同。檢敦煌殘卷北敦一四六三六《大雅·思齊》，作「箋云烈厲也假皆病也」，敦煌殘卷伯二六六九《大雅·思齊》，作「箋云癘瘕皆病也」，則此句別本眾多，阮記之說，皆不可信。

30. 頁十四左　言亦者行此化之事也

按：單疏本、十行本、元十行本、李本（元）、劉本（嘉靖）、閩本、明監本、毛本皆同。阮記云：「案：『行此』當作『亦所』。」盧記同。諸本皆同，阮記純屬推測，不可信從。

31. 頁十五右　上能敬和

按：「上」，十行本、元十行本、李本（元）、劉本（嘉靖）同；單疏本作

「尚」，閩本、明監本、毛本同。阮記云：「閩本、明監本、毛本『上』作『尚』，案：所改是也。」盧記同。考前《疏》云「養老，申慈愛之意，故尚和；祭祀，展肅敬之心，故尚敬」，則此處言「尚能敬和」，正照應前文之「尚和」、「尚敬」也，則作「尚」字是也。

32. 頁十五右　在厚先行

按：「先行」，單疏本、十行本、元十行本、李本（元）、劉本（嘉靖）、閩本、明監本、毛本皆同。阮記云：「案：『先』下當有『言』字。」盧記同。諸本皆同，阮記純屬推測，不可信從。

33. 頁十六右　小子其弟子也

按：十行本、元十行本、李本（元）、劉本（元）、閩本、明監本、毛本、巾箱本、監圖本、纂圖本、岳本、日抄本同；五山本作「小子謂其子弟也」。阮記云：「案：《正義》云『謂大王之子弟』，以下『子弟』字，凡四見，是作『弟子』者，倒也……」盧記同。檢敦煌殘卷北敦一四六三六《大雅·思齊》，作「小子弟也」，敦煌殘卷伯二六六九《大雅·思齊》，作「小子謂其子弟也」，與五山本合，則別本眾多，不可遽以「子弟」為是。

34. 頁十六左　上言賢才之賢

按：「賢」，十行本、元十行本、李本（元）、劉本（元）、閩本、明監本、毛本同；單疏本作「質」。阮記云：「案：下『賢』字，浦鏜云『質誤』，是也。」盧記同。考單疏本《疏》文云「上言賢才之質，此言仁義之行者，質是身內之性，行則施仁之稱，事在外內，故質行異文」，所謂「上言賢才之質」，正指上章箋云「有賢才之質而不明者」，所謂「此言仁義之行」，正指本章箋云「有仁義之行而不聞達者」，「質」、「行」皆本箋文，而與下文「質行異文」正相對應，故作「質」是也，當從單疏本，浦說是也。

35. 頁十六左　行則施仁之稱

按：「仁」，單疏本、十行本、元十行本、李本（元）、劉本（元）、閩本、明監本、毛本皆同。阮記云：「案：『仁』當作『行』，形近之譌。」盧記同。《正字》云：「『仁』，疑『為』字誤。」考單疏本《疏》文云「上言賢才之質，此言仁義之行者，質是身內之性，行則施仁之稱，事在外內，故質行異文」，所謂「施仁」之「仁」，正本上文「仁義之行」之「仁」，亦即本章箋云「有仁

義之行而不聞達者」之「仁」，諸本皆同，作「仁」不誤，浦說、阮記皆非也。

36. 頁十七右　以身無可擇化其臣下亦使之然臣下亦使之然臣下亦能無擇行擇言

按：「臣下亦使之然」，十行本、元十行本、李本（元）、劉本（元）同；單疏本無此六字，閩本、明監本、毛本同。阮記云：「閩本、明監本、毛本，不重『臣下亦使之然』六字，案：此十行本複衍。」盧記同。揆諸文義，此六字顯為衍文，當從單疏本，阮記是也。

37. 頁十七右　思齊四章章六句故言五章章六句三章章四句

按：「五章章六句」，十行本、元十行本、李本（元）、劉本（元）、閩本、明監本、毛本同；巾箱本作「五章二章章六句」，監圖本、纂圖本、岳本、五山本、日抄本、唐石經、白文本同。阮記云：「唐石經、小字本、相臺本『章六句』上有『二章』二字，《考文》古本同，案：有者是也。」盧記同。《正字》云「脫『二章』兩字」，揆諸文義，「二章」二字不可闕，浦說是也。

卷十六之四

1. 頁一右　維有周爾

維有文王盛爾

按：上「爾」，十行本、元十行本、李本（元）、劉本（元）、閩本、明監本、毛本、巾箱本、監圖本、纂圖本、岳本、日抄本同；五山本作「耳」。阮記、盧記皆無說。

下「爾」，十行本、元十行本、李本（元）、劉本（元）、閩本、明監本、毛本、巾箱本、監圖本、纂圖本、岳本、日抄本同；五山本作「耳」。阮記云：「案：『爾』當作『耳』，《正義》標起止云『至盛耳』，是其證，上『維有周爾』，當亦同，《考文》古本皆作『耳』，采《正義》。」盧記同。傳世刊本多作「爾」，作「爾」不誤，「爾」、「耳」乃別本之異，阮記非也。

2. 頁二右　殷紂之暴亂

按：「殷」，十行本、元十行本、李本（元）、劉本（元）、閩本、明監本、毛本同；巾箱本作「以殷」，監圖本、纂圖本、岳本、五山本、日抄本皆同。阮記云：「小字本、相臺本『殷』上有『以』字，《考文》古本同，案：有者是

也。」盧記同。檢敦煌殘卷伯二六六九《大雅‧皇矣》，箋文作「以殷紂之暴亂」，則經注本系統皆有「以」字，注疏本系統無，此乃別本之異，阮記非也。

3. 頁二右　常在文正所*

按：「正」，元十行本、李本（元）、劉本（元）同；十行本作「王」，閩本、明監本、毛本、巾箱本、監圖本、纂圖本、岳本、五山本、日抄本同。阮記、盧記皆無說。文正，不辭，孔《疏》標起止云「箋耆老至王所」，又檢敦煌殘卷伯二六六九《大雅‧皇矣》，箋文正作「文王」，則作「文王」是也。細察十行本之「王」，似原本為「正」字，後經描改為「王」，則宋元刊十行本皆譌作「正」也。

4. 頁二左　於是疾惡比桀紂之不得民心也*

按：「比」，元十行本、李本（元）、劉本（元）同；單疏本作「此」，十行本、閩本、明監本、毛本、十行抄本皆同。阮記、盧記皆無說。作「比」不辭，揆諸文義，當從單疏本等，作「比」者，或因形近而譌。

5. 頁二左　又憎其用大位*

按：單疏本、十行本、元十行本、李本（元）、劉本（元）、閩本、明監本、毛本、十行抄本皆同。阮記、盧記皆無說。不知阮本為何於此加圈。

6. 頁二左　乃從殷都*

按：單疏本、十行本、元十行本、李本（元）、劉本（元）、閩本、明監本、毛本、十行抄本皆同。阮記、盧記皆無說。不知阮本為何於此加圈。

7. 頁三右　非法四國

按：單疏本、十行本、元十行本、李本（元）、劉本（嘉靖）、閩本、明監本、毛本、十行抄本皆同，《要義》所引亦同。阮記云：「案：『法』當作『徒』，形近之譌。」盧記同。考《疏》云「明所從者，非法四國」，「從」、「法」對應，作「法」是也，原文不誤，阮記妄加猜測，不可信從。

8. 頁三右　其秦亡家語引此詩

按：「秦亡」，單疏本、十行本、元十行本、李本（元）、劉本（嘉靖）、閩本、明監本、十行抄本同；毛本作「泰亡」。阮記云：「毛本『秦』作『泰』，案：皆誤也，當作『其奏云』，謂王肅奏也……」盧記同。《正字》云：「『泰』，

監、閩本作『秦』，並疑誤，存考。」毛本改為「泰亡」，不知何據，此處諸本多作「秦亡」，如浦說存疑可也，阮記之說，似嫌武斷。

9. 頁三左　五章云密人不恭侵阮徂共也說文王之伐四國

按：「也」，單疏本、十行本、元十行本、李本（元）、劉本（嘉靖）、閩本、明監本、毛本、十行抄本皆同。阮記云：「案：浦鏜云『也當此字之誤，屬下讀』，是也。」盧記同。《正字》云：「下『也』字，疑『此』字之誤，屬下句。」諸本皆同，浦說純屬推測，所疑非是，而阮記引之，改「疑」為「當」，實為篡改原意也。

10. 頁四左　草木疏云節中腫以扶老*

按：「以」，十行本、元十行本、李本（元）、巾箱本、監圖本同；劉本（嘉靖）作「似」，閩本、明監本、毛本、纂圖本同。阮記云：「盧本『以』作『似』，云：『似』舊譌『以』，案：『似』字是也，十行本所附是『似』字……」盧記無「十行本所附是『似』字」。揆諸文義，顯當作「似」，阮記謂十行本所附，則其所見本作「似」，劉本此葉為明代補板，則阮記所據非宋十行本，乃元刊明修本也，盧記見阮本作「以」，與阮記所述不合，故刪去數字也。

11. 頁四左　路應也

按：十行本、元十行本、李本（元）、劉本（嘉靖）、閩本、明監本、毛本、巾箱本、監圖本、纂圖本、岳本、五山本、日抄本皆同，《要義》所引亦同。阮記云：「小字本、相臺本同，案：此《正義》本也，《釋文》云：路瘝，在昔反，《詩》本皆作『瘝』，孫毓評作『應』，後之解者僉以『瘝』為誤……後之解者，反僉以『瘝』為誤，失之矣。」盧記同。檢敦煌殘卷伯二六六九《大雅·皇矣》，箋文正作「路應也」，與傳世諸本同，則作「應」是也，《釋文》所謂「路瘝」乃別本也，阮記是彼非此，誤甚！

12. 頁五右　天立厥配

按：十行本、元十行本（正德十二年）、李本（正德）、劉本（正德十二年）、閩本、明監本、毛本、巾箱本、監圖本、纂圖本、岳本、五山本、日抄本、唐石經、白文本皆同。阮記云：「唐石經、小字本、相臺本同……《釋文》云：厥配，本亦作妃，音同，注同。其亦作本，非也，乃依箋字改經耳……段玉裁云：古多用妃，少用配，妃是正字，配是假借字也……○按：段說是。」

盧記同。檢敦煌殘卷伯二六六九《大雅・皇矣》，正作「天立厥配」，與傳世諸本同，又《讀詩記》卷二十五《皇矣》，作「天立厥配」，亦可為證，則作「配」是也，阮說前說是也，段說則絕不可信。

13. 頁五左　栯而梗河柳椐樻檿山桑皆釋木文

按：「而」，十行本、元十行本（正德十二年）、李本（正德）、劉本（正德十二年）、閩本、明監本、毛本同；單疏本作「栭」。阮記云：「案：山井鼎云：而恐栭誤，是也。」盧記同。《正字》云：「『栭』，誤『而』。」檢《爾雅・釋木》，「栵，栭」，則作「栭」是也，當從單疏本，浦說是也。

14. 頁五左　一名雨師

按：「兩」，十行本、元十行本（正德十二年）、李本（正德）、劉本（正德十二年）、閩本、明監本、毛本同；單疏本作「雨」。阮記云：「案：浦鏜云『雨誤兩』，是也。」盧記同。此《疏》引陸機《疏》，檢《爾雅疏》亦引之，正作「雨」，「雨」、「兩」形近極易混淆，作「雨」是也，當從單疏本，浦說是也。

15. 頁五左　夷常路大皆釋詁文*

按：「皆」，單疏本、十行本、元十行本（正德十二年）、李本（正德）、劉本（正德十二年）、閩本、明監本、毛本皆同。阮記、盧記皆無說。不知阮本為何於此加圈。

16. 頁六左　則光錫之太位*

按：「太」，單疏本作「大」，十行本、元十行本（正德十二年）、李本（正德）、劉本（正德十二年）、閩本、明監本、毛本同。阮記、盧記皆無說。然阮記引此句，云：「閩本、明監本、毛本『光』作『兄』，案：皆誤也，當作『天』。」盧記同。《正字》云：「『兄』，當『睨』字誤。」「光」，單疏本作「又」；十行本作「兄」，李本、劉本、閩本、明監本、毛本、十行抄本同。考單疏本《疏》文云「由其稱兄之故，則天厚與其善，則又錫之大位」，大位非兄錫之也，乃天所錫，故作「又」為是，當從單疏本，浦說、阮記皆誤也。阮本於「太」字右加圈，顯誤，當於「光」字右加圈，方與所附盧記相配也。

17. 頁七左　箋云德正應和曰貊

按：「箋云」，十行本、元十行本（正德十二年）、李本（正德）、劉本（正

德十二年）、閩本、明監本、毛本、巾箱本、監圖本、纂圖本、岳本、五山本、日抄本皆同。阮記云：「小字本、相臺本同，案：《正義》云：此《傳》箋及下《傳》，九言『曰』者，皆昭廿八年《左傳》文，彼引一章，然後為此九言以釋之，故《傳》依用焉，毛引不盡，箋又取以足之。段玉裁云：此章詁訓本《左氏》，係箋自舛誤，今正，衍『箋云』二字。」盧記同。《疏》文已明言「毛引不盡，箋又取以足之」，又標起止，「箋德正至曰君」，則孔穎達所見本有「箋云」二字，又檢敦煌殘卷伯二六六九《大雅·皇矣》，正作「賤云德政應和曰貊」，則亦有「箋云」二字，與傳世諸本同，故「箋云」二字絕非衍文，段說妄斷無據，誤甚！

18. 頁九左　毛以為既然言文王受福流及子孫

按：「文王」，單疏本、十行本、元十行本、李本（元）、劉本（嘉靖）、閩本、明監本、毛本、十行抄本皆同。阮記云：「案：浦鏜云『文王當王季誤』，是也。」盧記同。考上章《疏》文云「王季賢德之大，能比聖人，以此之故，既受天之祉福，延於後之子孫，福及於後，故文王得受之而起」，據此則受福流及子孫者，乃王季，非文王，浦說或因此而發，然諸本皆作「文王」，存疑可也。

19. 頁十左　是也ｏ毛以徂為往

按：「ｏ」，十行本、元十行本、李本（元）、劉本（嘉靖）、閩本、明監本、毛本同；單疏本無。阮記云：「案：浦鏜云『衍ｏ』，是也。」盧記同。揆諸文義，此處不當有「ｏ」，當從單疏本，浦說是也。

20. 頁十一右　敢興兵相逆大國侵周地

按：「相」，十行本、元十行本、李本（元）、劉本（嘉靖）、閩本、明監本、毛本同；單疏本作「拒」。阮記云：「案：浦鏜云『相當拒字誤』，是也。」盧記同。《正字》云：「『相』，疑『拒』字誤。」考本詩經文云「密人不恭，敢距大邦，侵阮徂共」，前《疏》釋之云「有密國之人，乃不恭其職，敢拒逆我大國，乃侵我周之阮地，遂復往侵於共邑」，《疏》文之「拒」正本經文之「距」，則作「拒」是也，當從單疏本，浦鏜所疑是也，阮記改「疑」為「當」，非也。

21. 頁十一右　要言疑於伐者未為顯叛

按：「伐」，十行本、元十行本、李本（元）、劉本（嘉靖）、閩本、明監

本、毛本同；單疏本作「我」，十行抄本同，《要義》所引亦同。阮記云：「案：浦鏜云『我誤伐』，是也。」盧記同。考前《疏》引皇甫謐云「太公曰：密須氏疑於我，我可先伐之」，則作「我」是也，當從單疏本等，浦說是也。

22. 頁十一左　文王七年五伐有伐密須犬夷黎刊崇

按：「邘」，十行本、元十行本、李本（元）同；單疏本作「邘」；劉本（嘉靖）作「邦」，明監本、毛本同，《要義》所引亦同；閩本作「邘」。阮記云：「明監本、毛本『邘』誤『邦』，閩本不誤。○按：作『邦』，作『邘』，皆誤，當作『邘』，從邑于聲，音況于切，今本《尚書‧大傳》此字亦誤作『邘』。」盧記同。《正字》云：「『邘』，誤『邦』。」單疏本作「邘」，浦說、阮記按語皆是也。

23. 頁十二左　周人恕無之意*

按：「恕無」，十行本、元十行本、李本（元）同；單疏本作「怒密」，十行抄本同，《要義》所引亦同；劉本（嘉靖）作「怒伐」，閩本、明監本、毛本同。阮記、盧記皆無說。恕無，不辭，揆諸文義，作「怒密」是也，當從單疏本等。

24. 頁十三右　非為密須兵也

按：「密須」，單疏本、十行本、元十行本、李本（元）、劉本（嘉靖）、閩本、明監本、毛本皆同。阮記云：「案：『密須』，當作『須密』，此須者用也，非密須之須，不知者誤倒之。」盧記同。諸本皆同，原文不誤，阮記無據，不可信從。

25. 頁十三右　而驚散走也

按：「驚散」，單疏本、十行本、元十行本、李本（元）、劉本（嘉靖）、閩本、明監本、毛本皆同。阮記云：「案：浦鏜云『驚下當脫怖字』。」盧記同。諸本皆同，原文不誤，浦說無據，不可信從。

26. 頁十三左　遠方不奏

按：「奏」，十行本、元十行本、李本（元）、劉本（嘉靖）、閩本、明監本同；單疏本作「湊」，毛本同。阮記云：「閩本、明監本同，毛本『奏』作『湊』，案：所改是也。」盧記同。《正字》云：「『湊』，監本誤『奏』。」不奏，不辭，

揆諸文義，作「湊」是也，當從單疏、毛本，浦說是也。

27. 頁十三左　親親則方志齊心一也

按：元十行本、李本（元）、毛本同；十行本作「親親則方志齊心壹也」；劉本（嘉靖）作「親親則萬志齊心一也」、閩本、明監本同；巾箱本作「親親則多志齊心壹也」，纂圖本、岳本、五山本、日抄本同；監圖本作「親親則多志齊心一也」。阮記云：「毛本同，閩本、明監本『方』誤『萬』，小字本、相臺本『方』作『多』，『一』作『壹』，《考文》古本同，案：『多』字、『壹』字是也。」盧記同。檢敦煌殘卷伯二六六九《大雅·皇矣》，箋文作「親親則多志齊心一也」，監圖本與之同。揆諸文義，「方志」、「萬志」，皆與文義有違，則當從巾箱本等作「多志」，「一」、「壹」則別本之異也，阮記必以「壹」為是，非也。

28. 頁十四左　詩意言又无此行

按：元十行本、李本（正德）、劉本（正德）同；單疏本作「詩意言文王無此行」，閩本、明監本、毛本同；十行本作「詩意言文無此行」。阮記云：「明監本、毛本『又』作『文王』，二字閩本剜入，案：所補是也，『意』字當衍。」盧記同。考單疏本《疏》文云「崇侯與文王俱為紂之上公，是長諸侯也，詩意言文王無此行，則崇侯有之矣，故天命文王使伐」，「又」為之「文」之譌，「王」字不可缺，當從單疏本等，阮記謂「意」為衍文，乃臆說，不可信從。

29. 頁十四左　故天命文王使伐人之道

按：「人之」，單疏本、十行本、元十行本、李本（正德）、劉本（正德）同；閩本作「之人」，明監本、毛本同。阮記云：「閩本、明監本、毛本『人之』二字互易，案：所改是也。」盧記同。「伐」字斷句，屬上，原文不誤，當從單疏本等，閩本等誤改，阮記誤也。

30. 頁十四左　箋云鉤鉤梯

按：「箋」，十行本、元十行本、李本（正德）、劉本（正德）、閩本、明監本、毛本同，《要義》所引亦同；單疏本作「故」。阮記云：「案：『箋』當作『故』。」盧記同。《正字》云：「『箋』，當『此』字誤。」此《疏》釋《傳》，與箋無涉，「鉤鉤梯」，乃《傳》文，揆諸文義，作「故」字是也，當從單疏本，阮記是也，浦說誤也。

31. 頁十五右　致其社稷羣臣

按：「羣臣」，十行本、元十行本、李本（元）、劉本（元）同；閩本作「羣神」，明監本、毛本、監圖本、纂圖本、岳本、五山本、日抄本同，巾箱本作「群神」。阮記云：「小字本、相臺本『臣』作『神』，閩本、明監本、毛本同，案：《釋文》云『本或作羣臣』，《正義》本是『神』字，作『臣』者非也，『羣神』多誤作『羣臣』，如《魯語》、鄭《大宗伯》注皆然。」盧記同。《疏》文云「於是運致其社稷羣神」，又檢敦煌殘卷伯二六六九《大雅·皇矣》，《傳》文作「群神」，則當作「羣神」。

32. 頁十五左　故不服者殺而獻其左耳耳曰馘

按：十行本、元十行本、李本（元）、劉本（元）同；單疏本不重「耳」字，閩本、明監本、毛本同。阮記云：「閩本、明監本、毛本，不重『耳』字，案：所改是也，故『下』當補『云』字。」盧記同。揆諸文義，「耳」字不當重，十行本「獻其左耳」，正為頁十五頁左最末一行最後四字，「耳曰馘」為頁十六頁右最首一行前三字，意上板者書「獻其左耳」後，忘已書「耳」字，又於另板書「耳曰馘」，遂致重「耳」之譌。

33. 頁十六右　所以復得致其羣臣為之立後

按：「臣」，十行本、元十行本、李本（元）、劉本（元）同；單疏本作「神」，閩本、明監本、毛本同。阮記云：「閩本、明監本、毛本『臣』作『神』，案：所改是也。」盧記同。所致者，羣神也，乃因之而為之立後，作「神」是也，當從單疏本也。

卷十六之五

1. 頁一左　春官臺祲掌十煇之法以觀妖祥辨吉凶*

按：「臺」，十行本、元十行本、李本（元）、劉本（嘉靖）同；單疏本作「視」，閩本、明監本、毛本、十行抄本同。阮記、盧記皆無說。考下《疏》云「視祲之官，當在靈臺之上視之」，又《周禮·春官·眡祲》，「掌十煇之灋」，「眡祲」即「視祲」，則作「視」是也，當從單疏本也。

2. 頁二右　故其說多異義公羊說天子

按：「異義」，十行本、元十行本、李本（元）、劉本（嘉靖）、閩本、明監

本、毛本同，《要義》所引亦同；單疏本作「異異義」。阮記云：「案：『義』上，浦鏜云『當脫一異字』，是也。」盧記同。「故其說多異」，句，下「異義」，指鄭玄《駁五經異義》，則「異」字不可闕，當從單疏本，浦說是也。

3. 頁二右　言辟取辟有德*

按：「取」，單疏本、十行本、元十行本、李本（元）、劉本（嘉靖）、閩本、明監本、毛本皆同，《要義》所引亦同。阮記、盧記皆無說。然阮記引文「取辟有德」，云：「案：『辟』當作『璧』。」盧記同。則阮本當於「辟」右圈字，「辟」，單疏本、十行本、李本、劉本、閩本、明監本、毛本皆同，《要義》所引亦同。諸本皆同，原文不誤，阮記無據，不可信從。

4. 頁二右　不言辟水言辟水言辟廱者

按：「言辟水」，十行本、元十行本、李本（元）、劉本（嘉靖）同；單疏本無此三字，閩本、明監本、毛本同，《要義》所引亦同。阮記云：「閩本、明監本、毛本，不重『言辟』三字，案：所刪是也，此十行本複衍。」盧記同。「言辟水」，顯為衍文，當從單疏本、《要義》也。阮記、盧記皆云「不重『言辟』三字」，「言辟」兩字，非三字，當作「不重『言辟水』三字」也。

5. 頁三右　圍之以水似辟

按：「辟」，十行本、元十行本、李本（元）、劉本（嘉靖）同，《要義》所引亦同；單疏本作「璧」，閩本、明監本、毛本同。阮記云：「閩本、明監本、毛本『辟』作『璧』，案：所改是也。」盧記同。所似者「璧」也，且下《疏》亦云「其周水圍如璧」，可證，則當從單疏本。

6. 頁四右　所以法大道順時政

按：「大」，李本（元）同；單疏本作「天」，十行本、元十行本、劉本（嘉靖）、閩本、明監本、毛本同，《要義》所引亦同。阮記云：「閩本、明監本、毛本『大』作『天』，案：所改是也。」盧記同。所法者「天道」也，作「天」是也，當從單疏本。

7. 頁四左　度始靈臺之基趾

按：「趾」，十行本、元十行本、李本（元）、劉本（嘉靖）、閩本、明監本、毛本、五山本同；巾箱本作「止」，監圖本、纂圖本、日抄本同。阮記云：

「小字本『趾』作『止』，下同。案：『止』字，是也……」盧記同。檢敦煌殘卷伯二六六九《大雅·靈臺》，箋文作「趾」，則「趾」、「止」乃別本之異也，阮記必以作「止」為是，誤也。

8. 頁五右　始度靈臺之基趾也

按：「始度」，單疏本、十行本、元十行本、李本（元）、劉本（元）、閩本、明監本、毛本皆同。阮記云：「案：『始度』當倒。」盧記同。《正字》云：「『始度』，箋作『度始』。」《疏》文乃述箋，非直引之也，浦說持疑可也，阮記必謂之當倒，顯非。

9. 頁六左　鄭唯下二句別義俱在箋

按：「俱」，十行本、元十行本、李本（元）、劉本（嘉靖）、閩本、明監本、毛本、十行抄本同；單疏本作「具」。阮記云：「案：浦鏜云『具誤俱』，是也。」盧記同。揆諸文義，顯當作「具」，當從單疏本也，浦說是也。

10. 頁七右　云目有眸無珠子也*

按：「無珠」，十行本、元十行本、李本（元）、劉本（嘉靖）、閩本、明監本、毛本同，巾箱本作「无珠」。阮記、盧記皆無說。又阮記引文「目有眸」，云：「通志堂本同，盧本『眸』作『朕』，云：今從浦挍，案：考《周禮·釋文》，則浦挍是也。」盧記同。《正字》云：「『朕』，誤『眸』。」「眸」，十行本、李本、劉本、閩本、明監本、毛本、巾箱本、監圖本、纂圖本皆同。浦說存疑可也。阮本似當於「眸」圈字，而錯於「無珠」右圈字也。

11. 頁七右　傳鼉魚至公事*

按：「鼉」，單疏本、十行本、元十行本、李本（元）、劉本（嘉靖）、閩本、明監本、毛本、十行抄本皆同。阮記、盧記皆無說。不知阮本為何於此加圈。

12. 頁七右　漁師伐蛟*

按：「蛟」，單疏本、十行本、元十行本、李本（元）、劉本（嘉靖）、閩本、明監本同；毛本作「代」。阮記、盧記皆無說。揆諸文義，作「代」顯誤，當從單疏本等。不知阮本為何於此加圈。

13. 頁七右　今合樂鼉魚甲是也

按：「樂」，十行本、元十行本、李本（元）、劉本（嘉靖）、閩本、明監本、毛本、十行抄本同；單疏本作「藥」。阮記云：「案：『樂』，當作『藥』，《頍弁》《正義》引『今合藥兔絲子是也』，可作《陸疏》有『合藥』語之證。」盧記同。合樂，不辭，作「藥」是也，當從單疏本，阮記是也。

14. 頁七左　外傳稱矇誦瞽賦亦此類也

按：「瞽」，十行本、元十行本、李本（元）、劉本（嘉靖）、閩本、明監本、毛本同；單疏本作「瞍」。阮記云：「案：浦鏜云『瞍誤瞽』，以《周語》考之，浦校是也。」盧記同。考上《疏》云「言『瞍』不言『瞽』，各從文之所便」，則下文自當作「瞍」，故有「亦此類」之文，則作「瞍」是也，當從單疏本，浦說是也。

15. 頁七左　著其功也大

按：「也」，十行本、元十行本、李本（元）、劉本（嘉靖）同；單疏本作「之」，閩本、明監本、毛本、十行抄本同。阮記云：「閩本、明監本、毛本『也』作『之』，案：所改是也。」盧記同。揆諸文義，作「之」是也，當從單疏本等，阮記以為閩本等改之，單疏本原文如此，閩本或別有所承也。

16. 頁九右　箋服事至天下○正曰服事釋詁文

按：「正曰」，十行本、元十行本、李本（元）同；單疏本作「正義曰」，劉本（嘉靖）、閩本、明監本、毛本同。阮記、盧記皆無說。此處乃《疏》文起始，例有「正義曰」三字，則當從單疏本等。

17. 頁九左　戒慎其祖考所履踐之迹

按：「履踐」，十行本、元十行本、李本（元）、劉本（嘉靖）、閩本、明監本、毛本、纂圖本、五山本、日抄本同；巾箱本作「踐履」，監圖本同。阮記云：「小字本『履踐』作『踐履』。案：『踐履』是也，《正義》云『戒慎其祖考踐履之迹』，可證。」盧記同。檢敦煌殘卷伯二六六九《大雅·下武》，箋文作「履踐」，則「履踐」、「踐履」乃別本之異也，阮記必以作「踐履」為是，誤也。

18. **頁十右**　洛誥云

按：「云」，十行本、元十行本、李本（元）、劉本（嘉靖）、閩本、明監本、毛本同；單疏本作「文」。阮記云：「案：浦鏜云『文誤云』，是也。」盧記同。考單疏本《疏》文云「引《書》曰：公其以予萬億年，《洛誥》文」，此謂《洛誥》之文，非《洛誥》所云，作「文」是也，當從單疏本，浦說是也。

19. **頁十右**　同受福矣

按：單疏本、十行本、元十行本、李本（元）、劉本（嘉靖）同；閩本作「同福祿矣」，明監本、毛本同。阮記云：「閩本、明監本、毛本，無『受』字，『福』下有『祿』字，案：此當作『同受福祿矣』。」盧記同。原文文辭順暢，閩本誤改，阮記之說純屬猜測，不可信從。

20. **頁十左**　而四章言武王之謚

按：「武王」，十行本、元十行本、李本（元）、劉本（嘉靖）、閩本、明監本、毛本同；單疏本作「文武」，十行抄本同。阮記云：「案：浦鏜云『武王當文武誤』，是也。」盧記同。考本詩首章有云「文王有聲……文王烝哉」，二章言「文王受命……文王烝哉」，七章言「武王成之，武王烝哉」，八章言「武王豈不仕……武王烝哉」，則首章、二章、七章、八章，共四章言「文王」、「武王」之謚也，故作「文武」是也，當從單疏本等，浦說是也。

21. **頁十一左**　刊者密須

按：「邘」，十行本、元十行本、李本（元）、劉本（嘉靖）、閩本同；單疏本作「邗」，十行抄本同；明監本作「邦」，毛本同。阮記云：「明監本、毛本『邘』誤『邦』，閩本不誤。案：此『邘』，亦『邗』之誤，詳《皇矣》。」盧記同。《正字》云：「『邗』，誤『邦』。」作「邗」是也，當從單疏本等，浦說是也。

22. **頁十二右**　正義曰申傳減為溝之義

按：「為」，十行本、元十行本、李本（元）、劉本（嘉靖）同；單疏本作「為成」，閩本、明監本、毛本同。阮記云：「明監本、毛本『為』下有『成』字，閩本剜入，案：所補非也，『為』當作『成』字耳。」盧記同。《傳》云「減，成溝也」，則「成」字必不可闕，若如阮記之說，改「為」為「成」，則文氣頓滯矣，當從單疏本，阮記誤也，謝記謂「為」字宜有，是也。

23. 頁十二左　欲又本之前世

按：「欲」，十行本、元十行本、李本（元）、劉本（嘉靖）、閩本、明監本、毛本同；單疏本作「故」，十行抄本同。阮記云：「案：『欲』當作『故』。」盧記同。欲又，不辭，作「故」是也，當從單疏本等，阮記是也。

24. 頁十三左　故知豐水亦汎濫為之

按：「之」，十行本、元十行本、李本（元）、劉本（嘉靖）、閩本、明監本、毛本同；單疏本作「害」，十行抄本同。阮記云：「案：浦鏜云『害誤之』，是也。」盧記同。汎濫則為害，作「害」是也，當從單疏本，浦說是也。

25. 頁十三左　可以兼及文王欲連言之

按：「欲」，十行本、元十行本、李本（元）、劉本（嘉靖）、閩本、明監本、毛本同；單疏本作「故」，十行抄本同。阮記云：「案：『欲』當作『故』。」盧記同。揆諸文義，作「故」是也，當從單疏本，阮記是也。

26. 頁十四左　上言皇王而變言武王者

按：「上」，十行本、元十行本、李本（元）、劉本（嘉靖）、巾箱本、監圖本、纂圖本、岳本、五山本、日抄本同；閩本前標「傳」；明監本前標「箋」，毛本同。阮記云：「閩本，首有『傳』字，明監本、毛本，首有『箋』字，案：此當脫『箋云』二字也……」盧記同。檢敦煌殘卷伯二六六九《大雅·文王有聲》，「上」前無字，則「上言」云云乃《傳》文，明監本、毛本前標「箋」誤也，阮記是之，亦誤。

27. 頁十四左　武王能得順天下

按：「得」，十行本、元十行本、李本（元）、劉本（嘉靖）、閩本、明監本、毛本同；單疏本作「德」。阮記云：「案：『得』當作『傳』。」盧記同。《正字》云：「『得』，當『德』字誤。」得順，不辭，作「德」是也，當從單疏本，浦說是也，阮記誤也。

28. 頁十五右　故言傳謀以安彼後

按：「彼」，單疏本、十行本、元十行本、李本（元）、劉本（元）、閩本、明監本、毛本、十行抄本皆同。阮記云：「案：『彼』當作『敬』。」盧記同。諸本皆同，原文不誤，阮記之說，毫無依據，不可信從。

卷十七

卷十七之一

1. 頁二右　介大也止福祿所止也

按：「也」，十行本、元十行本、巾箱本、監圖本、纂圖本、岳本、五山本、日抄本同；李本（正德，板心有塗抹）作「攸」，劉本（正德十二年）、閩本、明監本、毛本同。阮記云：「閩本、明監本、毛本『也』作『攸』，案：段玉裁云『也攸』二字，皆當有是也。」盧記同。考本詩經文云「攸介攸止」，《傳》釋介為大，釋止為福祿所止，故宋刊經注本、注疏本皆無「攸」字，《考文》古本亦無「攸」字，有者似自元刊十行本正德補板始，顯誤，阮記所引段說更屬臆說，毫無依據，絕不可從。

2. 頁二右　後則生子而養長名之曰棄

按：「名之」，十行本、元十行本、李本（正德，板心有塗抹）、劉本（正德十二年）、閩本、明監本、毛本同；巾箱本作「之名」，監圖本、纂圖本、岳本、五山本、日抄本同。阮記云：「小字本、相臺本『名之』作『之名』，案：『之名』是也，讀『之』字斷句，『名』字下屬，《正義》可證。」盧記同。阮記所謂《正義》，當指《疏》云「後則生子而長養之，解『載生載育』也」，若如阮記據此證彼，則箋文當作「後則生子而長養之」，而非「養長之」，箋作「養長」，《疏》言「長養」，顯非引箋語，乃述箋解經之義也，且下《疏》明云：《堯典》云：帝曰棄，是『名之曰棄』」，「是」顯指代箋文，則孔氏所見箋文作「名之曰棄」，十行本不誤，作「之名」者或為別本，阮記非也。

3. 頁四右　蓋祭天而以先祺者配之變祺言祺者神之也*

按：「先祺」，單疏本、十行本、元十行本、李本（元）、劉本（嘉靖）、閩本、明監本、毛本、十行抄本同；《要義》所引作「先祖」。阮記、盧記皆無說。《正字》云：「『媒』，誤『祺』。」考下《疏》云「郊天用特牲，而此祭天用太牢者，以兼祭先祺之神，異於常郊故也」，以後證前，故知此處當作「先祺」也，《要義》所引誤矣，浦說亦誤。

「變祺」，十行本、元十行本、李本（元）、劉本（嘉靖）同；單疏本作「變媒」，十行抄本同，《要義》所引亦同；閩本作「變祀」，明監本、毛本同。阮記引文「變祺言祺者」，云：「明監本、毛本，上『祺』字作『祀』，案：山井鼎云：諸本皆非，作『媒』似是，是也。」盧記同。《正字》云：「『變媒』，誤『變祀』。」變祺言祺，不辭，下《疏》引鄭玄《月令》注有「媒官」之語，則因「神之」，而改「女」旁之「媒」為「示」旁之「祺」也，作「變媒」是也，當從單疏本等，浦說是也。

4. 頁五左　堯典曰帝曰棄黎民阻飢

按：「棄」，十行本、元十行本、李本（元）、劉本（元）同；單疏本作「棄」，閩本、明監本、毛本同。阮記云：「閩本、明監本、毛本『棄』誤『棄』，下『帝曰棄』同，『飢』誤『饑』，按：引《尚書》作『棄』，依彼文也。○按：唐人多以『棄』中有『世』字，乃悉改為『棄』，此不畫一者，轉寫所致也。」盧記同。「棄」、「棄」正俗字也，阮記必謂「棄」誤，非也。

5. 頁六右　釋詁文介右也

按：「文」，十行本、元十行本、李本（元）、劉本（元）、閩本、明監本、毛本同；單疏本作「云」。阮記云：「案：『文』當作『云』。」盧記同。檢《爾雅·釋詁》云「亮，介，尚，右也」，則作「云」是也，當從單疏本，阮記是也。

6. 頁六左　不拆不副

按：「拆」，十行本、元十行本、李本（元）、劉本（元）、閩本、明監本、毛本、監圖本、纂圖本、白文本同；巾箱本作「坼」，岳本、五山本、日抄本、唐石經同。阮記云：「唐石經、相臺本『拆』作『坼』，案：『坼』字是也，《釋文》可證……」盧記同。檢《釋文》出字「不坼」，小注：「敕宅反」，單疏本

《疏》文云「其生之時，不坼剖、不堛裂其母」，則孔穎達所見本經文亦作「坼」，又，敦煌殘卷斯六三四六《大雅・生民》，經文作「不坼不堛」，則唐人所見本當作「坼」，作「坼」是也，阮記是也，「拆」或因形近而譌。

7. 頁七左　說文云達小羊也

按：「達」，閩本、明監本、毛本同；十行本作「達」，元十行本、李本（元）、劉本（元）同；單疏本作「達」。阮記云：「案：『達』當作『羍』……」盧記同。《正字》云「《說文》『達』作『羍』」，乃阮記所本。此乃孔氏所見本，豈可以今本正之，浦說不可信從也。

8. 頁七左　則又拆堛災害其母*

按：「拆堛」，十行本、元十行本、李本（元）、劉本（元）、閩本、明監本、毛本同；單疏本作「坼堛」。阮記引文作「坼堛」，云：「案：經注作『副』，《正義》作『堛』，『副』、『堛』古今字，易而說之也，例見前。○按：舊按非，『堛』不與『副』為古今字，此乃蒙上文『坼』從土，而轉寫誤耳。」盧記同。《正字》云「『堛』，當作『副』，下同」，乃阮記所本。單疏本前《疏》云「其生之時，不坼剖、不堛裂其母」，十行本下《疏》云「坼、堛，皆裂也」，則孔氏所見寔作「堛」，此字不誤，浦說、阮記皆不可信從。又，阮本作「拆堛」，阮記、盧記引文皆作「坼堛」，二者顯然矛盾，上文已證經文作「坼」，則作「坼」是也，當從單疏本，諸本皆誤。

9. 頁八右　溲於豕牢

按：「豕」，十行本、元十行本、李本（元）、劉本（元）、閩本、明監本、毛本同；單疏本作「豕」、十行抄本同。阮記云：「案：浦鏜云『豕誤家』，是也。」盧記同。此引《國語・晉語》文，檢之，正作「豕牢」，韋昭注「豕牢，厠也」，則作「豕」是也，當從單疏本等，浦說是也。

10. 頁八右　此章上四章

按：「章」，十行本、元十行本、李本（元）、劉本（元）、閩本、明監本、毛本、十行抄本同；單疏本作「句」。阮記云：「案：下『章』字當作『句』。」盧記同。章內如何再分章，作「章」顯誤，作「句」是也，當從單疏本，阮記是也。

11. 頁八左　是聖人感見於經之明文

按：「感」，十行本、元十行本、李本（元）、劉本（元）、閩本、明監本、毛本同；單疏本作「感生」，十行抄本同。阮記云：「案：浦鏜云『感下當脫生字』，是也。」盧記同。「感生」者，因感而生之謂也，《疏》文前後多云「感生」，揆諸文義，「生」字絕不可闕，當從單疏本等，浦說是也。

12. 頁八左　稷契俱是感生契稷不棄契者

按：「契」，十行本、元十行本、李本（元）、劉本（元）、閩本、明監本同；單疏本作「棄」，毛本、十行抄本同。阮記云：「毛本，上『契』字作『棄』，案：所改是也。」盧記同。《正字》云：「『棄稷』，監本誤『契稷』。」「棄稷」與「棄契」相對成文，作「棄」是也，當從單疏本，浦說是也。

13. 頁九左　因之曰堯不名高辛

按：單疏本、十行本、元十行本、李本（元）、劉本（嘉靖）、閩本、明監本、毛本皆同。阮記云：「案：此當云『目之曰堯不名為帝』，皆形近之譌也。」盧記同。《正字》云：「疑『言堯不言帝』之誤。」考《疏》云「又上《傳》云帝高辛氏，下《傳》云帝不順天，則帝亦高辛之帝，安得謂之堯也。五章《傳》云：堯見天因邰而生后稷，因之曰堯，不名高辛，益知此帝不為堯也」，揆諸文義，此處並無滯礙，浦說、阮記皆為猜測之詞，不可信從。

14. 頁十右　雖帝難之*

按：單疏本、十行本、元十行本、李本（元）、劉本（嘉靖）、閩本、明監本、毛本同。阮記云：「案：此不誤，浦鏜云『雖疑惟字誤』，非也，『雖』字《正義》自為耳，據《尚書》者，但『帝難之』三字耳。」盧記同。諸本皆同，浦說純屬猜測，阮記駁之，是也，然阮本圈字通例必於誤處加圈，此處不誤，顯為自破體例矣。

15. 頁十一右　箋云實之言適也

按：「適」，十行本、元十行本、李本（元）、劉本（嘉靖）、閩本、明監本、毛本、巾箱本、監圖本、纂圖本、岳本、五山本、日抄本皆同，《要義》所引亦同。阮記云：「案：此《正義》本也，《正義》云：故云『實之言適也』，又云『定本為實之言是』……考此箋當依定本……」盧記同。諸本皆同，《要義》所引亦同，作「是」者乃孔氏所見之別本也，豈可據彼非是？阮記之說，

絕不可信。

16. 頁十一右　訏為張口鳴呼也

按：「鳴」，十行本、元十行本、李本（元）、劉本（嘉靖）、閩本、明監本、毛本、巾箱本、監圖本、纂圖本、岳本、五山本、日抄本皆同，《要義》所引亦同。阮記云：「案：《沿革例》云：諸善本皆作鳴，余仁仲本作嗚，最為非是，今從《疏》及諸善本作鳴……古書多作『烏呼』……」盧記同。諸本皆同，《要義》所引亦同，則作「鳴」是也，阮記所謂古書，泛泛之詞，不可為據。

17. 頁十一右　荏菽戎也

按：「戎」，十行本、元十行本、李本（元）、劉本（嘉靖）、閩本、明監本同；毛本作「戎事」；巾箱本作「戎菽」，監圖本、纂圖本、岳本、五山本、日抄本同。阮記云：「小字本、相臺本『戎』下有『菽』字，《考文》古本同，毛本誤剜入『事』字，案：有『菽』者是也。」盧記同。本詩經文云「藝之荏菽，荏菽旆旆」，十行本《傳》云「荏菽，戎也」，以「戎」釋「荏菽」，顯不可通，考《疏》云「《釋草》云：戎菽謂之荏菽」，乃《傳》文所本，故「菽」字不可闕也，當從巾箱本等，阮記是也。

18. 頁十一右　幪幪然茂盛也

按：「茂盛」，十行本、元十行本、李本（元）、巾箱本、監圖本、纂圖本、岳本、日抄本同；劉本（嘉靖）作「盛茂」，閩本、明監本、毛本同；五山本作「茂」。阮記云：「閩本、明監本、毛本『茂盛』誤倒。」盧記同。考《疏》云「所種之麻麥，則幪幪然茂盛」，此本《傳》文釋經也，則孔氏所見《傳》文當作「茂盛」，又《讀詩記》卷二十六《大雅・生民》，引毛氏曰「幪幪然茂盛也」，則作「盛茂」誤也。阮本圈字通例必於誤處加圈，此處不誤，顯為自破體例矣。

19. 頁十一左　敗實之為義

按：「敗」，十行本、元十行本、李本（元）同；單疏本作「則」；劉本（嘉靖）作「取」，閩本、明監本、毛本同。阮記云：「閩本、明監本、毛本『敗』作『取』，案：皆誤也，當作『則』，形近之譌，山井鼎云：恐『以』字誤，亦非。」盧記同。考單疏本《疏》文云『實覃實訏』為『厥聲載路』而言，『誕

實匍匐』為『克岐克嶷』而設，則『實』之為義，不指覃訏、匍匐之體，故云『實之言適』也」，「則」字若作「取」、「以」，皆於原文辭氣不暢，作「則」是也，當從單疏本，阮記是也。

20. 頁十二右　訏音呼字又從言

按：「音呼」，單疏本、十行本、元十行本、李本（元）、劉本（嘉靖）、閩本、明監本、毛本皆同，《要義》所引亦同。阮記云：「案：『音呼』二字當旁行細書，《正義》自為音，例如此。○按：非也。」盧記同。凡《疏》文自注音者，單疏本例為雙行小注，「音呼」二字，單疏本正文大字，則非注音也，且「音呼」二字若為注音，則「又」字顯無著落，故阮記案語誤也。

21. 頁十二左　相地之宜宜五穀者

按：「宜宜」，單疏本、十行本、元十行本、李本（元）、劉本（嘉靖）同；閩本作「宜」，明監本、毛本同。阮記云：「閩本、明監本、毛本，不重『宜』字，案：山井鼎云：《本紀》與宋板同。」盧記同。此《疏》引《史記·周本紀》，乃孔氏所見本也，閩本等誤刪，阮本圈字通例必於誤處加圈，此處未定是非，顯為自破體例矣。

22. 頁十三右　種雜種也

按：「雜」，十行本、元十行本、李本（元）、劉本（元）、閩本、明監本、毛本、巾箱本、監圖本、纂圖本、岳本、五山本、日抄本皆同。阮記云：「山井鼎云：據《疏》『雜』作『雍』為是。是也……」盧記同。《正字》云：「『雍』，誤『雜』。」諸本皆同，《釋文》出字「實種」，小注云：「注『種，雜種』」，則陸德明所見本亦作「雜」，孔氏所見為別本也，此處不誤，阮本不當圈字，浦說不可信從。

23. 頁十三右　栗成就也

按：「就」，十行本、元十行本、李本（元）、劉本（元）、閩本、明監本、毛本、巾箱本、監圖本、纂圖本、岳本、日抄本同；五山本作「急」。阮記云：「案：此《正義》本也，《正義》云：故言成就以足之，按《集注》云栗成意也，定本以意為急，恐非也。《考文》古本作『急』，采《正義》。」盧記同。諸本皆同，孔氏所引為別本也，此處不誤，阮本不當圈字。

24. 頁十三左　此說后稷教彼而言種黃*

按：「彼」，單疏本作「稼」、十行本作「秾」，元十行本、李本（元）、劉本（元）同；閩本作「彼」，明監本、毛本同。阮記、盧記皆無說。「教彼」之「彼」不明所指，考前《疏》云「后稷之教民稼穡」，則作「稼」是也，當從單疏本，由「稼」而譌作「秾」，十行諸本是也，又由「秾」譌作「彼」，閩本等是也。

25. 頁十三左　尚書稱播殖百穀

按：「殖」，單疏本、十行本、元十行本、李本（元）、劉本（元）、閩本、明監本、毛本皆同。阮記云：「案：浦鏜云『時誤殖』，是也。」盧記同。孔氏引述《尚書》作「播殖」，豈可據今本以正之，浦說不可信從。

26. 頁十四右　秸又云穎則穎是禾穗之挺

按：「云」，十行本、李本（元）、劉本（元）、閩本、明監本、毛本同；單疏本作「去」，元十行本同。阮記云：「案：『云』當作『去』，形近之譌。」盧記同。考上《疏》云「銍斷去槀」，則此云「秸又去穎」，正前後相應也，作「去」是也，當從單疏本，阮記是也。

27. 頁十四右　順上天之命故也*

按：「上」，單疏本、閩本、明監本、毛本同；十行本作「之」，元十行本、李本（元）、劉本（元）、十行抄本同。阮記、盧記皆無說。揆諸文義，作「之」顯誤，作「上」是也，當從單疏本等，阮本與單疏本、閩本等同，而與宋元十行本異，頗疑其底本仍作「之」，重刊時改作「上」也。

28. 頁十四左　箋云天應堯之顯*

按：「箋云」，十行本、元十行本、李本（元）、劉本（元）、閩本、明監本、毛本、巾箱本、監圖本、纂圖本、岳本、日抄本同；五山本無。阮記云：「案：此《正義》本也，《正義》云：按《集注》及定本，於此並無『箋云』。考此鄭申毛『天降嘉種』《傳》也，當以《正義》本為長。」盧記同。諸本多有「箋云」二字，《正義》本同，阮記既以《正義》本為長，衡其體例，阮本不當加圈也，顯為自破體例。

29. 頁十五右　恒之秬秠*

按：「恒」，閩本、明監本、毛本、岳本、五山本同；十行本作「恆」，元十行本、李本（元）、劉本（元）、巾箱本、監圖本、纂圖本、日抄本、唐石經、白文本同。阮記云：「案：《釋文》云：恒本又作『亙』，《正義》云：定本作『恒』，集注皆作『亙』字。考『恒』、『亙』是一字。」盧記同。檢敦煌殘卷斯六三四六《大雅·生民》，作「亙」，則「恒」、「亙」乃別本之異，阮記既以為一字，衡其體例，阮本不當加圈也，顯為自破體例。

30. 頁十五右　以歸肇祀*

按：「肇」，十行本、元十行本、李本（元）、劉本（元）、閩本、明監本、毛本、巾箱本、監圖本、纂圖本、岳本、日抄本、白文本同；唐石經作「肇」，五山本同。阮記云：「案：《釋文》以『肇』字作音，《詩經小學》云：……古書『肇』字皆當改作『肇』……」盧記同。檢敦煌殘卷斯六三四六《大雅·生民》，作「肇」，然「肇」、「肇」乃別本之異，段玉裁之說，純屬猜測，不可信從。

31. 頁十五右　於是負襜之*

按：「襜」，單疏本、十行本、元十行本、李本（元）、劉本（元）、閩本、明監本、毛本皆同。阮記云：「案：此不誤，浦鏜云：擔誤襜，非也，『襜』字見《商頌》注。」盧記同。阮記既以作「襜」不誤，衡其體例，阮本不當加圈也，顯為自破體例。

32. 頁十五左　閟宮云是生后稷將之百穀*

按：「穀」，十行本、元十行本、李本（元）、劉本（元）、閩本、明監本、毛本、十行抄本同；單疏本作「福」，《要義》所引同。阮記云：「案：浦鏜云『福誤穀』，考《閟宮》，浦挍是也。」盧記同。單疏本作「福」，亦可為證，浦說是也。

33. 頁十六右　故任為抱o鄭以后稷

按：「o」，十行本、元十行本、李本（元）、劉本（元）、閩本、明監本、毛本同；單疏本無此標記，亦無空格；十行抄本有空格。阮記云：「案：『o』當作『也』。」盧記同。揆諸文義，此處不當有「○」或空格，單疏本可證，阮記謂當作「也」，亦為猜測，不可信從。

34. 頁十六右　釋之叟叟*

按：「釋」，十行本、元十行本、李本（元）、劉本（元）、閩本、明監本、毛本、巾箱本、監圖本、纂圖本、五山本、日抄本、唐石經、白文本同；岳本作「䆁」。阮記云：「唐石經、小字本、相臺本同，案：《六經正誤》云『作釋誤，《說文》釋從米從睪漬米也』云云，今考其說非也……」盧記同。檢敦煌殘卷斯六三四六《大雅・生民》經文，正作「釋」，則作「䆁」不誤，阮記是也，然阮本既不誤，此處不當加圈。

35. 頁十六右　或舂黍者以后稷

按：「黍」，十行本、元十行本、李本（元）、劉本（元）、閩本、明監本、毛本、巾箱本、監圖本、纂圖本、岳本、五山本、日抄本皆同。阮記云：「小字本、相臺本同，案：《正義》云『集注等皆為舂黍，定本為舂米者，誤也』，考此《傳》以米與上穀為對文，當以定本為長。」盧記同。諸本皆同，作「黍」不誤，阮記之說，純屬猜測，不可信從。

36. 頁十六左　先奠而後爇蕭

按：「先」，十行本、元十行本、李本（元）、劉本（元）、閩本、明監本、毛本同；巾箱本作「既」，監圖本、纂圖本、岳本、五山本、日抄本同，《要義》所引亦同。阮記云：「小字本、相臺本『先』作『既』，《考文》古本同，案：『既』字是也。」盧記同。《正字》云：「『既』，誤『先』。」考《疏》引《傳》文，作「既奠而後爇蕭」，且巾箱本等、《要義》所引皆作「既」，可知當作「既」，浦說是也。

37. 頁十六左　羝羊牡羊也

按：「羊」，十行本、元十行本、李本（元）、劉本（元）、閩本、明監本、毛本、巾箱本、監圖本、纂圖本、岳本、日抄本同，《要義》所引亦同；五山本無。阮記云：「案：上『羊』字衍文也……」盧記同。考《疏》引《傳》，作「羝羊牡羊」，且傳世諸本、《要義》所引多作「羝羊牡羊」，可知「羊」絕非衍文，阮記誤甚，謝記亦謂「羊」非衍文，所言是也。

38. 頁十六左　加于火曰烈

按：「于」，十行本、元十行本、李本（元）、劉本（元）、閩本、明監本、毛本、巾箱本、五山本、日抄本同，《要義》所引亦同；監圖本作「於」，纂圖

本、岳本同。阮記云：「小字本、相臺本『于』作『於』……案：『於』字是也。」盧記同。「于」、「於」，乃別本之異，阮記臆度，不可信從。

39. 頁十六左　既為郊祀之酒*

按：「既」，十行本、元十行本、李本（元）、劉本（元）、閩本、巾箱本、監圖本、纂圖本、岳本、五山本、日抄本同，《要義》所引亦同；明監本作「即」，毛本同。阮記云：「明監本、毛本『既』誤『即』。」盧記同。《正字》云『『既』，誤『即』」，乃阮記所本。考《疏》引箋文，作「既為郊祀之酒」，且宋元諸本、《要義》所引皆作「既」，則作「既」是也，浦說是也。阮記既以作「既」不誤，衡其體例，阮本不當加圈也，顯為自破體例。

40. 頁十六左　齊敬犯軷而祀天者*

按：「犯」，十行本、元十行本、李本（元）、劉本（元）、巾箱本、監圖本、五山本同；閩本作「祀」，明監本、毛本、纂圖本、岳本、日抄本同。阮記云：「相臺本『犯』作『祀』，閩本、明監本、毛本同，案：『犯』字是也，《正義》中、十行本皆作『犯』，不誤。」盧記同。考《疏》釋經云「以為犯軷之祭」，又云「所以用先歲之物齊敬犯軷而祀天者」，則作「犯」是也，阮記既以作「犯」不誤，衡其體例，阮本不當加圈也，顯為自破體例。

41. 頁十七右　又取羝羊之礼

按：「礼」，元十行本、李本（元）、劉本（元）、十行抄本同；十行本作「禮」，閩本、明監本、毛本同；單疏本作「體」。阮記云：「案：『禮』，當作『體』……」盧記同。考本詩經文云「取羝以軷」，箋云「取羝羊之體以祭神」，則《疏》本箋以釋經也，作「體」是也，當從單疏本，阮記是也。

42. 頁十七右　以此為思

按：「思」，十行本、元十行本、李本（元）、劉本（元）、閩本、明監本、毛本皆同；單疏本作「異」，十行抄本同。阮記云：「案：『思』，當作『異』。」盧記同。以此為異，乃《疏》釋鄭箋與毛《傳》相異處之結語，作「異」是也，當從單疏本等，阮記是也。

43. 頁十七右　烀烀氣也

按：「氣」，單疏本、十行本、元十行本、李本（元）、劉本（元）、閩本、

明監本、毛本皆同，《要義》所引亦同。阮記云：「案：浦鏜云『烝誤氣』，是也。」盧記同。諸本皆作「氣」，此孔《疏》所見《爾雅‧釋訓》文也，浦說據傳世本以正《疏》文，寔不可信。

44. 頁十七右　滫浮與此不同

按：「浮」，十行本、元十行本、李本（元）、劉本（元）、閩本、明監本、毛本同；單疏本作「烰」，《要義》所引同。阮記云：「案：『浮』，當作『烰』……」盧記同。考單疏本《疏》文云「孫炎曰：滫滫，淅米聲；烰烰，炊之氣。滫、烰與此不同」，「滫」、「烰」乃與孫炎所云相對應也，作「烰」是也，當從單疏本等，阮記是也。

45. 頁十七左　又去為鑿

按：「去」，十行本、元十行本、李本（元）、劉本（元）、閩本、明監本、毛本同；單疏本作「舂」，《要義》所引同。阮記云：「案：浦鏜云『舂誤去』，是也。」盧記同。考箋云「將復舂之，趣於鑿也」，《疏》文釋箋，自當云「又舂為鑿」，作「舂」是也，當從單疏本等，浦說是也。

46. 頁十七左　上言於鑿也

按：「上」，十行本、元十行本、李本（元）、劉本（元）、閩本、明監本、毛本同；單疏本作「止」，《要義》所引同。阮記云：「案：『上』，當作『止』。」盧記同。考前《疏》云「止言『趣於鑿』者」，以先況後，作「止」是也，當從單疏本等，阮記是也。

47. 頁十八右　獮為習兵故因兵事

按：「因」，十行本、元十行本、李本（元）、劉本（元）、閩本、明監本、毛本同；單疏本作「因兵而問」，十行抄本同。阮記云：「案：『因』當作『問』，形近之譌。」盧記同。《正字》云「『因』下，當脫『問』字」，乃阮記所本。揆諸文義，「兵而問」三字實不可闕，當從單疏本等，浦說、阮記皆非也。

48. 頁十九右　未至定用何月

按：「至」，十行本、元十行本、李本（正德，板心有塗抹）、劉本（正德十二年）、閩本、明監本、毛本、十行抄本同；單疏本作「知」。阮記云：「案：浦鏜云『至當知字誤』，是也。」盧記同。考單疏本《疏》文云「未知定用何

月，要在歲首為之」，揆諸文義，顯應作「知」，當從單疏本，浦說是也。

49. 頁十九左　故云嗣歲今新歲新歲而謂之嗣者*

按：「新歲」，單疏本、十行本、元十行本、李本（正德，板心有塗抹）、劉本（正德十二年）同；閩本無此二字，明監本、毛本同。阮記云：「閩本、明監本、毛本，誤不重『新歲』二字。」盧記同。《疏》云「嗣歲今新歲」，乃引箋文，下「新歲而謂之嗣」，乃為釋箋起始，故「新歲」二字不可闕也，阮記是也，然阮記既以重者為是，衡其體例，阮本不當加圈也，顯為自破體例。

50. 頁十九左　內郊天主為祈穀故也

按：「內」，十行本、李本（正德，板心有塗抹）、劉本（正德十二年）、閩本、明監本、毛本同；單疏本作「由」；元十行本作「因」。阮記云：「案：浦鏜云『內當由字誤』，是也。」盧記同。「由」、「故」，前後照應，作「由」是也，當從單疏本，浦說是也。

51. 頁十九左　于豆于登

按：「登」，十行本、元十行本、李本（正德，板心有塗抹）、劉本（正德十二年）、閩本、明監本、毛本、監圖本、纂圖本、五山本、唐石經、白文本同；巾箱本作「㽅」，岳本、日抄本同。阮記云：「案：《六經正誤》云：作『㽅』誤……毛居正特臆說耳……」盧記同。檢敦煌殘卷斯六三四六《大雅·生民》，作「登」，《讀詩記》所引同，則作「登」是也，當從巾箱本等，毛氏非臆說，阮記誤甚。

52. 頁十九左　歆享之

按：「享」，十行本、元十行本、李本（正德，板心有塗抹）、劉本（正德十二年）、巾箱本、監圖本、纂圖本、岳本、日抄本同；閩本作「饗」，明監本、毛本、五山本同。阮記云：「閩本、明監本、毛本『享』作『饗』，案：『饗』字是也……」盧記同。「享」、「饗」乃別本之異，阮記以「饗」字為是，未見其必也。

53. 頁二十右　不調以鹽采

按：「采」，十行本、元十行本、李本（正德，板心有塗抹）、劉本（正德十二年）、閩本、明監本同；單疏本作「菜」，毛本同，《要義》所引亦同。阮

記云:「毛本『采』作『菜』,案:所改是也。」盧記同。《正字》云:「『菜』,監本誤『采』。」揆諸文義,鹽菜所以調味也,作「菜」是也,當從單疏本等,浦說是也。

54. 頁二十左　箋庶眾至天焉*

按:「天」,單疏本、明監本、毛本同;十行本作「然」,元十行本、李本(正德,板心有塗抹)、劉本(正德十二年)、閩本同。阮記、盧記皆無說。此標起止,箋云「庶眾也……故推以配天焉」,《疏》文例取前後數字以標起止,而以前二後二居多,則此處顯當作「箋庶眾至天焉」,作「天」是也,當從單疏本等。

55. 頁二十左　抑云庶無罪悔

按:「罪」,單疏本、十行本、元十行本、李本(正德,板心有塗抹)、劉本(正德十二年)、閩本、明監本、毛本皆同。阮記云:「案:浦鏜云『大誤罪』,是也。」盧記同。此孔氏意引彼詩,非可以原文繩之也,浦說存疑可也。

卷十七之二

1. 頁一右　敦史受之

按:「敦」,閩本、明監本、毛本、巾箱本、監圖本、纂圖本、岳本、五山本、日抄本同;十行本作「敆」,元十行本、李本(元)、劉本(元)同。阮記云:「案:《釋文》云:『敦』本又作『惇』同,《正義》本是『惇』字。」盧記同。傳世諸本皆作「敦」,作「敆」不誤,「敦」、「惇」乃別本之異,阮記既未判是非,衡其體例,阮本不當加圈也,顯為自破體例。

2. 頁一右　梨利知反不利方反*

按:「不」,元十行本、李本(元)同;十行本作「又」,劉本(元)、閩本、明監本、毛本、巾箱本、監圖本、纂圖本同。阮記無說,盧記補云:「通志堂本、盧本『不』作『又』,『方』作『兮』,案:『不』字、『方』字誤也。」《釋文》出字「凍梨」,小注云「利知反又利兮反」,「不」字顯誤,或因與「又」形近而譌。

3. 頁一左　敦敦然道傍之葦

按:「傍」,十行本、元十行本、李本(元)、劉本(元)、閩本、明監本、

毛本、五山本同；巾箱本作「旁」，巾箱本、監圖本、纂圖本、岳本同。阮記云：「小字本、相臺本『傍』作『旁』，案：『旁』字是也，『傍』乃《正義》所易今字。」盧記同。注疏本系統作「傍」，經注本系統作「旁」，此別本之異，阮記以作「旁」者為是，豈其必也！

4. 頁二右　勿得踐履*

按：「勿」，單疏本、劉本（元）、閩本、明監本、毛本同；十行本作「爾」，元十行本、李本（元）同。阮記、盧記皆無說。考本詩經文云「牛羊勿踐履」，則《疏》文之「勿」正本經文之「勿」，作「勿」是也，作「爾」者，或涉上文「爾所牧牛羊」之「爾」而譌。又，此字阮本不誤，衡其體例，不當加圈也。

5. 頁二右　故經以成形名之

按：「經」，單疏本、十行本、元十行本、李本（元）、劉本（元）、閩本、明監本、毛本皆同。阮記云：「案：浦鏜云『經疑徑字誤』，是也。」盧記同。檢《正字》無此文，不知阮記所據何本。考《疏》文云：「葦之初生，其名為葭，稍大為蘆，長成乃名為葦，『八月萑葦』是其事也，此禁牛羊勿踐，則是春夏時事，而言葦者，此先王愛其為人用，人之所用，在於成葦，作者體其意，故經以成形名之。」則作者體先王用人之義，故於詩文中以成葦之名言之，所謂「經」即指本詩經文「敦彼行葦」之「葦」字也，作「經」不誤，阮記非是。

6. 頁二左　燕礼曰公降立於阼階之東南南嚮邇卿面南北上邇大夫
　　　　　北面少進

按：「面南」，十行本、元十行本、李本（元）、劉本（元）、閩本、明監本、毛本同；單疏本作「西面」。阮記云：「案：浦鏜云『西面誤面南』，是也。」盧記同。「北面」，單疏本、十行本、元十行本、李本（元）、劉本（元）、閩本、明監本、毛本皆同。阮記云：「案：『北面』當作『皆』，分為二字而誤也，山井鼎云『儀禮元文作大夫皆少進』，《正義》引略『大夫』者，不備耳。」盧記同。檢《儀禮·燕禮》云「公降立於阼階之東南，南鄉，爾卿，卿西面北上，爾大夫，大夫皆少進」，鄭注「爾，近也，移也，揖而移之，近之也，大夫猶北面少前」，則「面南」者諸公也，卿則西面，作「西面」是也，當從單疏本，

又鄭注云「北面少前」，則其所見《燕禮》當作「大夫北面少進」，若作「大夫皆少進」，則「皆」字無著落，則單疏本等作「北面」是也，與鄭玄所見本同，不誤，阮記之說，不可信從。

7. 頁二左　客受而奠之不舉也*

按：「也」，十行本、元十行本、李本（元）、劉本（元）、閩本、明監本、毛本、巾箱本、監圖本、纂圖本、岳本、五山本、日抄本皆同。阮記云：「相臺本同，閩本、明監本、毛本同，小字本無『也』字。」盧記同。諸本皆有「也」字，有者不誤，阮記未作判斷，而阮本於此加圈，衡其體例，非也。

8. 頁三左　徒擊鼓曰咢*

按：「徒擊鼓」，十行本、元十行本、李本（元）、劉本（元）、閩本、明監本、毛本、監圖本、纂圖本、岳本、日抄本同；巾箱本作「徒擊」；五山本作「徒歌」。阮記云：「案：《釋文》云毛云徒歌曰咢，《正義》云『王肅述毛，作徒擊鼓，今定本、集注作徒歌者，與園有桃《傳》相涉誤耳』，考『歌』字當為『鼓』之誤，王肅有『擊』字，與今《爾雅》文同，或毛讀《爾雅》無。」盧記同。諸本作「徒擊鼓」，與孔穎達所見本同，其謂作「徒歌」者誤，或是也。作「徒擊鼓」既不誤，阮本卻於此加圈，衡其體例，非也。又，巾箱本作「徒擊」，顯誤。

9. 頁三左　鄭注儀礼云醢汁也

按：「醢汁」，十行本、元十行本、李本（元）、監圖本、纂圖本同；劉本（元）作「醯汁」，閩本、明監本、毛本；巾箱本作「醢海」。阮記云：「案：《儀禮》第八《聘禮》云：其南醢醯屈，鄭注云醢醯汁也。是解醯乃醢之汁也，監本誤合『醢汁』二字為『海』字，諸本亦各漏一字，故不可曉也，今考此當作『醢汁』也，為是十行本乃出於善本也……」盧記同。檢《釋文》出字「醢」，小注：「他感反，肉醬也，鄭注儀禮云醢汁也」，《儀禮》鄭注：「醢，醢汁也」，揆諸文義，則「醢汁」當作「醢汁」，劉本改作「醯汁」，是也，阮記所見乃校改之本，宋元十行本原皆作「醢汁」，故其謂十行本乃出於善本，乃非事實，誤也。

10. 頁三左　又云口吹肉也*

按：「吹」，元十行本、李本（元）、劉本（元）同；十行本作「裏」；巾箱

本作「裏」,監圖本、纂圖本;閩本作「次」,明監本、毛本。阮記引文作「又云口裏肉也」云:「通志堂本、盧本同,案:今注疏所附『裏』作『次』,承十行本也,小字本所附仍作『裏』……」盧記引文作「又云口吹肉也」,云:「通志堂本、盧本『吹』作『裏』,小字本所附同,案:今注疏所附『裏』作『次』,『吹』當『次』字,形近之譌……」《釋文》作「裏」,十行本之「裏」當是「裏」字之譌,李本、劉本等又譌作「吹」,閩本再譌作「次」,一誤再誤也。

11. 頁四右　是為嘉美之加也

按:「加」,十行本、元十行本、李本(元)、劉本(元)、閩本、明監本、毛本同;單疏本作「嘉」。阮記云:「案:『加』當作『嘉』,與下互換而誤。」盧記同。考單疏本《疏》文云「箋『以脾臄為加,故謂之嘉』,是為嘉美之嘉也」,作「加」者,或涉上文之「加」而譌,作「嘉」是也,當從單疏本,阮記是也。

12. 頁四右　服虔通俗又云

按:「又」,十行本、元十行本、李本(元)、劉本(元)、閩本、明監本、毛本同;單疏本作「文」。阮記云:「案:山井鼎云『又恐文誤』,是也。」盧記同。《正字》云:「『文』,誤『又』。」作「文」是也,當從單疏本,浦說是也。

13. 頁四右　故謂之嘉

按:「嘉」,單疏本、十行本、元十行本、李本(元)、劉本(元)、閩本、明監本、毛本皆同。阮記云:「案:『嘉』當作『加』,與上互換。」盧記同。考箋云「燔用肉,炙用肝,以脾臄為加,故謂之嘉」,《疏》文云「燔、炙是正饌,以脾臄為加助,故謂之嘉」,《疏》文「故謂之嘉」正本箋文「故謂之嘉」,「嘉」字不誤,單疏本亦作「嘉」,阮記非也,孫記以為「嘉」不宜改「加」,是也。

14. 頁四右　以擇其可與者以為兵*

按:「與」,十行本、元十行本、李本(元)、劉本(元)、閩本、明監本、毛本、巾箱本、監圖本、岳本、五山本、日抄本同;纂圖本作「与」。阮記云:「案:《釋文》云一本直云可者無與字,《正義》本有。」盧記同。諸本皆作「與」,無者別本也,阮記未作判斷,而阮本於此加圈,衡其體例,非也。

15. 頁四右　言賓客次第皆賢

按：「第」，十行本、元十行本、李本（元）、劉本（元）、閩本、明監本、毛本同；巾箱本作「序」，監圖本、纂圖本、岳本、五山本、日抄本同。阮記云：「小字本、相臺本『第』作『序』，《考文》古本同，案：『序』字是也。」盧記同。考本詩經文云「序賓以賢」，故《傳》釋云「言賓客次序皆賢」，《傳》文之「序」字正本經文之「序」字，又《疏》文引《傳》文云「故言『賓客次序皆賢』也」，則孔穎達所見本亦作「序」，則作「序」是也，當從巾箱本等，阮記是也。

16. 頁四左　觀者如堵牆

按：十行本、元十行本、李本（元）、劉本（元）、閩本、明監本、毛本、巾箱本、監圖本、岳本、五山本、日抄本同；纂圖本作「觀者如堵墙」。阮記云：「小字本、相臺本同，案：此《釋文》本也，《正義》云『皆《射義》文，彼於「圃」下云「觀者如堵」，此引之略也』，是《正義》本無此一句……此亦合併之未檢照者，故經注、《正義》舛互。」盧記同。諸本皆有，且日抄本非附《釋音》本也，則阮記謂此句為《釋文》，非也。

17. 頁四左　又使公罔之裘序點揚觶而語曰

按：「語曰」，十行本、元十行本、李本（元）、劉本（元）、閩本、明監本、毛本、巾箱本、監圖本、纂圖本、岳本、五山本、日抄本皆同。阮記云：「小字本、相臺本同，案：此《傳》『曰』字上當有『公罔之裘揚觶而語』八字，因複出而脫去也，《正義》云『又使公罔之裘及序點二人揚觶爵而為語公罔裘先語於眾曰』，是其證，各本皆誤。」盧記同。諸本皆同，阮記純屬猜測，不可信從。

18. 頁四左　耄勤稱道不亂者*

按：十行本、元十行本、李本（元）、劉本（元）、閩本、明監本、毛本、巾箱本、監圖本、纂圖本、岳本、五山本、日抄本皆同。阮記云：「小字本、相臺本同，案：《釋文》云勤音其，《正義》云『而能勤行稱舉其道』，是《正義》如字讀，考鄭《射義》注云：旄期或為旄勤，此乃本之異者，勤字不得讀為期，《釋文》所音非也。」盧記同。諸本皆同，原文既不誤，而阮本於此加圈，衡其體例，非也。

19. **頁五右　又解四鍭之義***

按：「鍭」，單疏本、十行本、元十行本、李本（元）、劉本（嘉靖）、十行抄本同，《要義》所引亦同；閩本作「鏃」，明監本、毛本同。阮記云：「閩本、明監本、毛本『鍭』誤『鏃』，案：山井鼎云：下除『金鏑』、『鐵鏃』外皆同，是也。」盧記同。《正字》云：「『鍭』，誤『鏃』，下除『金鏑』、『鐵鏃』外，並『鍭』字誤。」考單疏本《疏》文云「又解四鍭之義，言鍭是矢參停者也」，若作「四鏃」，不當云「言鍭是」而應云「言鏃是」，則作「鍭」是也，當從單疏本、十行本等，阮本不誤，而於此加圈，衡其體例，非也。

20. **頁五右　孫炎曰金鏑斷羽使前重也***

按：「金鏑」，單疏本、十行本、十行抄本同，《要義》所引亦同；元十行本作「者鏑」，李本（元）、劉本（嘉靖）、閩本同；明監本作「鏑者」，毛本同。阮記引文作「孫炎曰金鏃」，云：「閩本、明監本『金』作『者』，毛本倒之，案：山井鼎云：兩誤，是也。」盧記引文作「孫炎曰金鏑」，所云同。《正字》云：「『金鏃』，誤『鏑者』。」考單疏本《爾雅疏·釋宮》，引「孫炎曰金鏑斷羽使前重也」，作「金鏑」，與單疏本、十行本等合，作「金鏑」是也，當從單疏本等。浦說謂當作「金鏃」顯誤。又明監本作「鏑者」，阮記謂之與閩本同作「者鏑」，不知其所據何本，檢《考文》云：「『鏑者』（宋板）作『金鏑』，謹按：正、嘉二本作『者鏑』，萬曆改之作『鏑者』，兩誤」，則山井鼎所見明監本亦作「鏑者」，此頁元十行本已譌「金」為「者」，劉本此頁為明代補板明印同，閩本亦同，至明監本，見「者鏑」不可通，遂改「者鏑」為「鏑者」，而毛本襲之。又山井鼎所見正德本，即元刊明修本作「者鏑」，與李本、劉本合，而阮記引文作「金鏃」，此為各本皆無者，而是山井鼎「者鏑」、「鏑者」兩誤之說，意《考文》原意，以「金鏑」為是，故言兩誤，而阮記引文既作「金鏃」，則使讀者誤以為當從引文作「金鏃」，傳世諸本從未有作「金鏃」者，阮記此條可謂謬甚！而盧記引文既作「金鏑」，則所言甚是也。且盧記引文及阮本皆作「金鏑」，則與宋十行本同，若其所據底本確作「金鏑」，則顯為早於李本、劉本之元刊明修本也。阮記引文之「金鏃」又不知從何而來也，豈據《正字》之說而誤改？

21. **頁五左　以此知為毛射之意亦為大射也***

按：單疏本作「以此知雖毛之意亦為大射也」，《要義》所引同。十行本

作「以此知為毛之意亦為大射也」，元十行本、李本（元）、劉本（嘉靖）、閩本、明監本、毛本、十行抄本同。阮記引文作「以此知為毛之意亦為大射也」，云：「閩本、明監本、毛本同，案：十行本『此』至『之』，剜刪者一字，誤也，當作『以此知為大射毛意亦為大射也』。」盧記同。據文氣而論，「雖」、「亦」前後呼應，單疏本《疏》文前引王肅之說，「王肅以此為養老燕射」，隨後駁之，「案：燕射於燕旅酬之後乃為之，不當設文於『曾孫維主』之上，豈先為燕射而後酌酒也？」遂得出結論，「以此知雖毛之意，亦為大射也」，文義曉暢，則十行本之「為」字應作「雖」也，當從單疏、《要義》。阮記之說，純屬猜測，不可信從，繆記謂其誤也，甚是。又阮本作「以此知為毛射之意亦為大射也」，為眾本所無，且與阮記、盧記引文皆不合，不知所據何本，又不知為何與盧記引文有異。

22. 頁五左　　彼於圉下云蓋觀者如堵

按：「堵」，十行本、元十行本、李本（元）、劉本（嘉靖）、閩本、明監本、毛本、十行抄本同；單疏本作「堵牆」。阮記云：「案：『堵』下，浦鏜云『牆字脫』，是也。」盧記同。所謂「彼」者，乃謂《禮記·射義》，檢之，有「牆」字，故當從單疏本，浦說是也。

23. 頁六右　　而先自言之

按：單疏本、十行本、元十行本、李本（元）、劉本（嘉靖）、閩本、明監本、毛本、十行抄本皆同。阮記云：「案：浦鏜云『自疑目字誤』，是也。」盧記同。本詩經文云「序賓以賢」，《傳》云「孔子射於矍相之圃，蓋觀者如堵牆，射至於司馬，使子路執弓矢，出延射，曰：『奔軍之將，亡國之大夫，與為人後者，不入，其餘皆入』，蓋去者半，入者半」，檢《禮記·射義》云「孔子射於矍相之圃，蓋觀者如堵牆，射至於司馬，使子路執弓矢，出延射，曰：『賁軍之將，亡國之大夫，與為人後者，不入，其餘皆入』，蓋去者半，入者半」，則《傳》文全取《射義》文也，《射義》鄭注云「先行飲酒禮，將射，乃以司正為司馬。子路執弓矢，出延射，則為司射也，延，進也，出，進觀者欲射者也」，本詩《疏》云「將射，先行飲酒之禮，其禮，立一人為司正，使主飲酒之事，至於將射，則變司正為司馬，故言射至於司馬，立司馬是將射之始也。於此之時，使子路執弓矢出圃外，以延進射者，令欲射也，子路延射，則子路為司射矣」，則《疏》文實本鄭注為解，又《射義》《疏》云「至於將

射，轉司正為司馬，故云射至於司馬也，使子路執弓矢出延射者，謂立司馬之時，孔子使子路為司射之官，出門而延進觀者及欲射之人」，綜合二《疏》，可知其時將射之前，有飲酒之禮，司正主之，禮畢，將行射禮，則司正轉司馬，以主射禮。而此時又設司射之官，出門而簡擇延請射者及觀者，司馬與司射本非一職，故主者亦非一人，子路乃司射非司馬。又據本詩《疏》文「……今子路執弓矢延射，故知為司射也，司射與司馬別，而先自言之，明子路延射之節，立司馬時也，主射一人而已，故子路獨出延射，語說必須二人，故罔裘、序點相對而言也」，則子路既為司射，且主者僅其一人而已，而行延射之職，故自出而言於眾人，云「奔軍之將，亡國之大夫，與為人後者，不入，其餘皆入」，故此處《疏》文「先自言之」正合上下文義，言「先」者，謂子路先行司射延射之事，言「自言」者，司射一人，故子路無人指派，必自躬行，此與「子路獨出延射」，前後正相呼應，而與下文「語說必須二人」又為對照，可知作「自」不誤，浦鏜、阮記皆未能涵泳經義，妄加猜測，誤甚。

24. 頁六左　說文作彀張弓曰彀

按：「彀」，十行本、元十行本、李本（元）同；劉本（嘉靖）作「彀」，閩本、明監本、毛本、巾箱本、監圖本同；纂圖本作「敎」。阮記無說，盧記補云：「通志堂本、盧本『彀』作『彀』，案：『彀』字是也。」檢《釋文》出字「既句」，小注云「古豆反，《說文》作『彀』，云：張弓曰彀」，既云張弓，則當從「弓」，作「彀」是也，盧記是也。

25. 頁七右　二京賦曰彤弓既彀

按：十行本、元十行本、李本（正德，板心有塗抹）、劉本（正德十二年）、閩本、明監本、毛本、十行抄本同；單疏本作「二京賦曰彤弓斯彀」。阮記云：「案：浦鏜云『斯誤既』，是也。又云『二當作東』，非也，李善《文選》注引楊泉《物理論》曰：平子二京，是通稱《二京》矣。」盧記同。《正字》云：「『斯』，誤『既』，『二京』當作『東京』。」據單疏本，確當作「彤弓斯彀」，又可知「二京」不誤，阮記駁浦鏜之說，甚是。

26. 頁八右　彼注云先生大夫之致位者

按：「位」，元十行本、李本（正德，板心有塗抹）、劉本（正德十二年）、閩本、明監本、毛本、十行抄本同；單疏本作「仕」，十行本同。阮記云：「案：浦鏜云『仕誤位』，是也。」盧記同。《正字》云：「『仕』，誤『位』。」所謂「彼

注」，乃謂《儀禮・鄉飲酒》鄭注，檢之，「先生，鄉中致仕者」，則作「仕」是也，當從單疏本等，浦說是也。

27. 頁八右　故得壽考*

按：「考」，單疏本、明監本、毛本同；十行本作「耆」，元十行本、李本（正德，板心有塗抹）、劉本（正德十二年）、閩本同。阮記無說，盧記引文云「故得壽耆」，又補云：「案：『耆』當作『考』，形近之譌，毛本正作『考』。」考本詩經文云「壽考維祺」，《傳》云「祺，吉也」，單疏本《疏》文「由其尊者老之人，故得壽考」，則《疏》文之「壽考」正本經文之「壽考」，作「考」是也，當從單疏本，監本改之，是也，盧記是也。又，盧記引文作「故得壽耆」，宋元十行本亦作「壽耆」，則阮本之底本似當作「壽耆」，或於重刊時改作「壽考」，而反致與盧記引文前後矛盾。

28. 頁八右　以受大大之福*

按：「大大」，單疏本、劉本（正德十二年）、閩本同；十行本作「大夫」，元十行本、李本（正德，板心有塗抹）同；明監本作「大人」，毛本。阮記無說，盧記引文云「以受大夫之福」，又補云：「閩本『夫』作『大』，案：『大』字是也，明監本、毛本，誤『人』。」考本詩經文云「壽考維祺，以介眉壽」，箋云「介，助也，養老人而得吉，所以助大福也」，單疏本《疏》文云「維有吉慶，以受大大之福」，則《疏》文之「大大之福」正本箋文之「大福」，作「大」是也，當從單疏本，劉本改之，是也，盧記是也。又，盧記引文作「以受大夫之福」，宋元十行本亦作「大夫」，則阮本之底本似當作「大夫」，或於重刊時改作「大大」，而反致與盧記引文前後矛盾。

29. 頁八右　正義曰釋詁云鮐背考老壽人也*

按：「云」，單疏本、閩本、明監本、毛本同；十行本作「文」，元十行本、李本（正德，板心有塗抹）、劉本（正德十二年）。阮記無說。「人」，十行本、元十行本、李本（正德，板心有塗抹）、劉本（正德十二年）、閩本、明監本、毛本同；單疏本無此字。阮記引文云「鮐背考老壽人也」，云：「閩本、明監本、毛本同，案：浦鏜云『人衍字』，是也」。盧記引文云「釋詁文鮐背考老壽人也」，又補云：「閩本、明監本、毛本『文』作『云』，案：『云』字是也。浦鏜云『人衍字』，以《爾雅》考之，浦挍不誤」。考《爾雅・釋詁》，「黃髮齯齒

鮐背耇老，壽也」，則「云」字是也，「人」為衍文，當從單疏本，浦說、盧記皆是也。又，盧記引文作「釋詁文」，宋元十行本亦作「釋詁文」，則阮本之底本似當作「釋詁文」，或於重刊時改作「釋詁云」，而反致與盧記引文前後矛盾。

30. 頁八右　皮膚涓瘠

按：「涓」，十行本、元十行本、李本（正德，板心有塗抹）、劉本（正德十二年）、閩本、明監本、毛本同；單疏本作「消」，《要義》所引同。阮記云：「案：浦鏜云『消誤涓』，是也。」盧記同。涓瘠，不知何義，作「消」是也，當從單疏本，浦說是也。

31. 頁八左　則老人於是始求

按：「求」，十行本、元十行本、李本（正德，板心有塗抹）、劉本（正德十二年）、閩本、明監本、毛本同；單疏本作「來」。阮記記云：「案：『求』，當作『來』，形近之譌。」盧記同。考前《疏》云「黃耇鮐背之老人，既告之而來」，則此處顯當作「則老人於是始來」，以前後相應，作「來」是也，當從單疏本，阮記是也。

32. 頁八左　既醉大平也

按：「大平」，明監本、毛本、監圖本、岳本、日抄本、白文本同；十行本作「太平」，元十行本、李本（正德，板心有塗抹）、劉本（正德十二年）、閩本、巾箱本、纂圖本、五山本同；唐石經作「告大平」。阮記云：「小字本、相臺本同。唐石經『大』上有『告』字。案：《正義》云『本或云告大平者，此與《維天之命》《敘》文相涉，故遂誤耳，定本無『告』字』，《釋文》以『既醉大平』作音，是《正義》本、《釋文》本皆無『告』字……」盧記同。傳世諸刊本皆無「告」字，又檢敦煌殘卷斯六三四六《大雅・既醉》，《序》云「既醉，告太平也」，則有者別本也。

33. 頁八左　在意云滿

按：十行本、元十行本、李本（正德，板心有塗抹）、劉本（正德十二年）、閩本、明監本同；毛本作「志意充滿」，巾箱本、監圖本、岳本、五山本、日抄本同。阮記云：「小字本、相臺本『在』作『志』，『云』作『充』，毛本同。案：『在』字、『云』字誤也。」盧記同。《正字》云：「監本『志』誤『在』，

『充』誤『云』。」在意云滿，不辭，此箋文，考《疏》文引之云：「於是『志意充滿』」，則箋文當作「志意充滿」，浦說是也。

34. 頁八左　既醉八章章章四句至行焉*

按：「既醉八章章章四句」，十行本、元十行本、李本（正德，板心有塗抹）、劉本（正德十二年）、閩本同；單疏本作「既醉八章章四句」，明監本、毛本、十行抄本同。阮記無說，盧記補云：「案：當衍一『章』字，毛本不誤」。揆諸文義，其誤顯然，當從單疏本等等，盧記是也。

35. 頁九左　此施爵賞於六也

按：「於」，十行本、元十行本、李本（元）、十行抄本同；單疏本作「為」，劉本（嘉靖）、閩本、明監本、毛本同；《要義》所引亦同。阮記云：「閩本、明監本、毛本『於』作『為』，案：所改是也。」盧記同。考下《疏》云「此別夫婦，為七也」，可知此《疏》文乃釋箋文「十倫」之義，且下《疏》又云「唯爵賞之施，或有或無，舉其有者，而為十耳」，則作「為」是也，當從單疏本等，阮記以為閩本等改之，單疏本原文如此，閩本或別有所承也。劉本此頁為嘉靖補板，亦作「為」，與閩本同，據此可知，二者刊刻時代相近，關係密切，詳情尚待深入研究。

36. 頁九左　事謂惠施先後

按：「惠施」，十行本、元十行本、李本（元）、監圖本、纂圖本、岳本、五山本、日抄本同；劉本（嘉靖）作「施惠」，閩本、明監本、毛本、巾箱本同。阮記云：「閩本、明監本、毛本『惠施』倒，案：倒者誤也，《釋文》、《正義》皆可證。」盧記同。《正字》云：「『施惠』，字誤倒。」巾箱本亦作「施惠」，則為別本也，浦鏜、阮記謂其誤，未見其必也。

37. 頁十左　天既其女以光明之道

按：「其」，十行本、元十行本、李本（正德，板心有塗抹）、劉本（正德十二年）同；閩本作「與」，明監本、毛本同；巾箱本作「助」，監圖本、纂圖本、岳本、五山本、日抄本同。阮記云：「小字本、相臺本『其』作『助』，《考文》古本同；閩本、明監本、毛本『其』作『與』，案：『助』字是也，《正義》云『鄭以為天既助汝王以光明之道』可證。」盧記同。既其女，不辭，作「助」是也，阮記是也。

38. 頁十左　俶終也

按：「終」，十行本、元十行本、李本（正德，板心有塗抹）、劉本（正德十二年）、閩本同；明監本作「始」，毛本、巾箱本、監圖本、纂圖本、岳本、五山本、日抄本同。阮記云：「閩本同，小字本、相臺本『終』作『始』，明監本、毛本同，案：『始』字是也，《釋文》、《正義》皆可證。」盧記同。考本詩經文云「令終有俶」，若「俶」釋作「終」，則令終有終，無乃重複乎？且《疏》文本傳釋經云「由其終始皆善」，可知「俶」乃始義，又《疏》文標起止云「傳俶始至諸侯」，則其所見本作「始」，檢《爾雅·釋詁》「俶，落，權輿，始也」，乃毛《傳》所本，故作「始」是也，阮記是也。

39. 頁十一右　祭祀是礼之終

按：「祭祀」，單疏本、十行本、元十行本、李本（元）、劉本（元）、閩本、明監本、毛本、十行抄本皆同。阮記引文云「祭祀是禮之終」，云：「案：浦鏜云『享誤祭』，是也。」盧記同。諸本皆同，浦說無據，不可信從。

40. 頁十一右　釋言文明朗也*

按：「文」，十行本、元十行本、李本（元）、劉本（元）同；單疏本作「云」，閩本、明監本、毛本同。阮記無說，盧記補云：「案：『文』當作『云』，毛本不誤」。檢《爾雅·釋言》云「明朗也」，則作「云」是也，當從單疏本，盧記是也。

41. 頁十一左　釋詁文俶作也

按：「文」，十行本、元十行本、李本（元）、劉本（元）、閩本、明監本、毛本同；單疏本作「云」。阮記云：「案：浦鏜云『文當云字誤』，是也。」盧記同。檢《爾雅·釋詁》云「俶，厲，作也」，則作「云」是也，當從單疏本，浦說是也。

42. 頁十二右　恒豆之菹水草之和也

按：「菹」，岳本同；十行本作「葅」，巾箱本、監圖本、纂圖本、日抄本同，《要義》所引亦同；元十行本作「俎」，李本（元）、劉本（元）、閩本、明監本、毛本、五山本同。阮記云：「閩本、明監本、毛本『菹』作『俎』，十行本初刻作『葅』，後剜作『俎』，案：剜者誤。」盧記同。《正字》云：「『菹』，

誤『爼』。」李本、元本「爼」闕去「卄」頭，阮記謂之剜改，或是，浦說是也。

43. 頁十二右　乃由主之所祭

按：「主」，十行本、元十行本、李本（元）同；單疏本作「王」，劉本（元）、閩本、明監本、毛本同。阮記云：「閩本、明監本、毛本『主』作『王』，案：所改是也。」盧記同。考前《疏》云「成王之祭宗廟，羣臣助之」，則所祭者王也，作「王」是也，當從單疏本。

44. 頁十二左　故加相及

按：十行本、元十行本、李本（元）、劉本（元）、閩本、明監本、毛本、十行抄本同；單疏本作「故恒加相及」。阮記云：「案：『相及』當作『恒豆』。」盧記同。考前《疏》云「恒豆，謂恒常正祭之豆，菹用水草之和氣所生者……其醢，則用陸地所產之物……朝事為正，故謂之恒；其加豆，菹用陸產之物……其醢，則別用水物……謂饋食之豆，以其亞朝事，故謂之加」，又下《疏》云「《記》言恒豆、加豆，鄭引朝事、饋食，則以朝事為恒，饋食為加，取其水陸相配與《記》同者而證之，以恒、加相亞，宜為朝事與饋食，故不為饋外之加焉」，據此，則所謂「恒」，即正祭之恒豆，有菹、有醢，菹為水草，醢為陸畜；正祭之外，又有加祭，亦有菹、有醢，菹為陸草，醢為水物；恒、加相配，則菹有水陸，醢有水陸，皆備也，此即所謂「恒、加相及」，諸本皆闕「恒」字，惟單疏本不誤，阮記之說，純屬猜測，不可信從。

45. 頁十二左　朝事之豆有韭菹青菹

按：「青」，十行本、元十行本、李本（元）、劉本（元）、閩本、明監本、毛本、十行抄本同；單疏本作「菁」。阮記云：「案：浦鏜云『菁誤青』，是也。」盧記同。此引《周禮・天官・醢人》，檢之，云「掌四豆之實，朝事之豆，其實韭菹……菁菹」，則作「菁」是也，當從單疏本，浦說是也。

46. 頁十二左　是靜加之義故引之*

按：「加」，十行本、元十行本、李本（元）、劉本（元）、十行抄本同；單疏本作「嘉」，閩本、明監本、毛本同。阮記無說，盧記補云：「案：『加』當作『嘉』，毛本不誤。」考本詩經文云「籩豆靜嘉」，《疏》文之「靜嘉」正本經文之「靜嘉」，作「嘉」是也，當從單疏本，盧記是也。

47. 頁十三右　潁考叔純孝也

按：「潁」，明監本、毛本、岳本、五山本、日抄本同，《要義》所引亦同；十行本作「穎」，元十行本、李本（元）、劉本（元）、閩本、巾箱本、監圖本、纂圖本同。阮記引文作「穎考叔」，云：「相臺本『穎』作『潁』，明監本、毛本同，案：『潁』字是也，《廣韻》云：潁又姓，《左傳》有潁考叔，穎皆潁之別體俗字。」盧記同。《正字》云：「『穎』，誤從『禾』，下同。」考單疏本《疏》文作「潁考叔」，則其所見本作「潁」，又宋刊興國軍本《春秋經傳集解》隱公元年《左傳》云「潁考叔，為潁谷封人」，潁谷者，潁水之谷也，《中國歷史地圖集》第一冊《春秋圖組》「鄭宋衛」分圖，將潁谷繪製於潁水源頭，可證此字從「水」，則作「水」是也，當從單疏本，浦說是也，阮記非也，汪記引《左傳校勘記》，謂當從水，是也。

48. 頁十三左　各欲其類

按：「欲」，十行本、元十行本、李本（元）、劉本（元）、閩本、明監本、毛本同；單疏本作「教」。阮記云：「案：『欲』當作『教』。」盧記同。《正字》云：「『欲』，疑。」考單疏本《疏》文云「以言羣臣之孝，則知永錫爾類為長與爾之族類，謂轉相教導也，各教其類，則可以徧及天下，故云『謂廣之教導天下』」，前後「教」字呼應相照，作「教」是也，當從單疏本，阮記是也。

49. 頁十三左　彼言潁考叔*

按：「潁」，明監本、毛本同；十行本作「穎」，元十行本、李本（元）、劉本（元）、閩本、十行抄本同；單疏本作「潁」。阮記、盧記皆無說。據上文考證，作「潁」是也，當從單疏本。

50. 頁十三左　箋云壼之言梱也

按：「梱」，十行本、元十行本、李本（元）、劉本（元）、十行抄本、巾箱本、監圖本、纂圖本、岳本、五山本、日抄本同，《要義》所引亦同；閩本作「捆」，明監本、毛本同。阮記云：「閩本、明監本、毛本『梱』作『捆』，案：『梱』字是也。」盧記同。考單疏本《疏》文云「故易之云『壼之言梱』」，則孔穎達所見亦作「梱」，與宋元諸本皆合，作「梱」是也，當從十行本，阮記是也。

51. 頁十三左　使至室家之內

按：「至」，單疏本、十行本、元十行本、李本（元）、劉本（元）、閩本、明監本、毛本皆同。阮記云：「案：『至』當作『在』。」盧記同。《正字》云：「『至』，疑『此』字誤。」考《疏》文云「使至室家之內，皆自先梱緻恩親，乃後及於天下」，文辭順暢，諸本皆同，浦說、阮記皆為猜測，不可信從。

52. 頁十四右　孝昭皆取此箋以解外傳

按：「孝」，十行本、元十行本、李本（元）、劉本（元）、閩本、明監本、毛本同；單疏本作「韋」；十行抄本作「考」。阮記云：「案：浦鏜云『韋誤孝』，是也。」盧記同。注《國語》者，韋昭也，作「韋」是也，當從單疏本，浦說是也。

53. 頁十四右　使祿臨天下

按：十行本、元十行本、李本（元）、劉本（元）、巾箱本、監圖本、纂圖本、岳本、日抄本同；閩本作「使祿福天下」，明監本、毛本同；五山本作「使蒞臨天下也」。阮記云：「相臺本『祿』作『錄』，閩本、明監本、毛本『臨』誤『福』，案：『錄』字是也……」盧記同。諸本皆作「祿」，考本詩經文云「天被爾祿」，則箋文「祿臨天下」之「祿」正本經文之「祿」，阮記非也。

54. 頁十四左　此章云釐爾女子從以孫子*

按：「子」，十行本、元十行本、李本（元）同；單疏本作「士」，劉本（元）、閩本、明監本、毛本同。阮記無說，盧記補云：「案：『子』當『士』之譌，毛本正作『士』。」本詩經文云「釐爾女士」，則作「士」是也，當從單疏本等，盧記是也。

55. 頁十五左　經序例者

按：「例」，十行本、元十行本、李本（元）、劉本（元）、閩本、明監本、毛本同；單疏本作「倒」，十行抄本同。阮記云：「案：山井鼎云『例恐倒誤』，是也。」盧記同。考單疏本《疏》文云「經、《序》倒者，《序》以天地人為尊卑之次，以統其小者，經以鳥至為次，故不同也」，此述經、《序》語義相逆之因，則作「倒」是也，當從單疏本等，山井鼎說是也。

56. 頁十六右　不以己實臣之故自謙

按：「謙」，十行本、元十行本、李本（元）、毛本同；劉本（嘉靖）作「嫌」，閩本、明監本、巾箱本、監圖本、纂圖本、岳本、五山本、日抄本同，《要義》所引亦同。阮記云：「小字本、相臺本『謙』作『嫌』，閩本、明監本同，案：『嫌』字是也……」盧記同。《正字》云：「『嫌』，毛本誤『謙』。」考《疏》文云「孝子以父象事之，故其心安，不以己實臣之故自嫌，由王事之盡敬，故不嫌也」，以後例前，則作「嫌」是也，當從巾箱本、《要義》，浦說是也。

57. 頁十六右　爾者女成王者

按：「者」，十行本、元十行本、李本（元）、劉本（嘉靖）、閩本、明監本、毛本同；巾箱本作「也」，監圖本、纂圖本、岳本、五山本、日抄本同，《要義》所引亦同。阮記云：「小字本、相臺本，下『者』作『也』，《考文》古本『也』字同，案：『者』字誤。」盧記同。《正字》云：「下『者』字疑衍，或『也』字誤。」「者」「者」，不辭，「者」「也」相配，作「也」是也，當從巾箱本、《要義》。

58. 頁十七右　大宗伯畐辜祭四方

按：「畐」，元十行本、李本（元）、劉本（嘉靖）、閩本同；單疏本作「䰝」，十行本、明監本、毛本、十行抄本同。阮記云：「毛本『畐』作『䰝』，案：所改是也，當與下『䰝而磔之』互易，見下。」盧記同。檢《周禮·大宗伯》，「以䰝辜祭四方百物」，則作「䰝」是也，當從單疏本等。又，明監本之「䰝」有磨改之跡，檢重修監本作「畐」，疑原作「畐」，後改寫為「䰝」也。

59. 頁十七左　故注云䰝畐牲胷也

按：「畐」，元十行本、李本（元）、劉本（嘉靖）、閩本同；單疏本作「䰝」，十行本、明監本、毛本、十行抄本同。阮記云：「毛本『畐』作『䰝』，案：所改非也，『畐』當作『副』……」盧記同。檢《周禮·大宗伯》，「以䰝辜祭四方百物」，鄭注「䰝䰝牲胷也」，則作「䰝」是也，當從單疏本等，阮記之說誤甚！又，明監本之「䰝」有磨改之跡，檢重修監本作「畐」，疑原作「畐」，後改寫為「䰝」也。

60. 頁十七左　　鼺而磔之謂桀禳及腊祭也

按：「鼺」，單疏本、十行本、元十行本、李本（元）、劉本（嘉靖）、閩本、明監本、毛本皆同。阮記云：「案：此『鼺』當與上《大宗伯》『畐辜』互易，『副』之壞字也。」盧記同。「桀」，十行本、元十行本、李本（元）、劉本（嘉靖）、閩本、明監本、毛本同；單疏本作「磔」。阮記云：「案：浦鏜云『磔誤桀』，是也。」盧記同。檢《周禮・大宗伯》，「以鼺辜祭四方百物」，鄭注「鼺而磔之謂磔禳及蜡祭」，則作「鼺」、「磔」是也，當從單疏本，阮記之說誤甚，浦說是也。

61. 頁十七左　　此得揔祭羣臣者

按：「臣」，十行本、元十行本、李本（元）、劉本（嘉靖）、閩本、明監本、毛本同；單疏本作「神」。阮記云：「案：浦鏜云『神誤臣』，是也。」盧記同。羣臣何需揔祭？考前《疏》云「其神雖眾，揔而祭之」，下《疏》云「是諸神揔祭之事也」，前後可證，作「神」是也，當從單疏本，浦說是也。

62. 頁十七左　　注云此腊祭祀辭也

按：「祀」，十行本、元十行本、李本（元）、閩本、明監本、毛本同；單疏本作「祝」，劉本（嘉靖）同。阮記云：「案：浦鏜云『祝誤祀』，是也。」盧記同。此《禮記・郊特牲》鄭注文，檢之，正作「此腊祝辭也」，作「祝」是也，當從單疏本等，浦說是也。

63. 頁十八右　　未必五齋三酒皆俱也

按：「俱」，十行本、元十行本、李本（元）、劉本（元）、閩本、明監本、毛本同；單疏本作「具」。阮記云：「案：『俱』當作『供』，形近之譌。」盧記同。《正字》云：「『俱』，疑『具』字誤。」揆諸文義，顯當作「具」，當從單疏本，浦說是也。

64. 頁十八右　　但不以為宗廟之祭

按：「但」，單疏本、十行本、元十行本、李本（元）、劉本（元）、閩本、明監本、毛本皆同。阮記云：「案：『但』下當有『箋』字。」盧記同。《正字》云：「『但』下，疑脫『鄭』。」本詩經文云「公尸燕飲，福祿來為」，《傳》云「厚為孝子也」，箋云「為猶助也，助成王也」，考《疏》云「《傳》『厚為孝

子」，言此福禄之來，厚為孝子，而其意亦與箋同，以為助之也，但不以為宗廟之祭，不得言孝子，故變言成王也」，「但」字以下顯為箋意，而承前省也，浦說、阮記皆為猜測，不可信從。

65. 頁十八左　集處是也

按：「處」，十行本、元十行本、李本（元）、劉本（元）、閩本、明監本、毛本同；單疏本作「注」。阮記云：「案：浦鏜云『處當注字誤』，是也。」盧記同。考單疏本《疏》文云「定本云『以若止其處』，集注云『似若止得其處』，集注是也」，揆諸文義，作「注」是也，當從單疏本，「處」字似涉上文而誤，浦說是也。

66. 頁十八左　有瘞埋之象*

按：「埋」，元十行本、李本（元）、劉本（元）同；十行本作「埋」，閩本、明監本、毛本、巾箱本、監圖本、纂圖本、岳本、五山本、日抄本同。阮記無說，盧記補云：「案：『埋』當作『埋』，形近之譌，《釋文》可證」。瘞埋，不辭，《疏》文皆言「瘞埋」，則作「埋」是也，盧記是也。

67. 頁十九左　故以溽為喻

按：「溽」，單疏本、十行本、元十行本、李本（元）、劉本（嘉靖）、十行抄本同；閩本「眾」，明監本、毛本同。阮記云：「閩本、明監本、毛本『溽』誤『眾』，下章《正義》『眾者水會之處』，亦『溽』之誤也。」盧記同。《正字》云「『溽』，誤『眾』，下五章『溽』者同」，乃阮記所本。考本詩經文云「鳧鷖在溽」，箋云「溽，水外之高者也，有瘞埋之象，喻祭社稷山川之尸」，則《疏》云「故以溽為喻」，正釋箋文也，作「溽」是也，當從單疏本等，閩本等闕去水旁，誤也，浦說是也。又，阮本例於誤字之處加圈，此處「溽」字不誤，不應加圈也。

68. 頁十九左　若無大宗伯云

按：「無」，十行本、元十行本、李本（元）、劉本（嘉靖）、閩本、明監本、毛本同；單疏本作「然」；十行抄本作「无」。阮記云：「案：浦鏜云『無當然字譌』，是也。」盧記同。《正字》云：「『無』，當『然』字誤。」「若然」，為《疏》文成語，作「然」是也，當從單疏本，浦說是也。

69. **頁十九左**　唯山用埋爾

按：十行本同，元十行本作「唯山用埋尔」，李本（元）、十行抄本同；單疏本作「唯山用埋耳」；劉本（嘉靖）作「唯山而埋尔」；閩本作「唯山而埋爾」，明監本、毛本同。阮記云：「閩本、明監本、毛本『用』誤『而』，案：『爾』當作『耳』。」盧記同。考單疏本《疏》文云「唯山用埋耳，社稷與川似不用埋」，前後「用埋」，可互證，作「用埋」是也，又「耳」字似勝，當從單疏本，阮記是也。

70. **頁二十右**　褊以宗為社宗者

按：「褊」，十行本作「偏」，明監本同；單疏本作「偏」，毛本同；元十行本作「褊」，李本（元）、劉本（嘉靖）、閩本作「禂」。阮記云：「閩本、明監本同，毛本『褊』作『偏』，案：所改是也。」盧記同。「偏」者，僅僅之意，揆諸文義，作「偏」是也，當從單疏本，阮記是也。又，明監本之「偏」有磨改之跡，檢重修監本作「禂」，疑原作「禂」，後改寫為「偏」也。

71. **頁二十左**　箋又言天子以下其神社同

按：「神社」，十行本、元十行本、李本（元）、劉本（嘉靖）、閩本、明監本、毛本、十行抄本同；單疏本作「社神」。阮記云：「案：浦鏜云『社神字誤倒』，是也。」盧記同。此《疏》引箋語，考箋文云「天子以下其社神同」，則作「社神」是也，當從單疏本，浦說是也。

72. **頁二十左**　故以喻其來也

按：「喻」，十行本、元十行本、李本（元）、劉本（嘉靖）、閩本、明監本、毛本同；巾箱本作「喻焉」，監圖本、纂圖本、岳本、日抄本同；五山本作「諭焉」。阮記云：「小字本、相臺本『喻』下有『焉』字，《考文》古本同，案：有者是也。」盧記同。注疏本系統無「焉」，經注本系統有「焉」，此別本之異，阮本以有者為是，未見其必也。

73. **頁二十左**　但令王自今無有後艱而已

按：「艱」，十行本、元十行本、李本（元）、劉本（嘉靖）、閩本、明監本、毛本、巾箱本、監圖本、纂圖本、岳本、五山本、日抄本皆同。阮記云：「相臺本『艱』作『難』……案：『難』字是也，《正義》云『但令王自今以去

無有後難而已』，可證。」盧記同。諸本皆作「艱」，又《讀詩記》卷二十六《大雅·鳧鷖》，引鄭氏曰「令王自今無有後艱」，則作「艱」不誤，《疏》文釋箋「艱」以「難」，非所見之本作「難」，阮記非也。

74. 頁二十一左　傳欣欣至多祈幾

按：「幾」，十行本、元十行本、李本（元）、劉本（嘉靖）同；閩本作「也」，明監本、毛本同；單疏本無。阮記云：「閩本、明監本、毛本『幾』作『也』，案：所改非也，此衍字。」盧記同。此標起止，《傳》云「欣欣然樂也……言不敢多祈也」，《疏》文標起止，例取前後數字，而「也」字往往不取也，則當從單疏本，阮記是也，謝記以為「也」非衍文，誤甚。

75. 頁二十一左　正義曰七祀神之小者故云小神祭法注云小神祭
　　　　　　　　法注云小神居人間伺察小過

按：「故云小神祭法注云小神祭法注云小神居人間」，十行本、元十行本、李本（元）、劉本（嘉靖）、閩本同；單疏本作「故云小神祭法注云小神居人間」，明監本、毛本同。阮記云：「閩本同，明監本、毛本，無下『祭』至『神』六字，案：所刪是也，此複衍。」盧記同。揆諸文義，「祭法注云小神」六字顯為衍文，當從單疏本，明監本刪之是也，阮記是也。

76. 頁二十二右　亦聚祭之義也

按：「義」，單疏本、十行本、元十行本、李本（元）、劉本（元）、閩本、明監本皆同。阮記云：「案：浦鏜云『義當衍字』，是也。」盧記同。考《疏》云「《月令》：孟冬，臘先祖，五祀。聚祭之，則周之七祀，雖四時別祭，於臘亦聚祭之義也」。揆諸文義，「義」似衍文，然諸本皆有「義」字，存疑可也。

卷十七之三

1. 頁二右　宜君宜王

按：十行本、元十行本、李本（元）、劉本（元）、閩本、明監本、毛本、巾箱本、監圖本、纂圖本、岳本、五山本、日抄本、唐石經、白文本皆同。阮記云：「案：《釋文》云『且君且王』，一本『且』作『宜』字……《正義》本作『宜』字，與一本同。段玉裁云：作『宜』為俗本也。」盧記同。考《傳》云「宜君王天下也」，則其所見本作「宜」，檢敦煌殘卷斯六三四六《大雅·假

樂》，正作「宜君宜王」，則作「宜」甚古，《漢石經集存》圖版二十「一一九」號拓片，乃魯詩《大雅·假樂》，作「且君且」，與《釋文》所見本同，于茀《金石簡帛詩經研究》謂毛詩、魯詩於此異字（頁一三八），所云是也，段玉裁謂「宜」為俗本，誤甚。

2. **頁三左　不解于位**

按：「不」，十行本、元十行本、李本（元）、劉本（嘉靖）、閩本、明監本、毛本、巾箱本、監圖本、纂圖本、岳本、日抄本、唐石經、白文本同，《要義》所引亦同；五山本作「匪」。阮記云：「案：《釋文》云以『匪解』作音，或其本『不』作『匪』……」盧記同。諸本皆作「不」，檢敦煌殘卷斯六三四六《大雅·假樂》，作「匪解于位」，與五山本同，則作「匪」別本也，此處阮記並未作判斷，衡其體例，不當圈字也。

3. **頁四右　周公居攝政反歸之成王**

按：「反」，十行本、元十行本、李本（元）、劉本（嘉靖）、閩本、明監本、毛本同；巾箱本作「及」，監圖本、纂圖本、岳本、五山本、日抄本同。阮記云：「小字本、相臺本『反』作『及』，案：『反』字是也，《正義》云『而反歸之』，可證。」盧記同。反歸之，不辭，今經注本系統皆作「及」，又《要義》所引亦作「及」，則作「及」當無可置疑，作「反」顯誤，阮記又云《正義》作「而反歸之」，而自單疏本一下各本《疏》文皆作「及歸之成王」，則《正義》所見亦作「及」，此條阮記可謂大謬不然也。

4. **頁四右　以深戒之也**

按：「也」，十行本、元十行本、李本（元）、劉本（嘉靖）、閩本、明監本、毛本同；巾箱本無，監圖本、纂圖本、五山本、日抄本同，《要義》所引亦同；岳本無。阮記云：「小字本、相臺本無『也』字。」盧記同。今經注本系統及《要義》所引皆無「也」字，則無者是也。

5. **頁四右　正義曰作公劉詩者**

按：「作」，單疏本、十行本、元十行本、李本（元）、劉本（嘉靖）、閩本、明監本、毛本、十行抄本皆同。阮記云：「案：浦鏜云『作字當衍』，是也。」盧記同。諸本皆有「作」，考《疏》云「正義曰：作《公劉》詩者，召康公所作以戒成王」，此句雖有兩「作」字，然非重複也，浦說不可信從。

6. 頁四左　國語曰使公卿至於烈士獻詩是也*

按：「烈」，單疏本、十行本、元十行本、李本（元）同；劉本（嘉靖）作「列」，閩本、明監本、毛本同。阮記、盧記皆無說。檢《國語・周語上》，作「至於列士」，與單疏本等所見本不同也。

7. 頁四左　欲使遺傳至王非已情所獻見

按：單疏本、十行本、元十行本、李本（元）、劉本（嘉靖）、閩本、明監本、毛本皆同。阮記云：「案：十行本『遺』至『王』剜添者一字，此『情所』當作『所奏』，句末衍『見』字，下衍上脫，補而未去者也。」盧記同。諸本皆同，考《疏》云「獻者，卑奏於尊之辭，召公臣也，故言獻……《鴟鴞》序云以貽王者，周公自達己意，欲使遺傳至王，非已情所獻見，故文與此異也」，「情所獻見」者，獻見其情也，此處不誤，阮記純屬猜測，不可信從。

8. 頁四左　不窋之子

按：十行本、元十行本、李本（元）、劉本（嘉靖）同；單疏本作「不窋稷之子」，十行抄本同，《要義》所引亦同；閩本作「公劉不窋之子」，明監本、毛本同。阮記云：「閩本、明監本、毛本『不』上有『公劉』二字，案：此誤補也，當云『不窋稷子』，『稷』字誤作『之』耳。」盧記同。考前《疏》云「《周本紀》云：后稷生不窋」，則「不窋，稷之子」也，「稷」字不可闕，當從單疏本等，閩本誤補「公劉」二字，阮記亦誤。

9. 頁五右　以理而推實據信

按：十行本、元十行本、李本（元）、劉本（元）同；單疏本作「以理而推實難據信」，閩本、明監本、毛本、十行抄本同，《要義》所引亦同。阮記云：「閩本、明監本、毛本『實』下有『難』字，案：所補是也。」盧記同。揆諸文義，「實難據信」之「難」絕不可闕，當從單疏、《要義》也。

10. 頁五右　及歸之成王年二十一

按：「及」，單疏本、十行本、元十行本、李本（元）、劉本（元）、閩本、明監本、毛本皆同，《要義》所引亦同。阮記云：「案：浦鏜云『反誤及』，是也。」盧記同。此處文從字順，諸本皆同，作「及」不誤，浦說誤甚。

11. 頁五右　分陝而治周公右

按：十行本同；元十行本作「古」，李本（元）、劉本（元）同、閩本、明監本、毛本同；單疏本作「分陝而治周公左召公右」，《要義》所引同。阮記云：「閩本、明監本、毛本『右』誤『古』，案：此用《樂記》文也，當作『周公左召公右』，因『公』字複出，而脫去三字。」盧記同。「周公左召公右」，「左召公」三字不可闕，當從單疏本，阮記是也。

12. 頁五左　迺場迺疆*

按：「迺場」，毛本同；十行本作「迺場」，元十行本、李本（元）、劉本（元）、閩本、明監本、巾箱本、監圖本、纂圖本、岳本、五山本、日抄本同。阮記、盧記皆無說。然阮記引經文「迺場迺疆」，云：「小字本、相臺本同，閩本、明監本同，唐石經『場』作『場』，毛本同，案：唐石經誤也，《釋文》云：場，音亦，可證。注及《正義》中字，十行本盡作『場』，亦誤。」盧記同。經文「迺場迺疆」，十行本、李本（元）、劉本（元）、閩本、明監本、巾箱本、監圖本、纂圖本、日抄本、白文本皆同；唐石經作「迺場迺疆」，毛本同。阮記之說不確，檢敦煌殘卷斯六三四六《大雅·公劉》作「迺場乃疆」，《讀詩記》卷二十六《大雅·公劉》作「迺場迺疆」，皆作「場」，又，宋刊《釋文》出字「迺場」，非作「場」，小注「音亦」，檢敦煌殘卷伯三三八三《毛詩音·公劉》出字「迺場」，小注「羊石」，結合唐抄卷子、唐刊石經、宋刊《釋文》，可知此字其時確實寫作「場」，然讀作「亦」，古人重音不重字，後人或為區別而以「場」改寫。

13. 頁五左　言脩其疆場也*

按：「疆場」，十行本、元十行本、李本（元）、劉本（元）、毛本同；閩本作「疆場」、明監本、毛本、巾箱本、監圖本、纂圖本、岳本、五山本、日抄本同。阮記、盧記皆無說。

14. 頁五左　戈句矛戟也

按：「矛」，十行本、元十行本、李本（元）、劉本（元）、閩本、明監本、毛本、監圖本、纂圖本、日抄本同；巾箱本作「子」；岳本作「子」，五山本同。阮記云：「相臺本『矛』作『子』，《考文》古本『子』字亦同，案：『矛』字誤也，《釋文》以『句子』作音，可證。」盧記同。宋刊經注本、注疏本多作「矛」，《釋文》所見或為別本也，阮記之說不可信從。

15. 頁六左　公劉不怭

按：「怭」，十行本、元十行本、李本（元）、劉本（元）、閩本、明監本、毛本同；單疏本作「恲」。阮記云：「案：浦鏜云『恲誤怭』，是也。」盧記同。「恲」者㤥也，公劉不㤥，作「恲」是也，當從單疏本，浦說是也。

16. 頁六左　橐唯盛食而已是其小也

按：「橐」，十行本、元十行本、李本（元）、劉本（元）、閩本、明監本、毛本同；單疏本作「橐」，《要義》所引同。阮記云：「案：浦鏜云『橐誤橐』，是也。」盧記同。考《傳》云「小曰橐，大曰囊」，則唯盛食之小者是橐，非囊也，則作「橐」是也，當從單疏本等，浦說是也。

17. 頁六左　以自有積聚散而棄之*

按：「以」，單疏本、十行本、元十行本、李本（元）、劉本（元）、閩本、明監本、毛本皆同。阮記云：「案：十行本『而』至『其』剜添者一字，當衍『自』上『以』字也。」盧記同。「棄」，單疏本、閩本、明監本、毛本同；十行本塗黑，元十行本作「棐」，李本（元）、劉本（元）同。阮記、盧記皆無說。考箋云「安安而能遷，積而能散」，《疏》釋之云：「『安安而能遷，積而能散』，《曲禮》文也，言安此之安以愛民，故而能遷往他所，以自有積聚，散而棄之，以其意與彼同，故引以為說」，文氣暢順，「以」非衍文，阮記誤也。又「棄」、「散」呼應，作「棄」是也，李本作「棐」，或因形近而譌。

18. 頁七右　以此知應輯用光之言

按：「應」，十行本、元十行本、李本（元）、劉本（元）、閩本、明監本、毛本同；單疏本作「思」。阮記云：「案：『應』當作『思』。」盧記同。《正字》云「『思』，誤『應』」，乃阮記所本。考本詩經文云「思輯用光」，《疏》文引之也，顯應作「思」，當從單疏本，浦說是也。

19. 頁七右　猶文王之無悔也*

按：「悔」，十行本、劉本（元）、閩本、明監本、毛本、巾箱本、監圖本、纂圖本、岳本、五山本、日抄本同；元十行本作「惟」，李本（元）同。阮記云：「小字本『悔』作『悔』，案：《正義》云『故云猶文王之無悔……』，與此同，是其本作『悔』字……」盧記同。《疏》文標起止，「傳胥相至無悔」，則「悔」字是也，諸本多作「悔」，作「悔」當無可疑，阮記於此未作判斷，衡

其體例，不應加圈也。元十行本作「惟」，顯因形近而譌。

20. 頁七左　陟則在巘

按：「巘」，十行本、元十行本、李本（元）、劉本（元）、閩本、明監本、毛本、巾箱本、監圖本、纂圖本、岳本、五山本、日抄本、唐石經、白文本皆同。阮記云：「案：《釋文》云：巘，本又作『巇』……唐石經以下作『巘』，出於又作本。」盧記同。檢敦煌殘卷伯三三八三《毛詩音·公劉》出字「巘」，小注「牛偃」，與傳世各本合，作『巇』者乃別本，阮記之說，純屬臆斷，不可信從。

21. 頁七左　言居民相愛

按：單疏本、十行本、元十行本、李本（元）、劉本（元）同；閩本作「言居民相土」，明監本、毛本同。阮記云：「閩本、明監本、毛本『愛』誤『土』，案：浦鏜云『居疑君之誤』，是也。」盧記同。考《疏》云：「公劉升則在巘山之上，觀其形勢，復下而在原，察其處所，用心反覆，重民若是，以此之故，亦為民愛。其時之民，皆云我今有何物而可與公劉帶之，維有美玉及瑤，并有鞞琫容飾之刀，可以為之佩耳，言居民相愛，其情若此，故能保全家國，澤及子孫。」公劉愛民，故民亦愛公劉，居民相愛，即居民相愛於公劉之意，揆諸文義，「愛」字不誤，當從單疏本等，閩本等改作「相土」，誤也，浦鏜所疑非是。

22. 頁八右　雖言玉瑤容刀者

按：「雖」，十行本、元十行本、李本（元）同；劉本（元）作「惟」，閩本、明監本、毛本同；單疏本作「唯」，《要義》所引同。阮記云：「閩本、明監本、毛本『雖』誤『惟』，案：此當作『唯』。」盧記同。考單疏本《疏》文云「《傳》解下之所以進上多矣，唯言玉瑤容刀者，君子所以比德」，揆諸文義，作「唯」是也，當從單疏本等，作「雖」顯誤，或因形近而譌，阮記是也。

23. 頁八右　瑤言公劉有美德也瑤是玉之別名

按：「也」，單疏本、十行本、元十行本、李本（元）、劉本（元）、閩本、明監本、毛本皆同，《要義》所引亦同。阮記云：「案：『也』下脫『者』字。」盧記同。諸本皆同，阮記之說，純屬推測，不可信從。

24. 頁八左　乃覯于京

按:「乃」,十行本、元十行本、李本(元)、劉本(元)、閩本、明監本、毛本、巾箱本、監圖本、纂圖本、岳本、日抄本、白文本同;唐石經作「迺」,五山本同。阮記云:「唐石經『乃』作『迺』……當是經本作『迺』,《傳》箋轉為乃而說之,故《正義》中亦悉用『乃』字也,或遂以注改經耳,當從唐石經也……」盧記同。傳世刊本多作「乃」,阮記之說,臆斷也,不可信從。

25. 頁八左　論難曰語

按:「論」,十行本、元十行本、李本(元)、劉本(元)、閩本、明監本、毛本、巾箱本、監圖本、纂圖本、岳本、五山本、日抄本皆同。阮記云:「案:《正義》云:『答難曰語』……《釋文》云:論難,魯困反,下乃旦反,是其本作『論』字。」盧記同。諸本皆作「論」,與《釋文》本合,《疏》文作「答」,乃別本也,阮記未加判斷,衡其體例,不應加圈也。

26. 頁八左　謂安民館客*

按:「客」,十行本、元十行本、李本(元)、劉本(元)、閩本、明監本、毛本、監圖本、纂圖本、岳本、五山本、日抄本同;巾箱本作「容」。阮記云:「案:《釋文》云:館客,一本作『館舍』,《正義》本未有明文,今無可考。」盧記同。諸本多作「客」,與《釋文》本合,一本作「館舍」,乃別本也,阮記未加判斷,衡其體例,不應加圈也。又巾箱本作「館容」,似誤。

27. 頁九右　且言為之丘則是人為之矣

按:「丘」,單疏本、十行本、元十行本、李本(元)、劉本(嘉靖)、閩本、明監本、毛本皆同,《要義》所引亦同。阮記云:「案:浦鏜云『京誤丘』,是也。」盧記同。考《疏》文云「『絕高為之京』,《釋丘》文,彼下即云『非人為之丘』,京與丘相對,且言為之丘,則是人為之矣」,揆諸文義,作「丘」似誤,然諸本皆同,《要義》所引同,存疑可也。

28. 頁九左　飲酒以樂之

按:「樂」,十行本、元十行本、李本(元)、劉本(嘉靖)、閩本、明監本、毛本同;巾箱本作「落」,監圖本、纂圖本、岳本、五山本、日抄本同,

《要義》所引亦同。阮記云：「小字本、相臺本『樂』作『落』，《考文》古本同，案：《正義》云『則有落之之禮』，又云『落室之禮』，是其本作『落』字，《釋文》不為『樂』字作音，其本或與《正義》本同……」盧記同。《正字》云：「『樂』，當從《疏》文作『落』。」考單疏本《疏》文引述箋文云「鄭上二句與毛同，言公劉築室既成，與羣臣飲食以落之」，「以宮室新成，則有落之之禮」，「故知『既成與羣臣士大夫飲酒以落之』也」。則孔穎達所見本作「落」，又《要義》所引作「落」，《讀詩記》卷二十六《大雅・公劉》，引鄭氏曰「飲酒以落之」，則作「落」是也，浦說是也。

29. 頁九左　儉以質也*

按：「以」，十行本、元十行本、李本（元）、劉本（嘉靖）、閩本、明監本、毛本、巾箱本、監圖本、纂圖本、岳本、五山本、日抄本皆同，《要義》所引亦同。阮記云：「案：此定本也，《正義》云『故云檢且質也』，定本云『檢以質也』，是其本作『且』字。」盧記同。諸本皆同，「檢且質也」，乃別本，阮本於此僅述《正義》所見之本，而未判是非，衡其體例，不應於此加圈。

30. 頁九左　負扆而立

按：「扆」，十行本、元十行本、李本（元）、劉本（嘉靖）、閩本、明監本、毛本、巾箱本、監圖本、纂圖本、岳本、五山本、日抄本皆同，《要義》所引亦同。阮記云：「案：此箋易《傳》，以『依』為『扆』字之假借，不云『讀為』，直於訓釋中改其字以顯之也，《釋文》云：鄭於豈反，箋云或扆字者，言箋意耳，非載箋文也。○按：徑云『箋云或扆字』，似陸所據有此語。」盧記同。諸本皆作「扆」，且《疏》文引箋文云「故知『公劉既登堂，負扆而立』」，又敦煌殘卷伯三三八三《毛詩音・公劉》出字「乃依」，小注「毛，衣；鄭，扆，應豈反」，則作「扆」不誤。

31. 頁九左　羣臣適其牧羣

按：「臣」，十行本、元十行本、李本（元）、劉本（嘉靖）、閩本、明監本、毛本同；巾箱本作「臣乃」，監圖本、纂圖本、岳本、五山本、日抄本同，《要義》所引亦同。阮記云：「小字本、相臺本『臣』下有『乃』字，《考文》古本『乃』字同，案：有者是也。」盧記同。考《疏》文據箋釋經云「公劉既登堂矣，乃負扆而立，其羣臣乃造其羣牧，執豕於牢以為飲酒之殽」，《疏》文

之「乃」字當本篆文之「乃」字，篆文「乃」字不可闕也，《要義》所引有之，亦可為證，阮記是也。

32. 頁十右　與羣臣飲食以樂之

按：十行本、元十行本、劉本（嘉靖）、十行抄本同；單疏本作「與羣臣飲食以落之」，閩本、明監本、毛本同；李本（元）漫漶。阮記云：「閩本、明監本、毛本『樂』作『落』，案：所改是也，『食』當作『酒』。」盧記同。據上考證，篆文作「與羣臣士大夫飲酒以落之」，此處《疏》文本篆釋經，作「落」是也，當從單疏本，阮記謂「食」當作「酒」，純屬猜測，不可信從。

33. 頁十左　天子負斧衣南嚮而立

按：「衣」，十行本、元十行本、李本（元）、劉本（嘉靖）、閩本、明監本、毛本同；單疏本作「依」，十行抄本同。阮記云：「案：浦鏜云『依誤衣』，是也。」盧記同。考下《疏》引《明堂位》注云「斧依，為斧文屏風於戶牖之間」，則作「依」是也，檢《禮記‧明堂位》，正作「天子負斧依南鄉而立」，則當從單疏本等，浦說是也。

34. 頁十左　適其羣牧謂牧豕之羣處也

按：「羣牧」，單疏本、十行本、元十行本、李本（元）、劉本（嘉靖）、閩本、明監本、毛本皆同。阮記云：「案：浦鏜云『牧羣二字誤倒』，是也。」盧記同。諸本皆作「羣牧」，浦說非也。

35. 頁十左　故云搏豕於牢中

按：「搏」，單疏本、十行本、元十行本、李本（元）、劉本（嘉靖）、閩本、明監本、毛本同。阮記云：「案：『搏』當作『捕』。」盧記同。諸本皆作「搏」，阮記之說，純屬猜測，不可信從。

36. 頁十一右　板傳曰王者天下之大宗*

按：「曰」，單疏本、十行本、元十行本、李本（元）同；劉本（嘉靖）作「云」，閩本、明監本、毛本同。阮記、盧記皆無說，宋刊單疏本、十行本皆作「曰」，作「曰」是也，劉本等作「云」非是。

37. 頁十一右　國君不能得其社稷乃逃竄遠夷

按：「得」，十行本、元十行本、李本（元）、劉本（嘉靖）、閩本、明監本、毛本同；單疏本作「保」。阮記云：「案：『得』當作『保』，形近之譌。」盧記同。揆諸文義，不能保其社稷，方逃竄遠夷，故作「保」是也，當從單疏本，阮記是也。

38. 頁十一右　既景乃岡*

按：「景」，十行本、元十行本、李本（元）、劉本（嘉靖）、閩本、明監本、毛本、巾箱本、監圖本、纂圖本、岳本、五山本、日抄本皆同。阮記云：「案：此定本也，《正義》云『定本影皆為景字』，是其本二字皆作『影』……當以定本為長。」盧記同。諸本皆作「景」，阮記既以定本作「景」者為長，衡其體例，則於此不應加圈也。

39. 頁十二右　適滿三軍之數*

按：「軍」，單疏本同；十行本作「單」，元十行本、李本（元）、劉本（元）、閩本、明監本、毛本同。阮記、盧記皆無說。考單疏本《疏》文云「故知公劉遷豳，民始從之，其眾未多，丁夫適滿三軍之數，無復羨卒，故稱單也，以周禮言之，三軍三萬七千五百人，然則從公劉之遷，其家不滿此數，故通取羨卒，始滿三軍也」，前言「適滿三軍」，後言「始滿三軍」，前後相對，作「軍」是也，當從單疏本。阮本與單疏本同，而其底本似當作「單」，或有校改，而重刊阮本承之也。

40. 頁十三左　材木一本作林末*

按：十行本、元十行本、李本（元）同；劉本（嘉靖）作「材木一本作林木」，閩本、明監本、毛本同；巾箱本作「材一本作林」；監圖本作「林木一本作材木」；纂圖本作「林木一本作林末」。阮記引文「材木〇一本作材末」，云：「通志堂本同，盧本『材末』作『材木』，云今正。案：所改是也，十行本所附是『林木』，小字本所附作『林木一本作材末』，順正文而易之耳，山井鼎所云古本『材』作『林』者，采諸此也。」盧記引文「材木一本作林末」，補云：「通志堂本『林末』作『材末』，盧本作『林木』，云：舊譌『材末』，今改正，足利本作『林木』。案：所改是也，此十行本所附作『林末』，『末』乃『木』之譌，小字本所附作『林木一本作材木』，順正文而易之耳，山井鼎所云古本『材』作『林』者，采諸此」。《釋文》出字「材木」，注云「一本作林末」。此

句別本眾多，難以遽斷是非。檢盧本《釋文》出字「材木」，注云「一本作林木」，盧文弨《經典釋文考證》出字「材木」，注云「一本作林木○林木，舊譌『材末』，今改正，足利本作『林木』」，則盧本作「一本作林木」，阮記謂「盧本『材末』作『材木』」，誤甚。

41. 頁十三左　校其夫家人數

按：「校」，十行本、元十行本、李本（元）、劉本（嘉靖）、閩本、明監本、纂圖本、日抄本同；巾箱本作「挍」，監圖本、毛本同。阮記云：「案：『校』當作『挍』，《釋文》云：挍其，音教，詳《青衿》。」盧記同。「校」、「挍」乃別本之異，豈有是非之分，阮記非是。

42. 頁十四右　俱是渡謂取礪

按：「渡謂取礪」，十行本、元十行本、李本（元）、劉本（嘉靖）、閩本、明監本、毛本同；單疏本作「渡渭取礪」，監圖本、毛本同。阮記云：「案：浦鏜云『渭誤謂，取礪疑而取之誤』，是也。」盧記同。考上《疏》云「先使人涉渡於渭，乘舟絕中為亂而過，取其礪石」，以前證後，則作「渡渭取礪」是也，當從單疏本，浦說非也。

43. 頁十四右　公劉之君民齒地作宮室

按：十行本、元十行本、李本（元）、閩本、明監本、毛本同；單疏本作「公劉之居民齒地作官室」；劉本（嘉靖）作「公劉之君民齒地作官室」。阮記云：「案：『君』當作『居』，衍『民』字，『作』下脫『此』字。」盧記同。「公劉之君民」，不辭，「居民」者，使民居也，公劉使民居齒，而作宮室，作「居」是也，當從單疏本，阮記非也。

44. 頁十四右　築作用所

按：「用所」，十行本、元十行本、李本（元）、劉本（嘉靖）、閩本、明監本、毛本同；單疏本作「所用」。阮記云：「案：浦鏜云『用所，字當誤倒』，是也。」盧記同。築作用所，不知何義，單疏本《疏》文云「材木由器而取，築作所用」，築作所用者材木也，作「用所」是也，當從單疏本，浦說是也。

45. 頁十四左　正義曰釋詁文密康靜也

按：「文」，十行本、元十行本、李本（元）、劉本（嘉靖）同；單疏本作「云」，閩本、明監本、毛本同。阮記、盧記皆無說。檢《爾雅・釋詁》：「密，康，靜也」，則作「云」是也，當從單疏本等。

46. 頁十四左　則內亦有汭名

按：「汭」，單疏本、十行本、元十行本同；李本（元）作「內」，劉本（嘉靖）、閩本、明監本、毛本同。阮記云：「閩本、明監本『汭』作『內』，案：此當作『芮』。」盧記同。《正字》云：「『芮』，誤『內』」，乃阮記所本。考《疏》文云「經言芮，不言隩，則經為互也，內則芮，以明鞠為外，外有鞠名，則內亦有內名，以此見其芮為隩也……此以水內為芮」，據此，揆諸文義，似當作「內亦有芮名」，單疏本等作「汭」，似誤。

47. 頁十五右　上言夾澗嚮

按：「夾澗嚮」，十行本、元十行本、李本（元）、劉本（嘉靖）、閩本、明監本、毛本同；單疏本作「夾澗嚮澗」。阮記云：「案：『澗嚮』二字當倒。」盧記同。考本詩經文云「夾其皇澗，遡其過澗」，《傳》云「遡，鄉也」，則所謂「上言夾澗、嚮澗」，正指此兩句經文也，「澗」字不可闕，當從單疏本，阮記誤也。

48. 頁十五右　故知就澗水之內外在居

按：「在」，十行本、元十行本、李本（元）、劉本（嘉靖）、閩本、明監本、毛本同；單疏本作「而」。阮記云：「案：『在』當作『布』，形近之譌，此《正義》自為文，注作而。」盧記同。箋云「亦就澗水之內外而居」，《疏》文乃引箋文也，則作「而」是也，當從單疏本，阮記誤也。

49. 頁十五右　故為別解*

按：「故為別解」，單疏本、十行本同；李本（元）作「故」；元十行本作「故也」，劉本（嘉靖）、閩本、明監本、毛本同。阮記云：「閩本、明監本、毛本『為別解』三字誤作『也』字。」盧記同。考單疏本《疏》文云：「此以水內為芮，則是厓名，非水名也，《夏官・職方氏》『雍州，其川涇汭』，注云：汭在豳地，《詩・大雅・公劉》曰芮鞠之即，以此芮為水名者，蓋注禮之時，未詳詩義，故為別解。」此釋本詩鄭箋與《周禮》鄭注釋芮有異之因，揆諸文義，「故為別解」成文，字不可缺，當從單疏本等。十行本「故為別解」四字，

「故」字居行末，「為別解」三字另起一行，細察李本，此葉為元刊，印面闕去一塊，恰巧無另行「為別解」三字，劉本似承李本，此葉為嘉靖補版，或因見「故」字後另行無字，而句意不可通，故補刻「也」字，遂為閩本等所承，據此，阮本之底本或早於李本，故「為別解」三字猶存未闕也。明監本作「故為別解」，顯為後世磨改描寫，重刊監本作「故也」可證。

50. 頁十五右　下三句言與民為父母是有道德也

按：「三」，十行本、元十行本、李本（元）、劉本（嘉靖）、閩本、明監本、毛本同；單疏本作「二」，十行抄本同。阮記云：「案：浦鏜云『二誤三』，是也。」盧記同。考單疏本《疏》文云「經三章，皆上三句言薄物可以薦神，是親饗之也，三章下二句言與民為父母，是有道德也」，《泂酌》三章，每章五句，下二句分別為「豈弟君子，民之父母」、「豈弟君子，民之攸歸」、「豈弟君子，民之攸墍」，此即「下二句言與民為父母」，作「二」是也，當從單疏本等，浦說是也。

51. 頁十五左　民皆有父之尊有母之親*

按：「有」，十行本、元十行本、李本（元）、劉本（嘉靖）、閩本、明監本、毛本、巾箱本、監圖本、岳本、五山本、日抄本同；纂圖本無。阮記引文作「民皆有父之尊母之親」，云：「小字本同，相臺本『母』上有『有』字，閩本、明監本、毛本同，十行本初刻無，剜改有，案：無者是也……當從小字本及十行本初刻也。」盧記引文作「民皆有父之尊有母之親」，所云同阮記。諸本多有「有」字，阮記謂無者是也，顯非。又盧記引文與阮本同，而與阮記引文異，然其所云與阮記同，則其乖舛可知也。

52. 頁十五左　郭璞曰餐今呼音脩飯為饙

按：「音脩」，劉本（嘉靖）同；閩本作「者脩」，明監本、毛本同；十行本此二字作白文，元十行本、李本（元）同；單疏本作「音脩」。阮記云：「閩本、明監本、毛本『音』誤『者』，案：山井鼎云宋板『音脩』二字白書是也，此《正義》自為音，不入正文也。○按：此則文義難讀，必須分別者。」盧記同。顧廣圻謂為《疏》文自為注音，考之單疏，是也。

53. 頁十五左　饙均熟為餾

按：「均」，單疏本、十行本、元十行本、李本（元）、劉本（嘉靖）、閩

本、明監本、毛本、十行抄本皆同,《要義》所引亦同。阮記云:「案:山井鼎云『均字衍文』,非也,今《爾雅》注脫耳。」盧記同。諸本皆同,「均」非衍文,阮記是也。阮本既不誤,衡其體例,不當於此加圈也。

54. 頁十六右　彼引此詩以為此言以釋之

按:「以」,十行本、元十行本、李本(元)、劉本(嘉靖)、閩本、明監本、毛本、十行抄本同;單疏本作「乃」。阮記云:「案:上『以』字當作『而』。」盧記同。《正字》云:「上『以』字疑衍。」揆諸文氣,作「乃」是也,當從單疏本,浦說、阮記皆誤也。

卷十七之四

1. 頁二右　箋云伴奐自縱弛之意也

按:「弛」,十行本、元十行本、李本(元)、劉本(元)、閩本、明監本、毛本、巾箱本同;監圖本作「弛」,纂圖本、岳本、日抄本同;五山本作「施」。阮記云:「小字本、相臺本『弛』作『弛』,案:『弛』即『弛』字也,《釋文》云:從,本又作縱,施,本又作弛同,《正義》本是『縱弛』字。」盧記同。檢《釋文》出字「施」,小注云「本又作『弛』」,敦煌殘卷伯三三八三《毛詩音·卷阿》,出字「縱弛」,作「弛」是也,「弛」乃別本。阮本既不誤,衡其體例,不當於此加圈也。

2. 頁二右　女則伴奐而優自休息也

按:「優」,十行本、元十行本、李本(元)、劉本(元)、閩本、明監本、毛本同;巾箱本作「優游」,監圖本、纂圖本、岳本、日抄本同;五山本作「優遊」。阮記云:「小字本、相臺本『優』下有『游』字,《考文》古本同,案:有者是也。」盧記同。伴奐而優,不辭,考《疏》引箋文云「『汝則伴奐而優游』」,則作「優游」是也,當從巾箱本等,《讀詩記》卷二十六《大雅·卷阿》,引鄭氏曰「優游」,亦可為證,阮記是也。

3. 頁二右　先公酋矣

按:「酋」,十行本、元十行本、李本(元)、劉本(元)、閩本、明監本、毛本、巾箱本、監圖本、岳本、五山本、日抄本、唐石經、白文本皆同。阮記云:「唐石經、小字本、相臺本同,案:此《釋文》本也……《正義》云『遒

終，《釋詁》文，彼遒作酋，音義同也」，是其本作『遒』字，標起止云『酋終』，合併以後，依經注本所改也……○按：《正義》當本作『酋終，《釋詁》文，彼酋作遒』，寫者亂之耳，舊挍非也。」盧記同。諸本皆作「酋」，檢敦煌殘卷伯三三八三《毛詩音・卷阿》，出字「酋」，則阮記所謂作「酋」者《釋文》本，大謬不然也，且《疏》文標起止有云「伴奐至酋矣」，「傳彌終似嗣酋終」，即便如阮記所云後者改之，豈前者亦改之？牽強附會，絕不可信，阮記按語謂舊挍非也，是也，汪記謂舊挍不誤，亦非。

4. 頁三右　書傳稱成湯之間刑措不用

按：「湯」，十行本、元十行本、李本（元）、劉本（元）、閩本、明監本、毛本同；單疏本作「康」。阮記云：「案：浦鏜云『湯當康字誤』，是也。」盧記同。揆諸文義，成湯一人，無之間之有，「成康之間」，周成王、康王之間也，作「康」是也，當從單疏本，浦說是也。

5. 頁三左　謂居民土地屋宅也

按：「土」，單疏本、十行本、元十行本、李本（元）、劉本（元）、閩本、明監本、毛本皆同。阮記云：「案：『土』上，浦鏜云『脫以字』，是也。」盧記同。諸本皆同，文從字順，此處不誤，浦說誤也。

6. 頁三左　故民有所法則王

按：「王」，單疏本、十行本、元十行本、李本（元）、劉本（元）、閩本、明監本、毛本皆同。阮記云：「案：『王』字當衍。」盧記同。諸本皆同，文從字順，此處不誤，阮記誤也。

7. 頁四右　故以茀為小福故以茀為小

按：「故以茀為小福」，十行本、元十行本、李本（元）、劉本（嘉靖）、閩本、明監本、毛本同；單疏無此六字。阮記云：「案：浦鏜云『故以茀為小福』六字當衍，是也。」盧記同。單疏本《疏》文云「福之大者，莫過永年，命長已是大福，則茀福宜為小福，故以茀為小，言小尚安之，則大者可知」，文從字順，「故以茀為小福」顯為重複，當從單疏本，浦說是也。

8. 頁四右　豫撰几擇佐食

按：「撰」，十行本、元十行本、李本（元）、劉本（嘉靖）、閩本、明監

本、毛本、巾箱本、監圖本、纂圖本、岳本、日抄本同；五山本作「設饌」。阮記云：「案：此正義本也，《正義》云『此本或云豫饌食者誤耳，孫毓載箋唯言撰几擇佐食，是也，定本亦作饌字，非也』，《釋文》云：饌几，士戀反，又士轉反，具也，本亦作『撰』，是《釋文》本與定本同也……古用『饌』食字，為『撰』具字，是為假借，『撰』字不見於《說文》，當以定本、《釋文》本為長。」盧記同。檢敦煌殘卷伯三三八三《毛詩音·卷阿》，出字「豫撰」，則作「撰」不誤，作「饌」者別本也，阮記非也。

9. 頁四右　佐合入助之

按：「合入」，十行本、元十行本、李本（元）同；劉本（嘉靖）作「食入」、閩本、明監本、毛本同；巾箱本作「食」，監圖本、纂圖本、岳本、五山本、日抄本同。阮記云：「閩本、明監本、毛本『合』作『食』，小字本、相臺本『合入』作『食』，案：此十行本分『食』為二字之誤也，仍衍『入』字者非。」盧記同。此箋文，前文云「豫撰几，擇佐食」，則「佐食」成語，又《疏》文引箋作「又言『尸至設几佐食助之』」，則作「佐食」是也，當從巾箱本等等，阮記是也。

10. 頁五右　佐食遷昕俎特特牲云

按：「昕」，十行本、元十行本、李本（正德）、劉本（正德）、閩本、明監本、毛本同；單疏本作「胏」。「特特牲」，十行本、元十行本、李本（元）、劉本（元）同；單疏本作「特牲」，閩本、明監本、毛本同。阮記云：「閩本、明監本、毛本，不重『特』字，案：所刪是也，浦鏜云『胏誤昕』，是也。」盧記同。「佐食遷胏俎」，《儀禮·少牢饋食禮》文也，檢之，作「胏」是也，當從單疏本，浦說是也。「特特牲」，顯誤，當從單疏本也，阮記是也。

11. 頁五右　然則凡與佐食

按：「凡」，十行本、元十行本、李本（正德）、劉本（正德）、閩本、明監本、毛本同；單疏本作「几」。阮記云：「案：浦鏜云『几誤凡』，下同，是也。」盧記同。考本詩經文云「有馮有翼」，箋云「馮，馮几也……尸至，設几，佐食助之」，此「几」即《疏》文「几與佐食」之「几」，作「几」是也，當從單疏本，浦說是也。下「然則凡與佐食」等皆同。

12. 頁五左　少牢又云祝筵尸

按：「筵」，十行本、元十行本、李本（正德）、劉本（正德）、閩本、明監本同；單疏本作「延」，毛本同，《要義》所引亦同。阮記云：「閩本、明監本同，毛本初刻同，後改『筵』作『延』，下『祝筵尸』同，案：所改是也。」盧記同。《正字》云：「『延』，監本誤『筵』，下同。」檢《儀禮·少牢饋食禮》，正作「延」，鄭注「延，進也」，則作「延」是也，當從單疏本等，浦說是也。

13. 頁五左　尸入升祝先主人從

按：「入升」，單疏本、十行本、元十行本、李本（正德）、劉本（正德）、閩本、明監本、毛本皆同，《要義》所引亦同。阮記云：「案：山井鼎云『入升』恐『升入』之誤，以《特牲》考之，其說是也。」盧記同。《正字》云：「『升入』二字誤倒。」諸本皆作「入升」，浦說存疑可也，豈可謂其必然。

14. 頁五左　如圭如璋

按：「圭」，十行本、元十行本、李本（正德）、劉本（正德）、閩本、明監本、毛本、巾箱本、五山本、日抄本、唐石經、白文本同；監圖本作「珪」，纂圖本、岳本同。阮記云：「唐石經，『圭』作『珪』，小字本、相臺本同，注同，案：唐石經是也……○按：『珪』者，『圭』之古文也，《毛詩》不當用古文，舊挍非。」盧記同。今檢西安碑林唐石經拓本作「圭」，阮記謂唐石經作「珪」，不知其所據何本，檢《讀詩記》卷二十六《大雅·卷阿》，作「如圭如璋」，則作「圭」是也，作「珪」者或為別本也。

15. 頁六右　切瑳是治玉之名*

按：「瑳」，單疏本、十行本、元十行本、李本（正德）、劉本（正德）、閩本同；明監本作「磋」，毛本同。阮記、盧記皆無說。阮記前條，引文「以禮義相切瑳」，云：「閩本同，小字本、相臺本『瑳』作『磋』，明監本、毛本同，案：《釋文》云：磋，或作瑳……《正義》當用『磋』字，十行本皆作『瑳』，乃依注改也。」盧記同。單疏本作「瑳」，阮記謂十行本依注改，誤甚，作「瑳」是也。

16. 頁六右　鳳皇于飛

按：「皇」，十行本、元十行本、李本（正德）、劉本（正德）、監圖本、纂圖本、岳本、日抄本、唐石經、白文本同；閩本作「凰」，明監本、毛本、五

山本同、巾箱本同。阮記云：「閩本、明監本、毛本『皇』作『凰』，下同，案：『凰』，俗字，不當用於經典。」盧記同。單疏本《疏》文標起止「鳳皇至天子」，則其所見本亦作「皇」，檢《讀詩記》卷二十六《大雅‧卷阿》，作「鳳皇于飛」，則作「皇」是字，「凰」字別本，或如阮記所說為俗字也。

17. 頁六右　鳳皇靈鳥

按：「靈」，十行本、元十行本、李本（正德）、劉本（正德）、閩本、明監本、毛本、巾箱本、監圖本、纂圖本、岳本、五山本、日抄本皆同。阮記云：「小字本、相臺本同，案：《正義》云『言此鳥有神靈也』……段玉裁云：此《傳》及《說文》皆當作『禮鳥』也……」盧記同。諸本皆同，檢《讀詩記》卷二十六《大雅‧卷阿》，引毛氏曰「鳳凰靈鳥也」，則作「靈」是也，段說不可信從。

18. 頁六右　亦與眾鳥也

按：「與」，十行本、元十行本、李本（正德）、劉本（正德）、閩本、明監本、毛本、監圖本、纂圖本、日抄本同；巾箱本作「与」；岳本作「亦」，五山本同。阮記云：「小字本、相臺本『與』作『亦』，《考文》古本同，案：『與』字誤也。」盧記同。單疏本《疏》文云「故云『亦亦眾鳥也』」，似引箋文，則孔穎達所見本似作「亦亦」，與岳本、五山本合，或為別本也，阮記謂作「與」誤也，豈其必也。

19. 頁六右　因以喻也

按：「因」，十行本、元十行本、李本（正德）、劉本（正德）、閩本、明監本、毛本、監圖本、纂圖本、日抄本同；巾箱本作「故」，岳本、五山本同。阮記云：「相臺本，下『因』字作『故』，《考文》古本同，案：『故』字是也。」盧記同。《正字》云「『故』，誤『因』」，乃阮記所本。單疏本《疏》文云「故知『因時鳳皇至，故以喻焉』」，似引箋文，則孔穎達所見本似作「故」，與巾箱本等合，浦說、阮記謂作「故」是也，或是。

20. 頁六左　故鳳皇亦與之同止於興賢者來仕之時

按：「止於」，十行本、元十行本、李本（正德）、劉本（正德）、閩本、明監本、毛本同；單疏本作「止以」，十行抄本同。阮記云：「案：『止於』當作

『於止』，此說經之『爰止』也。」盧記同。《正字》云：「『於』，當『以』字誤。」揆諸文義，「以」字屬下，另啟一句，作「以」是也，當從單疏本等，浦說是也，繆記謂阮記誤也，甚是。

21. 頁六左　故龍不生

按：單疏本、十行本、元十行本、李本（正德）、劉本（正德）、閩本、明監本、毛本皆同。阮記云：「案：『生』下，浦鏜云『得字脫』，是也。」盧記同。此處不誤，諸本皆同，浦說非也。

22. 頁六左　龍文龜背燕頷喙

按：「喙」，十行本、元十行本、劉本（正德）、閩本、明監本同；單疏本作「雞喙」；李本（正德）作「隊」；毛本作「雞」。阮記云：「毛本『喙』作『雞』，案：此欲補『雞』字，而誤改『喙』字耳，二字皆當有，《爾雅疏》即取此，正有，可證。」盧記同。《正字》云「監本脫『雞』字，毛本脫『喙』字」，乃阮記所本。揆諸文義，「龍文龜背」與「燕頷雞喙」相對成文，「雞」字實不可闕，當從單疏本也，浦說是也。

23. 頁六左　字從鳥几聲

按：「几」，李本（正德）、劉本（正德）、閩本、明監本、毛本同；單疏本作「凡」、十行本、元十行本同。阮記云：「案：浦鏜云『凡誤几』，是也。」盧記同。此《疏》文釋「鳳」字也，鳳字從鳥凡聲，作「凡」是也，當從單疏本等，浦說是也。「凡」字中心一「丶」易失，多譌作「几」字也。

24. 頁七右　郭璞云小之形未詳

按：「小」，十行本、元十行本、李本（元）、劉本（嘉靖）、閩本、明監本、毛本同；單疏本作「大小」。阮記云：「案：浦鏜云『小上疑脫大字』，是也。」盧記同。既然未詳，豈知其小，「大」字實不可闕，當從單疏本，浦說是也。

25. 頁七右　故集止以亦傅天亦集止

按：單疏本、十行本、元十行本、李本（元）、劉本（嘉靖）、閩本、明監本、毛本皆同。阮記云：「案：浦鏜云『傅天下當脫傅天以三字』，是也。」盧記同。諸本皆同，浦說純屬猜測，不可信從。

26. 頁七右　故云亦集眾鳥也

按：「集」，十行本、元十行本、李本（元）、劉本（嘉靖）、閩本、明監本、毛本同；單疏本作「亦」。阮記云：「案：『集』當作『亦』。」盧記同。《正字》云：「『與』，誤『集』。」此引《傳》文，據上考證，《傳》云「亦，亦眾鳥也」，則作「亦」是也，當從單疏本，阮記是也，浦說非也。

27. 頁七右　以羣士慕賢

按：「以」，十行本、元十行本、李本（元）、劉本（嘉靖）、閩本、明監本、毛本同；單疏本作「似」。阮記云：「案：浦鏜云『以當似字誤』，是也。」盧記同。考單疏本《疏》文云「眾鳥慕鳳，似羣士慕賢」，揆諸文義，顯當作「似」，故當從單疏本，浦說是也。

28. 頁七左　此經既云多言吉士即云維君子使

按：「多言」，十行本、元十行本、李本（元）、劉本（嘉靖）、閩本、明監本、毛本同；單疏本作「多」。阮記云：「案：浦鏜云『王多誤多言』，是也。」盧記同。本詩經文云「藹藹王多吉士，維君子使」，《疏》文因之不得作「多言吉士」也，「言」字顯為衍文，當從單疏本，浦說非也。

29. 頁七左　謂無擾之

按：「無」，十行本、元十行本、李本（元）、劉本（嘉靖）、閩本、明監本、毛本、監圖本、纂圖本同；巾箱本作「撫」，岳本、五山本、日抄本同。阮記云：「小字本、相臺本『無』作『撫』，《考文》古本同，案：『撫』字是也。」盧記同。考單疏本《疏》文釋此箋云「撫、擾，皆安養之義」，則其所見本作「撫」，又敦煌殘卷伯三三八三《毛詩音·卷阿》，出字「撫擾」，《讀詩記》卷二十六《大雅·卷阿》，引鄭氏曰「謂撫擾之」，皆可為證，則作「撫」是也，阮記是也。

30. 頁七左　出東曰朝陽

按：「出」，李本（元）、劉本（嘉靖）、閩本、明監本、毛本同；十行本作「山」，元十行本、巾箱本、監圖本、纂圖本、岳本、五山本、日抄本同。阮記云：「小字本、相臺本『出』作『山』，《考文》古本同，案：『出』字誤也。」盧記同。考《疏》文云「山東曰朝陽，《釋山》文……山頂之東皆早朝見日」，

則作「山」是也，當從十行本等，阮記是也。

31. 頁九右　毛意以為由萬民物服

按：「物」，十行本、元十行本同；單疏本作「協」，李本（正德）、劉本（正德）、閩本、明監本、毛本同。阮記無說，盧記補云：「案：『物』當作『協』，形近之譌，毛本正作『協』。」考前《疏》云「囉囉啫啫民協服也」，則作「協」是也，當從單疏本等，盧記是也。

32. 頁九右　欲今遂為樂歌

按：「今」，十行本、元十行本、李本（正德）、劉本（正德）、閩本、明監本、毛本同；巾箱本作「令」，監圖本、纂圖本、岳本、五山本、日抄本同。阮記云：「小字本、相臺本『今』作『令』，《考文》古本同，案：『令』字是也。」盧記同。考巾箱本箋云「我陳作此詩不復多也，欲令遂為樂歌，王日聽之，則不損今之成功也」，「欲令」成文，則作「令」是也，當從巾箱本等，阮記是也。

33. 頁九左　春秋之師職掌九德六詩之歌

按：元十行本、李本（正德）、劉本（正德）、閩本、明監本同；單疏本作「春官大師職掌九德六詩之歌」，毛本同；十行本作「春秋大師職掌九德六詩之歌」。阮記云：「閩本、明監本同，毛本『秋之』作『官大』，案：所改是也，浦鏜云『六誤九』，是也。」盧記同。檢《周禮·春官·瞽矇》：「掌九德六詩之歌，以役大師」，則當從單疏本，浦鏜以為「九德」當作「六德」，大謬不然，阮記是之，亦誤。

34. 頁十右　輕為奸宄

按：「奸」，十行本、元十行本、李本（元）、劉本（嘉靖）、閩本、巾箱本、日抄本同；明監本作「姦」，毛本、監圖本、纂圖本、岳本、五山本同。阮記云：「閩本同，小字本、相臺本『奸』作『姦』，明監本、毛本同，案：『奸』為偽字，《釋文》以『奸宄』作音，《正義》中、十行本亦作『奸』。」盧記同。「奸」、「姦」之異，乃別本之分也，檢敦煌殘卷伯三三八三《毛詩音·民勞》，出字「奸宄」，《釋文》亦出字「奸宄」，則阮記謂「奸」為偽字，不知所據，絕不可信從。

35. 頁十右　繇本亦作傜*

按：十行本作「繇本亦作傜」，元十行本、李本（元）、劉本（嘉靖）、閩本、明監本、毛本、監圖本、纂圖本同；巾箱本作「傜本亦作繇」。阮記引文「本亦作傜」，云：「通志堂本『傜』誤『徭』，盧本作『傜』，案：《集韻》四肴云：傜使也，通作『繇』，可見『徭』乃後來俗譌字耳。」盧記引文「本亦作傜」，云：「《釋文校勘》，通志堂本同，盧本作『傜』，案：《集韻》四肴云：傜使也，通作『繇』，可見『徭』乃後來俗譌字耳」。諸本無作『傜』者，阮本之底本定作『徭』，故盧記引之作『徭』，而阮記乃據校改之本為言，阮本亦據阮記於重刊時改底本之『徭』為『傜』也。

36. 頁十左　憯不畏明

按：「憯」，十行本、元十行本、李本（元）、劉本（嘉靖）、閩本、明監本、毛本、巾箱本、監圖本、纂圖本、岳本、日抄本、唐石經、白文本同；五山本作「摻」。阮記云：「唐石經、小字本、相臺本同，案：《釋文》云：憯不，七感反，本亦作『憯』，曾也⋯⋯」盧記同。諸本多作「憯」，作「摻」者別本也，又敦煌殘卷伯三三八三《毛詩音·民勞》，出字「詭」、「譟不」、「遠能」，考本詩傳世本經文云「無縱詭隨，以謹無良，式遏寇虐，憯不畏明，柔遠能邇，以定我王」，則亦有作「譟」字者，小注「下总勞」，此亦為別本也。

37. 頁十一右　當以此定我國家

按：「國」，十行本、元十行本、李本（元）、劉本（元）、閩本、明監本、毛本、巾箱本、監圖本、纂圖本、岳本、日抄本同；五山本作「周」。阮記云：「案：《正義》云『以此定我周家為王之功』，又云『故知以定我周家』，又云『是共王有周家之辭』，是『國』當作『周』⋯⋯」盧記同。《正字》云「『周』，誤『國』」，乃阮記所本。孔《疏》所見本作「周」者，與五山本合，或為別本也，阮記遽為當作「周」，不可信從。

38. 頁十一右　毛以為穆王諫王言*

按：「穆王」，十行本、元十行本、李本（元）、劉本（元）、閩本同；單疏本作「穆公」，明監本、毛本、十行抄本同。阮記、盧記皆無說。考本詩《詩序》明云：「召穆公刺厲王也」，且穆王為周成王之曾孫，而厲王為周成王九世孫，二者何得並列，顯誤也，則作「穆公」是也，當從單疏本等。

39. 頁十一左　正義曰傳以汜之為危

按：「傳以」，單疏本、十行本、元十行本、李本（元）、劉本（元）、閩本、明監本、毛本皆同。阮記云：「案：『傳以』當作『以傳』。」盧記同。原文辭意曉暢，諸本皆同，此處不誤，阮記純屬猜測，不可信從。

40. 頁十一左　正義曰詭戾人之o善

按：「o」，元十行本、李本（元）、劉本（元）同；單疏本無，閩本、明監本、毛本、十行抄本同；十行本作「口」。阮記云：「閩本、明監本、毛本，無『o』，按：所刪是也。」盧記惟「按」作「案」，餘同。考《傳》云「詭隨，詭人之善」，《疏》文引述之也，則「o」字絕不應有也。

41. 頁十二右　正義曰尚書無逸云柔遠能邇

按：「無逸」，單疏本、十行本、元十行本、李本（正德）、劉本（正德十二年）、閩本、明監本、毛本皆同，《要義》所引亦同，十行抄本作「无逸」。阮記引文「尚書無逸曰」，云：「案：浦鏜云『舜典誤無逸』，是也。」盧記引文「尚書無逸云」，所云同。此唐人所見篇什，諸本皆同，此處不誤，浦說甚非也。阮記引文作「無逸曰」，阮本、盧記引文作「無逸云」，二者顯然矛盾，不知各自所據底本究竟為何字。

42. 頁十二右　故知以定我周家為之功

按：「為」，十行本、元十行本、李本（正德）、劉本（正德十二年）、閩本、明監本、毛本同；單疏本作「為王」。阮記云：「案：山井鼎云『為下當有王字』，是也。」盧記同。《正字》云：「脫『王』字。」為之功，不辭，「王」之不可闕，當從單疏本，浦說是也。

43. 頁十二右　箋云悟恢猶譁譁也

按：「猶」，十行本、元十行本、李本（正德）、劉本（正德十二年）、監圖本、纂圖本、岳本、日抄本同；閩本無，明監本、毛本、巾箱本同。阮記云：「閩本、明監本、毛本，脫『猶』字，案：此《正義》本也……《釋文》云：譁，本又作譁，此亦取聲音為訓詁，當以《釋文》本為長』，是也。」盧記同。《正字》云：「脫『猶』字。」「猶」字有無，乃別本之異，考單疏本《疏》文云「故箋以為猶譁譁」，則其所見本有「猶」字，揆諸文義，有者似勝。

44. 頁十二右　　謂好爭者也

按:「爭」,十行本、元十行本、李本(正德)、劉本(正德十二年)、閩本、明監本、毛本、巾箱本同;監圖本作「爭訟」,纂圖本、岳本、五山本、日抄本同。阮記云:「小字本、相臺本『爭』下有『訟』字,《考文》古本同,案:有者是也。」盧記同。「訟」字有無,乃別本之異,考單疏本《疏》文云「故箋以為猶謹譁謂好爭訟者也」,則其所見本有「訟」字,揆諸文義,有者似勝。

45. 頁十二右　　說文作惛云恪也

按:「惛」,十行本、元十行本、李本(正德)、劉本(正德十二年)、監圖本、纂圖本同;閩本作「昏」,明監本、毛本、巾箱本同。阮記云:「通志堂本下『惛』作『昏』,盧本作『怋』,云今校改。案:『怋』字是也……」盧記同。《正字》云:「『惛』,誤『昏』。」《釋文》作「惛」,與十行本等合,作「惛」是也,浦說是也,阮記誤也。

46. 頁十二右　　釋文惛亦不憭也

按:十行本、毛本、巾箱本、監圖本、纂圖本同;元十行本作「釋文惛亦不憀也」,李本(正德)、劉本(正德十二年)、閩本、明監本同。阮記云:「通志堂本同,盧本『釋文惛亦』作『又釋惛云』,案:此盧文弨所改,未是也,當作『又云惛不憭也』……」盧記同。《釋文》作「釋文惛亦不憭也」,與十行本等合,阮記誤也。

47. 頁十二左　　止其寇虐之善

按:「善」,十行本、元十行本、李本(正德)、劉本(正德十二年)、閩本、明監本、毛本同;單疏本作「害」,十行抄本同。阮記云:「案:山井鼎云『善恐害字』,是也。」盧記同。寇虐為害,作「害」是也,當從單疏本等,作「善」者,或因形近而譌,山井鼎之說是也。

48. 頁十二左　　述合詁文

按:「詁」,十行本、元十行本、李本(正德)、劉本(正德十二年)同;單疏本作「釋詁」,閩本、明監本、毛本、十行抄本同。阮記云:「明監本、毛本『詁』上有『釋』字,閩本剜入,案:所補是也。」盧記同。揆諸文義,「釋」字顯不可闕,當從單疏本等。

49. 頁十三右　厲壞也

按:「厲」,十行本、元十行本、李本(元)、劉本(元)、閩本、明監本、毛本、巾箱本;監圖本作「敗」,纂圖本、岳本、五山本、日抄本同。阮記云:「小字本、相臺本『厲』作『敗』,《考文》古本同,案:『厲』字誤也。」盧記同。考本詩經文云「無縱詭隨,以謹醜厲,式遏寇虐,無俾正敗」,監圖本箋云「厲,惡也,《春秋傳》曰:其父為厲。敗,壞也。」若如阮本作「厲,壞也」,則顯與前文「厲惡也」前後重複,《讀詩記》卷二十六《大雅·民勞》,引鄭氏曰「敗壞也」,又單疏本《疏》文云「敗亦毀損之名,故以為壞」,則其所見本亦作「敗壞」,則作「敗」是也,當從監圖本等,阮記是也。

50. 頁十三右　先愛止中國之京師

按:「止」,元十行本、李本(元)、劉本(元)、閩本、明監本、毛本同;單疏本作「此」,十行本、十行抄本同。阮記云:「案:山井鼎云『止恐此字』,是也,物觀《補遺》所載云:宋板『止』作『此』,必誤用他章文當之耳。」盧記同。《正字》云:「『此』,誤『止』。」愛止,不辭,揆諸文義,作「此」是也,當從單疏本等,浦說是也。又,阮記謂物觀云云乃誤以他章文當之,物觀所云宋板即足利學校所藏宋刊十行本也,正作「此」,則阮記之說誤甚矣。

51. 頁十三左　云泄漏也

按:「云」,十行本、元十行本、李本(元)、劉本(元)、閩本、明監本、毛本同;單疏本作「說文云」。阮記云:「案:浦鏜云『上當有脫字』,是也。」盧記同。揆諸文義,「說文」二字不可闕,當從單疏本,浦說、阮記皆誤也。

52. 頁十三左　以為人者也

按:「為人」,十行本、元十行本、李本(元)、劉本(元)、閩本、明監本、毛本同;單疏本作「危人」。阮記云:「案:山井鼎云『為恐厲誤』,是也。」盧記同。《正字》云:「『為人』,當『害人』誤。」考單疏本《疏》文云「醜厲謂眾為惡行以危人者也」,揆諸文義,作「危」是也,「為」字或因與「危」形近而誤,浦說、山井鼎云皆誤也,汪記謂當作「危」,且云「以危解厲,《疏》體亦然」,甚是。

53. 頁十三左　秋官司厲注云犯改為惡曰厲是也

按：「改」，十行本、李本（元）、劉本（元）、閩本、明監本、毛本同；單疏本作「政」，元十行本同。阮記云：「案：浦鏜云『政誤改』，是也。」盧記同。犯改，不辭，此引《周禮‧秋官‧司厲》鄭注，檢之，正作「犯政為惡曰厲」，作「政」是也，當從單疏本，浦說是也。

54. 頁十三左　閉門而詢之

按：「詢」，十行本、元十行本、李本（元）、劉本（元）、毛本、十行抄本同；單疏本作「詢」，閩本、明監本同。阮記云：「毛本同，閩本、明監本『詢』作『詢』，案：『詢』字是也。」盧記同。《正字》云：「『詢』，誤『詢』。」此引襄公十七年《左傳》，檢之，正作「閉門而詢之」，杜注「詢，罵也」，下《疏》云「以厲為罵辭」，義正與此合，則作「詢」是也，當從單疏本，浦說是也。

55. 頁十四右　固義不捨

按：十行本、元十行本、李本（元）、劉本（嘉靖）、閩本、明監本、毛本同；單疏本作「固執不捨」，十行抄本同，《要義》所引亦同。阮記引文「固義不舍」，云：「案：『義』當作『著』，形近之譌。」盧記引文作「固義不捨」，所云同阮記。固義，不辭，考單疏本《疏》文云「是人行反覆為惡，固執不捨，常為惡行者也」，固執則不捨，作「執」是也，當從單疏本等，阮記之說，純屬猜測，不可信從。

56. 頁十四左　不實於亶

按：「於」，十行本、元十行本、李本（元）、劉本（嘉靖）、閩本、明監本、毛本、巾箱本、監圖本、纂圖本、岳本、日抄本、白文本同；唐石經作「于」，五山本同。阮記云：「唐石經，『於』作『于』，案：唐石經是也，《正義》云『此不實於亶』，當是易為今字耳。」盧記同。「於」、「于」別本之異，豈是非之分，阮記非也。

57. 頁十四左　無所依繫

按：「繫」，十行本、元十行本、李本（元）、劉本（嘉靖）、閩本、明監本、毛本、巾箱本同；監圖本作「也」，纂圖本、岳本、五山本、日抄本同。阮記云：「小字本、相臺本『繫』作『也』，《考文》古本同，案：『也』字是也，《正義》云『無所依據』，又云『故知無所依繫』，皆自為文，不當依以改箋。○按：《廣韻》作『悥悥』。」盧記同。《疏》文明云「故知無所依繫」，則其所

見本作「繫」也，作「繫」是也，作「也」者別本也。

58. 頁十五右　以言不遠則無不能深知遠事

按：「無」，十行本、元十行本、李本（元）、劉本（嘉靖）、閩本、明監本、毛本同；單疏本作「是」，十行抄本同。阮記云：「案：浦鏜云『無當為字誤』，是也。」盧記同。考下《疏》云「不能遠圖，是不知禍之將至也」，以後例前，可知此處顯應作「是」，經文云「為猶不遠」，不遠則是不能深知遠事，當從單疏本等，浦說純屬猜測，不可信從，阮記是之，亦誤。

59. 頁十五左　辭之懌矣

按：「懌」，十行本、元十行本、李本（元）、劉本（嘉靖）、閩本、明監本、毛本、巾箱本、監圖本、纂圖本、岳本、日抄本、唐石經、白文本同；五山本作「繹」。阮記云：「案：《釋文》云：『繹』，本亦作『懌』，《正義》本是『懌』……○按：古無懌字，以繹為之，《釋文》是也。」盧記同。諸本皆同，「懌」、「繹」乃別本之異也。

60. 頁十六右　此於上天*

按：「此」，元十行本、李本（元）同；單疏本作「比」，十行本、劉本（嘉靖）、閩本、明監本、毛本同。阮記無說，盧記補云：「毛本『此』作『比』，案：『比』字是也。」考單疏本《疏》前云：「毛以為尊比上帝之王者」，又云「此又責以王之尊，比於上天，故謂王為天」，比王為天，故謂之為天，則作「比」是也，當從單疏本等，盧記是也。

61. 頁十六左　及爾同寮

按：「寮」，十行本、元十行本、李本（元）、劉本（嘉靖）、監圖本、纂圖本、岳本、日抄本、唐石經、白文本同；閩本作「僚」，明監本、毛本、巾箱本、五山本同。阮記云：「閩本、明監本、毛本『寮』作『僚』，《釋文》云：『僚』，字亦作『寮』，《正義》本是『寮』字，閩本以下依《釋文》改耳。」盧記同。「寮」、「僚」乃別本之異也，巾箱本即作「僚」，則閩本作「僚」，非必據《釋文》而改也。

62. 頁十六左　反忠告以善道

按：「反」，元十行本、李本（元）同；劉本（嘉靖）作「及」，閩本、明

監本、毛本、巾箱本同；監圖本作「欲」，纂圖本、岳本、五山本、日抄本同；十行本漫漶。阮記云：「閩本、明監本、毛本『反』作『及』，小字本、相臺本作『欲』，案：『欲』字是也。」盧記同。「反」、「及」字形相近，且句意亦通，似以作「及」未長。

63. 頁十六左　告此以善道

按：「此」，十行本、元十行本、李本（元）、劉本（嘉靖）、閩本、明監本、毛本同；單疏本作「汝」。阮記云：「案：『此』當作『之』，下文可證。」盧記同。《正字》云：「『此』，當『汝』字誤。」考單疏本《疏》文云「我今就汝謀慮，告汝以善道，而汝聽我言，反囂囂然不肯受用，何也！」所告者「汝」也，以善道告汝也，則作「汝」是也，當從單疏本，浦說是也，阮記誤也。

64. 頁十七右　得棄其言也

按：「得」，單疏本、十行本、元十行本、李本（元）、劉本（嘉靖）同；閩本作「不得」，明監本、毛本同。阮記云：「閩本、明監本、毛本『得』上有『不』字，案：所補是也。」盧記同。考單疏本《疏》文云「我有疑事，當詢謀於芻蕘薪采者，以樵采之賤者，猶當與之謀，況我與汝之同寮，得棄其言也？」此處作「得」不誤，乃蘊反問語氣，「得棄」猶言「豈得棄」，閩本誤補，阮記是之，亦誤。

65. 頁十八右　以興讒惡也

按：「惡」，單疏本、十行本、元十行本同，《要義》所引亦同；劉本（嘉靖）作「慝」，閩本、明監本、毛本同；李本（元）漫漶。阮記云：「閩本、明監本、毛本『惡』作『慝』，案：所改是也。」盧記同。考單疏本《疏》文云「孫炎云：厲王暴虐，大臣讟讟然喜，譖譖然盛，以興讒惡也」，《爾雅疏·釋訓》引孫炎曰「厲王暴虐，大臣讟讟譖譖然盛，以興讒惡也」，則作「讒惡」不誤，作「慝」乃涉上文而誤改也，阮記誤也。

66. 頁十八右　八十曰耄曲礼云熇熇

按：「云」，十行本、元十行本、李本（元）、劉本（嘉靖）、閩本、明監本、毛本同；單疏本作「文」。阮記云：「案：浦鏜云『云當文字誤』，是也。」盧記同。考《禮記·曲禮》云「八十九十曰耄」，則作「文」是也，當從單疏本，浦說是也。

67. 頁十八右　夸毗體柔人

按：「體」，十行本、元十行本、李本（元）、劉本（嘉靖）、閩本、明監本、毛本、巾箱本同；監圖本作「以體」，纂圖本、岳本、五山本、日抄本同。阮記云：「小字本、相臺本『體』上有『以』字，《考文》古本同，案：《釋訓》云：夸毗體柔也，無『以』字。」盧記同。《正字》云：「脫『以』字。」考《疏》文云「然則夸毗者，便僻其足，前卻為恭，以形體順從於人，故云『以體柔人』」，則其所見本有「以」字，浦說或本此也，揆諸文義，有者似勝，又《讀詩記》卷二十六《大雅・民勞》，引毛氏曰「夸毗以體柔人」，亦可為證。

68. 頁十八左　則忽然有揆度知其然者

按：「有」，十行本、元十行本、李本（元）、劉本（嘉靖）、閩本、明監本、毛本、監圖本、纂圖本、岳本、日抄本同；巾箱本作「無有」，五山本作「无有」。阮記云：「小字本、相臺本同，閩本、明監本、毛本亦同，案：《正義》云『汝君臣忽然莫有察我民敢能揆度知其情者』，又云『無有揆度知其然』，是『忽然』下當有『無』字，《考文》古本同，采《正義》。」盧記同。考本詩經文云「莫我敢葵」，箋云「葵，揆也」，莫我敢葵，即莫有揆度也，則作「無有」是也，當從巾箱本，阮記是也。

69. 頁十八左　又素以賦斂空虛*

按：「素」，十行本、元十行本、李本（元）、劉本（嘉靖）、閩本、明監本、毛本、巾箱本、監圖本、纂圖本、岳本、五山本、日抄本皆同。阮記云：「小字本、相臺本同，案：《正義》云：定本、集注，責以賦斂，責字皆作素，俗本為責，誤矣，素者，先也。是《正義》本作『責』字。」盧記同。諸本皆同，「素」、「責」乃別本之異，阮記於此未置可否，衡其體例，不當於此加圈也。

70. 頁十九右　民之多辟*

按：「辟」，十行本、元十行本、李本（元）、劉本（嘉靖）、閩本、明監本、毛本、巾箱本、監圖本、纂圖本、岳本、日抄本、唐石經、白文本同；五山本作「僻」。阮記云：「案：《釋文》云：多辟，匹亦反，邪也，注同……是《正義》本作『辟』字……當以《正義》本為長……」盧記同。考本詩經文「民之多辟，無自立辟」，檢敦煌殘卷伯三三八三《大雅・板》，作「辟」、「立

辟」，則抄寫者所見亦作「辟」，作「辟」是也，「僻」乃別本。阮記既以作「辟」不誤，衡其體例，不當於此加圈也。

71. 頁十九右　民之行多為邪辟者*

按：「辟」，十行本、元十行本、李本（元）、劉本（嘉靖）、監圖本、纂圖本、岳本、日抄本同；閩本作「僻」，明監本、毛本、巾箱本、五山本同。阮記引文「民之行多為邪僻者」，云：「小字本、相臺本同，閩本、明監本、毛本『辟』作『僻』，案：『辟』字是也」。盧記無說。阮記既是「辟」，則此處作「辟」不誤，衡其體例，不當於此加圈也。又，阮記引文既作「僻」，當云閩本、明監本、毛本同，不當云「閩本、明監本、毛本『辟』作『僻』」，其引文顯誤「辟」為「僻」。

72. 頁十九左　以攜者取處末

按：十行本、明監本、十行抄本同；單疏本作「以攜者最處末」；元十行本作「以攜者取處末」，李本（元）、毛本同；劉本（嘉靖）作「以攜者取東末」；閩本作「以攜者處末處」。阮記云：「閩本、明監本『取』作『處』，毛本『末』作『未』，案：山井鼎云『此疏恐有誤字』，是也，『者取』當作『文最』。」盧記同。《正字》云：「『取』，監本作『處』，疑『最』字之誤。」考本詩經文云「天之牖民，如壎如篪，如璋如圭，如取如攜」，《傳》云「如壎如篪，言相和也；如璋如圭，言相合也；如取如攜，言必從也」，則「壎」「篪」「璋」「圭」「取」「攜」六者，「攜」最處末也，下箋云「女攜挈民東與？西與？」單疏本《疏》文釋箋云「上有六如，獨言『攜』者，以『攜』者最處末，故乘而反之，以比攜民之東西」，所謂六如，即指「壎」「篪」「璋」「圭」「取」「攜」，「攜」者最處其末也，故作「最」是也，當從單疏本，浦說是也，阮記誤也。明監本此處有磨改之跡，檢重修監本作「以攜者處末處」，則其原文似當作「以攜者處末處」也。

73. 頁十九左　大宗王之同姓之適字也

按：「之」，十行本、元十行本、李本（元）、劉本（嘉靖）、閩本、明監本、毛本、巾箱本同；監圖本作「世」，纂圖本、岳本、五山本、日抄本同，《要義》所引亦同。阮記云：「小字本、相臺本，下『之』字作『世』，案：『世』字是也。」盧記同。考《疏》文云「故云『大宗王之同姓世適子也』」，則作「世」是也，當從監圖本等，阮記是也。

74. 頁二十右　維為藩蔽

按：「藩」，十行本、元十行本、李本（元）、劉本（嘉靖）、閩本、明監本、毛本、十行抄本同；單疏本作「屏」。阮記云：「案：浦鏜云『藩當屏字誤』，是也。」盧記同。考本詩經文云「大邦維屏，大宗維翰」，單疏本《疏》文釋經云「大邦，成國之諸侯，維為屏蔽；大宗，同姓之宗適，維為楨幹」，「屏蔽」正釋經文之「屏」字，作「屏」是也，當從單疏本，浦說是也。

75. 頁二十左　君言宗人宰人也

按：「君」，十行本、元十行本、李本（元）、劉本（嘉靖）、閩本、明監本、毛本、十行抄本同；單疏本作「若」。阮記云：「案：浦鏜云『君疑若字誤』，是也。」盧記同。考單疏本《疏》文云「价者甲之別名，故以价為甲，以其身被甲，故稱甲人，若言宗人、宰人也」，揆諸文義，作「若」是也，當從單疏本，浦說是也。

76. 頁二十一左　及爾游衍*

按：「衍」，十行本、元十行本、李本（元）、劉本（元）、閩本、明監本、毛本、巾箱本、監圖本、纂圖本、岳本、五山本、日抄本、唐石經、白文本皆同，《要義》所引亦同。阮記云：「小字本、相臺本同，案：《釋文》云：游羨，餘戰反，溢也，一音延善反，本或作衍，《正義》本是衍字。」盧記同。《疏》文標起止云：「『敬天』至『游衍』」，又敦煌殘卷伯三三八三《毛詩音·板》，出字「衍」，則作「衍」是也，《釋文》本乃別本也，阮記於此未別是非，衡其體例，不當於此加圈。

卷十八

卷十八之一

1. 頁三右　自伐解培*

按：「培」，單疏本、十行本、元十行本（頁二）、李本（頁二，元）、劉本（頁二，元）、閩本、明監本、毛本、十行抄本同，《要義》所引亦同。阮記云：「案：『培』當作『倍』。」盧記同。諸本皆同，本詩經文「曾是培克」，《傳》云「培克，自伐而好勝人也」，《疏》云「『自伐』解『培』，『好勝』解『克』」，文從字順，《疏》文之「培」正本經文之「培」，不知何誤之有？阮記妄斷，誤甚！阮本、十行本此句皆在頁三右，元十行本、李本、劉本此頁為元刊印面皆在頁二右，揆諸上下文，可知此頁當為第三，錯在第二。

2. 頁三左　以祝詛求言*

按：「言」，十行本、元十行本（頁二）、李本（頁二，元）、劉本（頁二，元）同；單疏本作「信」，閩本、明監本、毛本、十行抄本同。阮記云：「閩本、明監本、毛本『言』作『信』，案：所改是也。」盧記同。考前《疏》云「維為是詛，維為是祝，求告鬼神，令加凶咎」，下《疏》云「皆是情不相信，聽以明神，若有犯約，使加之凶禍」，求告鬼神者，乃因情不相信，故求信於鬼神也，揆諸文義，作「信」是也，當從單疏本等。阮本、十行本此句皆在頁三右，元十行本、李本、劉本此頁為元刊印面皆在頁二右，此頁當為第三，錯在第二。

3. 頁四左　咨汝殷商*

按：十行本、元十行本、李本（元）、劉本（元）、閩本、明監本、毛本同；單疏本作「咨嗟汝殷商」，十行抄本同。阮記引文「咨女殷商」，云：「案：『咨』字下，案：浦鏜云『脫嗟』，是也。」盧記同。考單疏本《疏》文云「言文王曰咨，咨嗟汝殷商」，又前《疏》云「毛以為文王曰咨，咨嗟汝殷商」，下三章《疏》文皆云「文王曰咨，咨嗟汝殷商」，則前後可互證，「嗟」字不可闕，當從單疏本等，浦說是也。諸本皆作「汝」，阮記引文作「女」顯誤，盧記引文與之同，而反與阮本異，誤甚。

4. 頁五右　女既過沈湎矣*

按：「沈」，十行本、元十行本、李本（元）、劉本（元）、閩本、明監本、毛本、巾箱本、監圖本、纂圖本、岳本、五山本、日抄本皆同。阮記云：「案：《釋文》云：耽湎，本或作『湛』，都南反……」盧記同。諸本皆同，檢敦煌殘卷伯三三八三《毛詩音·蕩》，出字「沉」，注云「直林」，則「沉」即「沈」，作「沈」是也，《釋文》所錄各本皆為別本也。

5. 頁六右　蜩螗多聲之蟲*

按：「蜩螗」，單疏本、十行本、元十行本、李本（元）、劉本（元）、閩本、明監本、毛本皆同。阮記、盧記皆無說，不知阮本為何於此加圈。然阮記引文「釋蟲云蜩蜋蜩螗」，有云：「案：『螗』下，浦鏜云『脫蜩字』，是也。」盧記同。「蜩螗」，十行本、元十行本、李本（元）、劉本（元）、閩本、明監本、毛本同；單疏本作「蜩螗蜩」。檢《爾雅·釋蟲》：「蜩，蜋蜩，螗蜩」，則「蜩」字不可闕，當從單疏本，浦說是也。阮本應於此處加圈，或因「蜩螗多聲之蟲」亦有「螗」字，故誤加圈於彼也。

6. 頁七右　顛仆沛拔也

按：「仆」，十行本、元十行本、李本（元）、劉本（元）、閩本、明監本、毛本、巾箱本、監圖本、纂圖本、岳本、五山本、日抄本皆同。阮記云：「案：《釋文》以『仆也』作音，是其本有『也』字，《考文》古本同有……」盧記同。諸本皆同，檢《讀詩記》卷二十七《大雅·蕩》，引毛氏曰「顛仆沛拔也」，亦同，《釋文》所見作「仆也」者，或為別本也。

7. 頁八右　正義曰抑詩者衛武公所所作以刺屬王也*

按：「所所」，十行本、元十行本、李本（元）、劉本（元）、閩本同；單疏本作「所」，明監本、毛本、十行抄本同。阮記、盧記皆無說。「所所」顯誤，作「所」是也，十行本此句+前「所」為行末一字，另行又有一「所」字，或因刊刻上板時遺忘前行行末已有「所」字，而誤衍一「所」字，當從單疏本等。

8. **頁八右** 案史記衛世家武公者僖侯之子共伯之弟以宣王三十六年即位

按：單疏本、十行本、元十行本、李本（元）、劉本（元）、閩本、明監本、毛本、十行抄本皆同，《要義》所引亦同。阮記云：「案：浦鏜云『三衍字』，是也。」盧記同。諸本皆同，《要義》所引亦同。浦鏜謂「三」為衍文，乃據《史記年表》，然孔穎達或別有所據，存疑可也。

9. **頁九右** 如矢斯棘 o

按：十行本、元十行本、李本（元）、劉本（嘉靖）、閩本、明監本、毛本同；單疏本無。阮記云：「案：浦鏜云『衍 o』，是也。」盧記同。《正字》云「上衍圈」，此處不當有「o」，當從單疏本，浦說是也。

10. **頁十一左** 箋當至不服者*

按：十行本、元十行本、李本（元）、劉本（元）、閩本同；單疏本作「箋邊當至不服者」，十行抄本同；明監本作「箋邊當至服者」，毛本同。阮記、盧記皆無說。箋云「『邊』當作『剝』……用此治九州之外不服者」，《疏》文標起止，例取前後數字，尤以前二後二為夥，未見前一後二者，單疏本、十行抄本取前二後三，亦屬罕見，十行本彙刻注疏，或脫「邊」字，傳遞至明監本，疑有脫誤，而以通例衡之，故補「邊」而刪「不」，然與單疏本不合，不可從也。

11. **頁十二右** 質爾人民

按：「人民」，十行本、元十行本、李本（元）、劉本（嘉靖）、閩本、明監本、毛本、巾箱本、監圖本、纂圖本、岳本、五山本、日抄本、白文本同，《要義》所引亦同，唐石經作「人㞋」。阮記云：「案：《正義》云『汝等當平治汝民人之政事』，又云『故令質爾民人也』，是其本『人民』作『民人』……當是唐石經誤倒……」盧記同。諸本皆同，阮記謂《正義》本作「民人」，所據乃

《疏》文述經之語，非直引經文也，何可據此為說？即便孔穎達所見本作「民人」，亦屬別本，豈可據此別本而謂唐石經誤倒，阮記之說，絕不可信從也。

12. 頁十二右　鑢音慮同*

按：「同」，十行本、元十行本、李本（元）、劉本（嘉靖）、閩本、明監本、毛本、監圖本、纂圖本同；巾箱本無此字。阮記無說，盧記補云：「通志堂本、盧本，無『同』字，案：此誤衍。」《正字》云：「『反』，誤『同』。」檢《釋文》出字「磨鑢」，注云「音慮」，無「同」字，無者是也，盧記是也，浦說誤也。

13. 頁十二右　謂非常驚急

按：「驚」，十行本、元十行本、李本（元）、劉本（嘉靖）、閩本、明監本、毛本同；單疏本作「警」。阮記云：「案：浦鏜云『驚當警字誤』，是也。」盧記同。驚急，不辭，作「警」是也，當從單疏本，浦說是也。

14. 頁十四右　今視女諸侯

按：「女」，十行本、元十行本、李本（元）、劉本（元）、閩本、明監本、毛本同；巾箱本作「女之」，監圖本、纂圖本、岳本、五山本、日抄本同。阮記云：「小字本、相臺本『女』下有『之』字，案：有者是也。」盧記同。注疏本系統皆無「之」字，經注本系統皆有，孰是孰非，難以遽斷，阮記非也。

15. 頁十四右　尚不愧于屋

按：「愧」，十行本、元十行本、李本（元）、劉本（元）、閩本、明監本、毛本、監圖本、纂圖本、岳本、五山本、日抄本、白文本同；巾箱本作「媿」，唐石經同，《要義》所引亦同。阮記云：「小字本、相臺本同，明監本、毛本同，唐石經『愧』作『媿』。案：『媿』字是也，《釋文》云：媿，俱位反，《正義》中字皆作『媿』，是其證……」盧記同。《釋文》出字「不媿」，單疏本《疏》文云「不慙媿於屋漏」，《讀詩記》卷二十七《大雅·抑》，經文作「尚不媿于屋」，則似當作「媿」。

16. 頁十四右　厞扶味反

按：「厞」，十行本、元十行本、李本（元）、劉本（元）、閩本、明監本、毛本、巾箱本、監圖本、纂圖本皆同。阮記云：「通志堂本、盧本『厞』作『扉』，案：所改是也，字書此字皆從『厂』，《釋文》當本如此，作寫者轉譌耳。」盧

記同。《釋文》出字「而扉」，注云「扶味反」，諸本皆同，作「扉」不誤，阮記之說，不可信從也。

17. 頁十四右　此言王朋友不思*

按：「思」，十行本、元十行本、李本（元）、劉本（元）同；單疏本作「忠」，閩本、明監本、毛本同。阮記無說，盧記補云：「案：『思』當『忠』字之譌，毛本正作『忠』。」考下《疏》云「我今視汝王之所友諸侯及卿大夫之君子，皆不忠正」，據後況前，則作「朋友不忠」是也，當從單疏本等，盧記是也。

18. 頁十四左　釋詁云相助慮也

按：「慮」，單疏本、十行本、元十行本、李本（元）、劉本（元）、閩本、明監本、毛本同。阮記云：「案：山井鼎云『慮』當作『勴』，是也，《清廟》及《雍》二正義引皆作『勴』，可證。」盧記同。諸本皆同，存疑可也。

19. 頁十五左　箋云童羊譬皇后也

按：「皇」，十行本、元十行本、李本（元）、劉本（嘉靖）、閩本、明監本、毛本同；巾箱本作「王」，監圖本、纂圖本、岳本、五山本、日抄本同。阮記云：「小字本、相臺本『皇』作『王』，《考文》古本同。案：『王』字是也，《正義》可證。」盧記同。《疏》云「此唯王后乃能然，故知『童羊譬王后』也」，作「王」是也，當從巾箱本等，阮記是也。

20. 頁十五左　此人實賓亂小子之政*

按：「賓」，十行本、元十行本、李本（元）同；劉本（嘉靖）作「潰」，閩本、明監本、毛本、巾箱本、監圖本、纂圖本、岳本、五山本、日抄本同。阮記無說，盧記補云：「案：『賓』當作『潰』，《正義》可證。」賓亂，不辭，考《疏》云「此人實潰亂我王」，則作「潰」是也，當從劉本等，盧記是也，十行本作「賓」，或涉上文「實」字而誤。

21. 頁十六左　故以喻於政事有所害

按：「以喻」，單疏本、十行本、元十行本、李本（元）、劉本（嘉靖）、閩本、明監本、毛本皆同。阮記云：「案：十行本『故』至『於』，剜添者一字，當是『云』字誤剜作『以喻』也。」盧記同。諸本皆同，文義暢達，此處不誤，阮記之說，純屬猜測，不可信從。

22. 頁十六左　忍音刃本亦作 o*

按：「o」，元十行本、李本（元）同；十行本為空格，劉本（嘉靖）同；閩本作「刃」，明監本、巾箱本、纂圖本、監圖本同；毛本作「刀」。阮記無說，盧記補云：「通志堂本、盧本『o』作『刃』，案：『刃』字是也。」《正字》：「『刃』，毛本誤『刀』。」本亦作 o，顯誤，檢《釋文》云出字「柔忍」，注云「音刃，本亦作刃」，則作「刃」是也，十行本誤脫，元刊十行本補「o」，閩本重刊時，又似據《釋文》改作「刃」，明監本襲之，而毛本又誤作「刀」也，浦說是也。

23. 頁十六左　告之話言

按：「話言」，十行本、元十行本、李本（元）、劉本（嘉靖）、閩本、明監本、毛本、巾箱本、監圖本、纂圖本、岳本、五山本、日抄本、唐石經、白文本皆同。阮記云：「唐石經、小字本、相臺本同，案：段玉裁云當作『告之詁話』。」盧記同。諸本皆同，段說不可信從。

24. 頁十六左　話言古之善言也

按：「話言」，十行本、元十行本、李本（元）、劉本（嘉靖）、閩本、明監本、毛本、巾箱本、監圖本、纂圖本、岳本、五山本、日抄本皆同。阮記云：「小字本、相臺本同，案：《釋文》『告之話言』下，云『話言古之善言』，段玉裁云當作『詁話古之善言也』……」盧記同。諸本皆同，段說不可信從。

25. 頁十六左　語賢智之人

按：「智」，十行本、元十行本、李本（元）、劉本（嘉靖）、閩本、明監本、毛本同；巾箱本作「知」，監圖本、纂圖本、岳本、五山本、日抄本同。阮記云：「小字本、相臺本『智』作『知』，案：『知』字是也。」盧記同。注疏本系統皆作「智」，經注本系統皆作「知」，孰是孰非，難以遽斷，阮記非也。

26. 頁十七左　亦以抱子長大矣

按：「以」，十行本、元十行本、李本（元）、巾箱本、監圖本、纂圖本、岳本、五山本、日抄本同；劉本（嘉靖）作「已」，閩本、明監本、毛本同。阮記云：「小字本、相臺本同，《考文》古本同，閩本、明監本、毛本『以』作『已』，案：所改是也。」盧記同。考《疏》文云「假令有人言曰：王尚幼少，

未有所知。亦既抱子矣，已為人父，非復幼少也」，「以」者「既」也，又《讀詩記》卷二十七《大雅・抑》，引鄭氏曰，「亦以抱子長大矣」，作「以」是也，劉本等誤改，阮記誤也。

27. 頁十七左　不幼小也

按：「小」，十行本、元十行本、李本（元）、劉本（嘉靖）、閩本、明監本、毛本同；巾箱本作「少」，監圖本、纂圖本、岳本、五山本、日抄本同。阮記云：「小字本、相臺本『小』作『少』，案：『少』字是也。」盧記同。考《疏》文云「假令有人言曰：王尚幼少，未有所知。亦既抱子矣，已為人父，非復幼少也」，揆諸文義，「幼小」似嫌太幼，「幼少」較勝，又《讀詩記》卷二十七《大雅・抑》，引鄭氏曰，「不游少也」，作「少」是也，阮記是也。

28. 頁十八右　我心慘慘

按：「慘慘」，十行本、元十行本、李本（元）、劉本（元）、閩本、明監本、毛本、巾箱本、監圖本、纂圖本、岳本、五山本、日抄本、唐石經、白文本皆同。阮記云：「唐石經、小字本、相臺本同，案⋯⋯是《釋文》本、《正義》本皆作『慘慘』，與唐石經同也，此以韻求之，當作『懆懆』。」盧記同。諸本皆同，《釋文》出字「慘慘」，則所見本亦同，阮記據韻推斷，以定經文，無乃荒唐之甚者乎！

卷十八之二

1. 頁一左　人庇陰其下者

按：「庇」，十行本、元十行本、李本（元）、劉本（嘉靖）、閩本、明監本、毛本、巾箱本、監圖本、纂圖本、岳本、五山本、日抄本皆同，《要義》所引亦同。阮記云：「小字本、相臺本同，案：《釋文》云：庇本亦作芘同。考『芘』字是也，《采薇》箋云腓當作芘，《雲漢》箋云言我無所芘蔭而處，是鄭自用『芘』字也。」盧記同。諸本皆同，作「庇」不誤，《釋文》所錄，乃別本也。

2. 頁一左　爆本又作槀同音剝下同*

按：「槀」，元十行本、李本（元）、劉本（嘉靖）、閩本同；十行本作「㪍」、

明監本、毛本、巾箱本、纂圖本、監圖本同。阮記、盧記皆無說。「㝡」，無剝音，檢《釋文》：「爆，本又作『暴』」，十行本等與之同，則當作「暴」是也，元刊十行本誤「暴」為「㝡」，明監本始改正，是也。

3. 頁一左　之害下民*

按：「之」，元十行本、李本（元）、劉本（嘉靖）、閩本、明監本、毛本同；　單疏本作「侵」，十行本同。阮記引文「侵害下民」，云：「閩本、明監本、毛本『侵』誤『之』。」盧記引文「之害下民」，補云：「閩本、明監本、毛本同，案：『之』當作『侵』。」《正字》云：「『之』字，疑脫『德病』二字。」之害下民，不知何義，考上《疏》云「若有羣臣放恣，損王之德，則困若天下之民矣」，單疏本《疏》文：「今屬王之臣，皆以放恣損王，侵害下民，故使天下之民不能絕已其心中之憂」，「侵害下民」即「困苦天下之民」，前後相應，作「侵」是也，當從單疏本等，阮記、盧記皆是也。然阮記引文作「侵害下民」，而盧記引文作「之害下民」，與阮本同，且與李本、劉本等同，則阮記之「侵」字或非底本原有，乃據校本也。

4. 頁二右　正義曰釋言云旬均也

按：「旬」，十行本、元十行本、李本（元）、劉本（嘉靖）、閩本、明監本、毛本同；單疏本作「洵」；十行抄本作「詢」。阮記云：「案：『旬』當作『洵』，下文引李巡注不誤。」盧記同。《正字》曰：「『旬』，《釋言》作『詢』。」檢《爾雅·釋言》，「洵，均也」，則作「洵」是也，當從單疏本，阮記是也，浦說非也。

5. 頁二右　今茲益久長*

按：「茲」，十行本、李本（元）同；單疏本作「滋」，元十行本、劉本（嘉靖）、閩本、明監本、毛本同。阮記無說，盧記補云：「案：『茲』當作『滋』。」「滋」者益也，作「滋」是也，當從單疏本，盧記是也。

6. 頁三左　傳疑定○正義曰疑音凝凝者安靖之義故為定也

按：單疏本、十行本、元十行本、李本（元）、劉本（元）、閩本同；明監本「安靖」作「安靜」，毛本同。阮記云：「閩本同，明監本、毛本移『傳疑定』以下至『故為定也』二十字於下章中，是也。」盧記同。考下章經文「靡所止疑，云徂何往」，《傳》云「疑，定也」，《疏》文釋《傳》，自當繫於其下，今

十行本等錯簡於上者，或因注疏合刻之際誤置也，明監本改之，是也，《要義》將「疑音凝，凝者安靖之義，故為定也」繫於《傳》文「疑定也」之下，可證其所見彙刻之本不誤也。又「安靖」，單疏本等皆同，明監本改作「安靜」，不知何據，誤也。

7. 頁三左　憂心慇慇

按：十行本、元十行本、李本（元）、劉本（元）、閩本、明監本、毛本、巾箱本、監圖本、纂圖本、岳本、五山本、日抄本、唐石經、白文本皆同，《要義》所引亦同。阮記云：「案：《釋文》以『慇慇』作音，是其本如此，《正義》云『其心殷殷然』，是其本字作『殷』，考《北門》經作『殷』，《正月》經作『慇』，《北門》《釋文》云，本又作『慇』，同。」盧記同。諸本皆同，作「慇」不誤，《疏》文「其心殷殷然」，乃釋經文「慇慇」，豈可據此而云孔穎達所見本作「殷」，阮記之說誤甚！

8. 頁四右　亂況斯削*

按：十行本、元十行本、李本（元）、劉本（元）、閩本、明監本、毛本、巾箱本、監圖本、纂圖本、岳本、五山本、日抄本、唐石經、白文本皆同，《要義》所引亦同。阮記云：「案：此『況』字當作『兄』，上經云『倉兄慎兮』，《傳》『兄，滋也』，箋云『喪亡之道滋久長』，此無《傳》，箋云『而亂滋甚』，皆承上也。倉兄，《釋文》云，本亦作『況』，亦與下互為詳略耳，唐石經上作『兄』，下作『況』，非也。」盧記惟「倉兄慎兮」作「倉兄填兮」，餘同。諸本皆同，作「況」不誤，阮記之說，似是而無據，難以信從。又，經文作「倉兄填兮」，盧記改之，是也。

9. 頁四左　礼亦所以救亂也

按：「亦」，十行本、元十行本、李本（元）、劉本（元）、閩本、明監本、毛本、巾箱本、岳本同；監圖本無「亦」字，纂圖本、五山本、日抄本皆同，《要義》所引亦同。阮記云：「小字本無『亦』字，案：無者是也。」盧記同。宋刊十行本、巾箱本皆有「亦」字，謝記以為「亦」字不宜無，是也。無「亦」者，別本也，阮記之說不可信從。

10. 頁五右　好是稼穡*

按：十行本、元十行本、李本（元）、劉本（嘉靖）、閩本、明監本、毛

本、巾箱本、監圖本、纂圖本、岳本、五山本、日抄本、唐石經、白文本皆同。阮記云：「案：《釋文》云：家，王申毛音駕，謂耕稼也，鄭作『家』，謂居家也，下句『家穡惟寶』同；穡，本亦作『嗇』，音色，王申毛謂收穡也，鄭云吝嗇也，尋鄭家嗇二字，本皆無禾者，下『稼穡卒痒』始從禾。《正義》云『箋不言稼當為家，則所授之本，先作家字也』，依此是毛、鄭《詩》本作『家嗇』，王申毛乃為『稼穡』耳……」盧記同。毛、鄭之時，或作「家嗇」，然今傳世諸本，皆作「稼穡」，當以此為是，作「家嗇」者別本也。

11. 頁六右　不能治人者出於人

按：十行本、元十行本、李本（元）、劉本（嘉靖）同；單疏本作「不能治人者食於人」，閩本、明監本同；毛本作「不能治人者食人」；十行抄本作「不治人者食於人」。阮記云：「閩本『出』作『食』，明監本同，剜去『於』字，毛本無，案：食人是也，十行本『出於人』，剜添者一字。」盧記同。此《疏》引箋文，箋云「不能治人者食於人」，則當從單疏本，阮記誤也。

12. 頁六左　正義曰重舉此文明是責王之貢好之也

按：「貢」，李本（元）、劉本（嘉靖）同；單疏本作「貴」，十行本、元十行本、閩本、明監本、毛本同。阮記無說，盧記補云：「毛本『貢』作『貴』，案：『貴』字是也。」《疏》文釋箋，箋云「此言王不尚賢，但貴吝嗇之人」，《疏》文之「貴」正本箋文之「貴」，作「貴」是也，當從單疏本等，盧記是也。

13. 頁六左　螽莫侯反說文作蟲*

按：「螽」，十行本、元十行本、李本（元）、劉本（嘉靖）、閩本、明監本、毛本同；巾箱本作「蚤」，監圖本、纂圖本同。阮記引文作「說文作蚤」，云：「通志堂本、盧本同，盧文弨云：《說文》乃作『螽』，今正文作『螽』，遂妄改《說文》。其說誤甚……轉寫失其形，作『螽』、『蚤』皆非是。」盧記引文「說文作螽」，云：「通志堂本、盧本『螽』作『蚤』，盧文弨《考證》云：古本螽作『蚤』，是也，《說文》乃作『螽』，今正文作『螽』，遂妄改《說文》。案：《釋文挍勘記》云：其說誤甚……轉寫失其形，作『螽』、『蚤』皆非是。」螽……《說文》作螽，顯然有誤，檢《釋文》出字「螽」，注云「莫侯反，《說文》作『蚤』」，與巾箱本等合，當作「蚤」。

14. **頁七右** ○同音通本又作恫*

按：「○」，十行本、元十行本、李本（元）、劉本（嘉靖）、閩本、明監本、毛本同。阮記、盧記皆無說。阮記引文作「哀恫○本又作恫」，云：「通志堂本、盧本『恫』作『恫』，『恫』作『痌』。案：所改未是也。當是《釋文》本此經字作『恫』，與唐石經以下各本不同耳，小字本所附上『恫』下『恫』，乃順正文改易耳。」盧記引文「同音通本又作恫」，云：「案：『同』當作『恫』。《釋文校勘》云：通志堂本、盧本『恫』作『恫』，『恫』作『痌』。案：所改未是。當是《釋文》本此經字作『恫』，與唐石經以下各本不同耳，小字本所附上『恫』下『恫』，乃順正文改易耳。」據此，阮本似當於「同」字之右加圈，「同音通本又作恫」，十行本、李本（元）、劉本（嘉靖）同；閩本作「恫音通本又作同」，明監本、毛本同；巾箱本作「恫音通本又作恫」；監圖本作「恫音通本又作恫」，纂圖本同。考《釋文》出字「哀恫」，注云「音通，痛也，本又作恫」，本詩經文「哀恫中國」，諸本皆同，檢敦煌殘卷伯三三八三《毛詩音‧柔桑》，出字「恫」，注云：「主工」，則其與《釋文》所據本同作「恫」，故有「本又作恫」，此別本即今傳世諸本也，故當云「恫音通本又作恫」，方與《釋文》原義合。

15. **頁七右** 滅盡釋詁云*

按：「云」，十行本、元十行本、李本（元）、劉本（嘉靖）同；單疏本作「文」，閩本、明監本、毛本同。阮記無說，盧記補云：「案：『云』當作『文』。」檢《爾雅‧釋詁》云「滅……盡也」，則顯當作「文」，當從單疏本，盧記是也。

16. **頁七右** 穹蒼蒼天釋天云*

按：「云」，十行本、元十行本、李本（元）、劉本（嘉靖）同；單疏本作「文」，閩本、明監本、毛本同。阮記無說，盧記補云：「案：『云』當作『文』。」檢《爾雅‧釋天》：「穹蒼，蒼天也」，則顯當作「文」，當從單疏本，盧記是也。

17. **頁七右** 故民所繫屬唯兵耳*

按：「故」，單疏本、十行本、元十行本、李本（元）、劉本（嘉靖）、閩本、明監本、毛本皆同。阮記云：「案：浦鏜云『故疑衍字是也』，是也。」盧

記同。考《疏》文云「以贄是繫屬，故民所繫屬，唯兵耳」，文意暢達，不知何衍之有，浦說誤也，阮記是之，亦誤。

18. 頁七左　慎戒相助也

按：「戒」，十行本、元十行本、李本（元）、劉本（嘉靖）、閩本、明監本、毛本同；巾箱本作「誠」，監圖本、纂圖本、岳本、五山本、日抄本同。阮記云：「小字本、相臺本『戒』作『誠』，《考文》古本同，案：山井鼎云：據下文『考誠』之語，古本似是。是也。《正義》云『慎誠，《釋詁》文』，亦可證，明監本誤作『病』。」盧記同。《正字》云：「『誠』，監本誤『病』，毛本誤『戒』。」考本詩經文云「考慎其相」，《疏》文釋之云「又稽考誠信」，此本箋解經也，則其所見本當作「慎誠」，作「誠」是也，當從巾箱本等，浦說、阮記皆是也。又，明監本作「戒」，浦鏜、阮記皆謂作「病」，檢重修監本作「病」，則《正字》、阮記所據監本皆為重修本也。

19. 頁七左　乃使民盡迷惑也彼是又不宣猶

按：「也彼是又」，劉本（嘉靖）同；十行本作「如狂是又」，閩本、明監本、毛本、巾箱本、監圖本、纂圖本、岳本、五山本、日抄本同；元十行本作「也彼是文」，李本（元）同。阮記云：「小字本、相臺本『也彼』作『如狂』，閩本、明監本、毛本同，案：『如狂』是也。」盧記同。考本詩經文云「俾民卒狂」，《疏》文釋之云「盡皆迷惑如狂人，是不謀於眾」，此本箋解經也，則其所見本當作「如狂」，作「如狂」是也，當從十行本等。又李本之「是文」，顯誤，當作「是又」。

20. 頁七左　不復詳考善惡更施順道於民之君自獨用己心謂己所
　　　　　　任使之臣皆為善人不復詳考善惡更求賢人

按：十行本、元十行本、李本（元）、劉本（嘉靖）同；單疏本作「不復詳考善惡更求賢人」，閩本、明監本、毛本、十行抄本同。阮記云：「閩本、明監本、毛本，不重『施順』至『惡更』三十字，案：所刪是也，此十行本複衍。」盧記同。此三十字顯為衍文，當從單疏本等。

21. 頁八左　正義曰讒僭是偽妄之言

按：「讒僭」，單疏本、十行本、元十行本、李本（元）、劉本（嘉靖）、閩本、明監本、毛本皆同。阮記云：「案：『僭』當作『譖』，《抑》《正義》可證。」

盧記同。《正字》云：「『僭』，同『譖』。」諸本皆同，考經文云「朋友已譖」，箋云「譖，不信也」，《疏》文釋箋，則「讒僭」正釋經、箋之「譖」，作「僭」不誤，阮記不可信從也。

22. 頁九左　荼苦葉*

按：「葉」，十行本、元十行本、李本（元）、劉本（嘉靖）、閩本、明監本、毛本同；單疏本作「菜」，十行抄本同。阮記云：「明監本『葉』作『菜』，案：浦鏜云『菜字誤』，是也。」盧記同。《正字》云：「『葉』，當『菜』字誤。」「葉」字顯誤，或因與「菜」字形近而譌，作「菜」是也，當從單疏本等。浦鏜明云：葉字誤，當作菜，阮記誤讀其說，遂以為菜字誤，又似據此推斷明監本作「菜」，今檢明監本、重修監本皆作「葉」，不作「菜」，可謂誤甚。

23. 頁九左　故此惡行天下之民

按：「此」，元十行本、李本（元）、劉本（嘉靖）、閩本、十行抄本同；單疏本作「比」，十行本、明監本、毛本同。阮記無說，盧記補云：「毛本『此』作『比』，案：『比』字是也。」考上《疏》云「荼，苦葉，毒者，螫蟲，荼毒皆惡物」，此惡物正比王政之惡行於天下之民，揆諸文義，作「比」是也，當從單疏本等，盧記是也。

24. 頁十右　正義曰垢者土處中而有垢土

按：單疏本、十行本、元十行本、李本（元）、劉本（嘉靖）、閩本、明監本、毛本、十行抄本皆同。阮記云：「案：此當云『垢者土處地中而有垢』錯誤耳。」盧記同。《正字》云「疑」，諸本皆同，存疑可也，阮記之說，純屬猜測，不可信從。

25. 頁十一右　詩人善此事者

按：「善」，單疏本、十行本、元十行本、李本（元）、劉本（元）、閩本、明監本、毛本皆同。阮記云：「案：浦鏜云，『善疑言字誤』，是也。」盧記同。諸本皆同，存疑可也，浦鏜之說，純屬猜測，不可信從。

26. 頁十一右　赫炙也

按：「炙」，十行本、元十行本、李本（元）、劉本（元）、閩本、明監本、毛本、巾箱本、監圖本、纂圖本、岳本、五山本、日抄本皆同，《要義》所引

亦同。阮記云：「小字本、相臺本同，案：《釋文》『赫』下云：毛許白反，炙
也，《正義》云：故轉為嚇，又云：定本、集注，毛《傳》云：赫，炙也⋯⋯
今考此《傳》當作『赫赫也』，毛意謂此赫盛字，即拒赫字也。〇按：此即《北
風》：虛，虛也，《葛屨》：要，要也，之例。」盧記同。諸本皆同，檢敦煌殘
卷伯三三八三《毛詩音・桑柔》，出字「嚇」、「炙」，則作「炙」不誤，阮記之
說，純屬猜測，不可信從。又敦煌殘卷「炙」，注云「之石」，則其讀若「炙」，
此「炙」即「炙」也。

27. 頁十一左　　則將有人伺汝之閒暇誅汝

按：「暇」，單疏本、十行本、元十行本、李本（元）、劉本（元）、閩本、
明監本、毛本皆同。阮記云：「案：『暇』當作『得』，《正義》讀『閒』為『閒
隙』，不為『閒暇』。」盧記同。諸本皆同，考箋云「言放縱久，無所拘制，則
將遇伺女之間者得誅女也」，《疏》文釋之云：「不已則將有人伺汝之間暇誅汝，
謂知其間隙，發揚其罪，告王使誅之也」，檢《戰國策》卷三「甘茂相秦，秦
王愛公孫衍，與之間，有所立」，鮑注「請間之間，暇隙也，因暇與語將置相
也」（《四部叢刊》初編影元刊本），則間暇、間隙、暇隙皆義同可通，阮記之
說，望文生義，妄斷誤甚。

28. 頁十一左　　箋云職主諒信也

按：「諒」，十行本、元十行本、李本（元）、劉本（元）、閩本、明監本、
毛本同；巾箱本作「涼」，監圖本、岳本、五山本、日抄本同；纂圖本作「涼」。
阮記云：「小字本、相臺本『諒』作『涼』。案：『涼』字是也，鄭但易毛訓耳，
意以為『涼』即『諒』之假借也，未嘗改其字，《正義》云：諒信，又云以諒
為信，乃易字而說之之例，依以改箋者非。」盧記同。《疏》文明云「職，主；
諒，信；皆《釋詁》文」，則孔穎達所見箋文，必作「諒」，作「諒」不誤，阮
記彌縫其說，不可信從。

29. 頁十一左　　互相欺違

按：「互」，十行本、元十行本、李本（元）、劉本（元）、閩本、明監本、
毛本、監圖本、纂圖本、五山本、日抄本同；巾箱本作「工」，岳本同。阮記
云：「相臺本『互』作『工』。《考文》古本同。案：『工』字是也，《正義》可
證。」盧記同。孔《疏》釋箋云「故以『工』解『善』」，又前《疏》據箋釋經

云「主由在上信用小人之工善於相欺背者」，則其所見本當作「工」，揆諸文義，箋文作「工」似勝。

30. 頁十一左　遂用彊力

按：「遂」，十行本、元十行本、李本（元）、劉本（元）、閩本、毛本、監圖本、纂圖本同；明監本作「逐」，巾箱本、岳本、五山本、日抄本同。阮記云：「閩本、明監本、毛本同，小字本、相臺本『遂』作『逐』。《考文》古本同。案：『逐』字是也。」盧記同。《正字》云：「『逐』，毛本誤『遂』。」孔《疏》引箋云「『逐用強力相尚』者」，又前《疏》據箋釋經云「主由為政競逐用力，唯以強力相尚」，則其所見本當作「逐」，揆諸文義，箋文作「逐」似勝，浦說是也。阮記謂明監本同作「遂」，檢明監本、重修監本皆作「逐」，浦鏜所見本亦作「逐」，不知阮記所見明監本為何本。

31. 頁十二右　即邪辟是也ㅇ毛以為

按：「ㅇ」，十行本、元十行本、李本（元）、劉本（嘉靖）、閩本、明監本、毛本同；十行抄本無「ㅇ」；單疏本此頁闕。阮記云：「案：『ㅇ』當衍……」盧記同。此處之「ㅇ」顯非，阮記是也。

32. 頁十二左　得為定ㅇ毛以*

按：「ㅇ」，十行本、元十行本、李本（元）、劉本（嘉靖）、閩本同；單疏本無，明監本、毛本同；十行抄本作「口」。阮記、盧記皆無說。上條阮記云：「……案：『ㅇ』當衍。下章《正義》『ㅇ毛以職導為寇』同，明監本、毛本不誤。」盧記同。此處之「ㅇ」顯非，阮記是也。

33. 頁十三左　薦重臻至也

按：「重」，十行本、元十行本、李本（元）、劉本（嘉靖）、閩本、明監本、毛本、巾箱本、監圖本、纂圖本、日抄本皆同。阮記云：「案：《釋文》以『重也』作音，是其本有『也』字，《考文》古本有。」盧記同。諸本皆無「也」字，《釋文》所載乃別本也。

34. 頁十四左　其有一曰索鬼神

按：「其有一」，十行本、元十行本、李本（元）、劉本（嘉靖）同；單疏本作「其十有一」，十行抄本同，《要義》所引亦同；閩本作「其一有」，明監

本、毛本同。阮記云：「閩本、明監本、毛本『有一』倒，案：倒者誤也，『其』下當有『十』字。」盧記同。《正字》云「『其一』，當作『其十有一』」，乃阮記所本。檢《周禮・大司徒》：「以荒政十有二聚萬民……十有一曰索鬼神」，則「十」字不可缺，當從單疏、《要義》。又，《正字》當云：「『其一有』，當作『其十有一』」。

35. 頁十五右　祭法曰墶少牢於泰昭祭時也*

按：「墶」，十行本、元十行本、李本（元）、劉本（元）同；單疏本作「埋」，閩本、明監本、毛本同，《要義》所引亦同。阮記無說，盧記補云：「毛本『墶』作『埋』。」檢《禮記・祭法》，正作「埋少牢於泰昭」，作「埋」是也，當從單疏、《要義》也。

36. 頁十五左　爾雅作爐

按：「爐」，十行本、元十行本、李本（元）、劉本（元）、閩本、明監本、毛本同；巾箱本作「爐」，監圖本、纂圖本同。阮記引文「爾雅作爐」，云：「通志堂本『爐』誤『爐』，盧本作『爐』，案：小字本所附亦作『爐』，不誤。」盧記引文「爾雅爐」，云：「通志堂本同，盧本作『爐』，云『舊譌從蟲今改正』，《釋文校勘》云：小字本所附亦作『爐』，不誤。」《釋文》作「爐」，《爾雅・釋訓》：「爐爐，炎炎，薰也」，則作「爐」是也，當從巾箱本等，阮記謂盧本《釋文》作「爐」，盧記謂作「爐」，然既云「今改正」，則當作「爐」，檢抱經堂本《釋文》，正作「爐」，則盧記顯誤也。

37. 頁十五左　耗斁下土

按：「耗」，十行本、元十行本、李本（元）、劉本（元）、閩本、明監本、毛本、巾箱本、監圖本、纂圖本、岳本、五山本、日抄本、白文本同；唐石經作「秏」。阮記云：「小字本、相臺本同，閩本、明監本、毛本同，唐石經『耗』作『秏』，案：『秏』字是也。」盧記同。《釋文》出字「耗」，注云「呼報反」，敦煌殘卷伯三三八三《毛詩音・雲漢》，出字「耗」，注「呼到」，則作「耗」不誤，唐石經作「秏」乃別本也，阮記必以後者為是，誤甚。

38. 頁十五左　莫瘞羣臣而不得雨

按：「臣」，十行本、元十行本、李本（元）、監圖本、纂圖本、日抄本同；劉本（元）作「神」，閩本、明監本、毛本、巾箱本、岳本、五山本同。阮記

云：「小字本同，《考文》古本同，相臺本『臣』作『神』，閩本、明監本、毛本同，案：『神』字是也，十行本《正義》中誤同。」盧記同。考前箋明云「言王為旱之故，求於羣神無不祭也」，單疏本《疏》文亦云「明其餘羣神亦奠瘞之」，則作「神」是也，阮記是也。

39. 頁十六右　耗敗天下王地之國*

按：「王」，元十行本（正德十二年）、李本（正德，板心有塗抹）、劉本（正德十二年）同；單疏本作「土」，十行本、閩本、明監本、毛本、十行抄本同。阮記無說，盧記補云：「案：『王』當『土』字之譌，毛本正作『土』。」此《疏》釋經，考經文云「耗斁下土」，「下土」即「天下土地」，《疏》文之「土」正本經文之「土」，作「土」是也，當從單疏本等，盧記是也。

40. 頁十六右　燀蟲是熱氣蒸人之貌*

按：「燀蟲」，十行本、元十行本（正德十二年）、李本（正德，板心有塗抹）、劉本（正德十二年）同；單疏本作「燀燀」，閩本、十行抄本同；明監本作「蟲蟲」，毛本同。阮記無說，盧記補云：「案：『蟲』當作『燀』。」考單疏本前《疏》釋經云「其暑氣蘊蘊然，雷聲隆隆然，熱氣燀燀然」，下《疏》云「《釋訓》云：燀燀，薰也」，則《疏》文之「燀燀」正本《爾雅》之「燀燀」，作「燀燀」是也，當從單疏本等，盧記是也。

41. 頁十六右　暑熱夫同*

按：「夫」，元十行本（正德十二年）、李本（正德，板心有塗抹）同；單疏本作「大」，十行本、十行抄本同；劉本（正德十二年）作「不」，閩本、明監本、毛本同。阮記云：「閩本、明監本、毛本同，案：『夫』當作『大』，形近之譌。」盧記云：「閩本、明監本、毛本作『不同』，案：『夫』當作『大』，形近之譌」。本詩經文云「蘊隆蟲蟲」，《傳》云「蘊蘊而暑，隆隆而雷，蟲蟲而熱」，單疏本《疏》文釋《傳》，遂云「暑、熱大同」，雖大同亦稍有小異，「蘊，平常之熱，燀燀又甚熱，故『暑』、『熱』異其文」，作「大」是也，當從單疏本等。閩本、明監本、毛本，皆作「不」，阮記謂其同作「夫」，誤甚！盧記改云其「作不同」，是也。謝記謂作「大同」未是，誤矣。

42. 頁十六右　蘊平常之熱蟲蟲又甚熱

按：十行本同；單疏本作「蘊平常之熱燀燀又甚熱」；元十行本（正德十

二年）作「蘊平常之熱而蟲蟲又甚熱」，李本（正德，板心有塗抹）、劉本（正德十二年）、閩本、明監本、毛本同。阮記云：「閩本、明監本、毛本『蟲蟲』上衍『而』字，案：『蟲蟲』當作『爞爞』，十行本上句剗去者一字，當是因有衍，而下句『甚』下，脫『於』字，刪而未補也，輒添『而』字者，非。」盧記同。據上文考述，作「爞爞」是也，當從單疏本，阮記之說，純屬猜測，不可信從。

43. 頁十六右　瘞謂埋之於土*

按：「埋」，十行本、元十行本（正德十二年）、劉本（正德十二年）同；單疏本作「埋」，李本（正德，板心有塗抹）、閩本、明監本、毛本、十行抄本同，《要義》所引亦同。阮記無說，盧記補云：「毛本『埋』作『埋』。」考《周禮・秋官》云「犬人，掌犬牲，凡祭祀供犬牲，用牷物，伏瘞亦如之」，鄭注「鄭司農云：牷，純也，物，色也，伏謂伏犬，以王車轢之，瘞謂埋祭也」，則作「埋」是也，當從單疏、《要義》也。

44. 頁十六左　孑然遺失也

按：十行本、元十行本（正德十二年）、李本（正德，板心有塗抹）、劉本（正德十二年）、閩本、明監本、毛本、巾箱本、監圖本、纂圖本、日抄本皆同，《要義》所引亦同。阮記云：「案：《正義》云：定本及集注皆云『孑然遺失也』，俗本有『無』字者，誤也。考此《傳》，本云『無孑然遺失也』，六字一句讀，乃摠說『靡有孑遺』也，定本、集注非是，《考文》古本采《正義》，有『無』字，而加於『遺』字上，誤甚。」盧記同。諸本皆同，《要義》所引亦同，則傳世各本皆無「無」字，阮記之說，純屬猜測，不可信從。

45. 頁十六左　狀有如雷霆

按：「有如」，十行本（正德十二年）、元十行本、李本（正德，板心有塗抹）、劉本（正德十二年）、閩本、明監本、毛本同；巾箱本作「如有」，監圖本、纂圖本、日抄本同，《要義》所引亦同。阮記云：「小字本、相臺本『有如』作『如有』，《考文》古本同，案：『如有』是也。」盧記同。考《疏》云「如有霆之鼓於天，如有雷之發於上」，則其所見箋文，亦當作「如有」，則作「如有」是也，當從巾箱本、《要義》，阮記是也。

46. 頁十七右　無有子然得遺滌

按：「滌」，元十行本、李本（元）、劉本（嘉靖）、閩本、明監本、毛本同；單疏本作「漏」，十行本、十行抄本同。阮記云：「案：『滌』當作『漏』，下文謂『無有子然得遺漏』，是其證，山井鼎云：宋板滌作漏，當是剜也。」盧記同。《正字》云：「『滌』，疑『餘』字誤。」遺滌，不辭，作「漏」是也，當從單疏本等，阮記是也，浦鏜所疑非也。

47. 頁十七右　故為戒也

按：「戒」，單疏本、十行本、元十行本、李本（元）、劉本（嘉靖）、閩本、明監本、毛本皆同。阮記云：「案：浦鏜云『恐誤戒』，是也。」盧記同。諸本皆同，存疑可也。

48. 頁十七右　業業危釋訓云

按：「云」，十行本、元十行本、李本（元）、劉本（嘉靖）、閩本、明監本、毛本、十行抄本同；單疏本作「文」。阮記云：「案：浦鏜云『文誤云』，是也。」盧記同。檢《爾雅·釋訓》云「業業，翹翹，危也」，則此處顯應作「文」，當從單疏本，諸本皆誤，浦說是也。

49. 頁十七左　言我無所庇陰處

按：十行本、元十行本、李本（元）、劉本（嘉靖）、閩本、明監本、毛本同；監圖本作「言我無所芘蔭而處」，纂圖本、岳本、五山本、日抄本同；巾箱本作「言我無所庇蔭而處」。阮記云：「小字本、相臺本『庇陰』作『芘蔭』，『蔭』下有『而』字，《考文》古本有，案：有者是也。《釋文》云：芘，本亦作庇，蔭，本亦作廕，考《桑柔》箋，當作『陰』，《正義》當作『蔭』，今《正義》亦作『陰』，依注改耳。」盧記同。檢《讀詩記》卷二十七《大雅·雲漢》引鄭氏曰「言我無芘蔭而處」，則注疏本系統之「言我無所庇陰處」，經注本系統之「言我無所芘蔭而處」，以及「言我無所庇陰而處」、「言我無芘蔭而處」，皆乃別本之異，阮記必以有「而」者為是，非也。

50. 頁十八右　正義曰宣王立旱勢既已太甚*

按：「立」，元十行本、李本（元）同；單疏本作「言」，十行本、劉本（嘉靖）、閩本、明監本、毛本、十行抄本同。阮記無說，盧記補云：「毛本『立』作『言』。」揆諸文義，顯當作「言」，當從單疏本等。

51. **頁十八左　如惔如焚**

按：「惔」，十行本、元十行本、李本（元）、劉本（嘉靖）、閩本、明監本、毛本、巾箱本、監圖本、纂圖本、岳本、五山本、日抄本、唐石經、白文本皆同。阮記云：「案：《釋文》云：如惔，音『談』，燎也，《說文》云：炎，燎也，徐音炎。《正義》云『定本經中作如惔如焚』也……」盧記同。諸本皆同，《釋文》以「如惔」出音，敦煌殘卷伯三三八三《毛詩音‧雲漢》，以「如惔」出音，則作「惔」是也。

52. **頁十八左　憂心如薰**

按：「薰」，十行本、元十行本、李本（元）、劉本（嘉靖）同；閩本作「熏」，明監本、毛本、巾箱本、監圖本、纂圖本、岳本、五山本、日抄本、唐石經、白文本同。阮記云：「唐石經、小字本、相臺本『薰』作『熏』，閩本、明監本、毛本同，案：十行本注及《正義》中仍作『熏』，《釋文》以『如熏』作音，『薰』字非也，《考文》古本作『薰』，依上《正義》中引《爾雅》薰也，而為之耳。」盧記同。諸本皆同，《釋文》以「如熏」出音，敦煌殘卷伯三三八三《毛詩音‧雲漢》，以「熏」出音，則作「熏」是也，阮記是也。

53. **頁十九右　釋詁文毛讀為憚丁佐反**

按：「丁佐反」，十行本、元十行本、李本（元）、劉本（嘉靖）、閩本、明監本、毛本、十行抄本同；單疏本作「丁佐反」。阮記云：「案：『丁佐反』三字當旁行細書，《正義》自為音，例如此也。」盧記同。單疏本三字為夾行小注，是也，阮記是也，下阮本《疏》文「憚徒旦反」，同誤。

54. **頁十九左　故箋言而害益甚上言而害益甚上言云我無所**

按：十行本、元十行本、李本（元）同；單疏本作「故箋言而害益甚上言云我無所」，十行抄本同；劉本（嘉靖）作「故箋言為害益甚上言而害益甚上言云我無所」，閩本、明監本、毛本、十行抄本同。阮記云：「閩本、明監本、毛本，上『而』字誤『為』，案：此『言而害益甚上』六字不當重，十行本複衍耳，閩本以下改『而』作『為』，以遷就之者，誤。」盧記同。《正字》云：「『為害』至『上言』六字，疑誤衍。」揆諸文義，阮本此句顯有重複，當從單疏本等，浦說、阮記皆是也。然阮本此處於「言而害益甚上言」七字加圈，顯誤，末「言」字下不當圈字也。

55. 頁十九左　似見其甚於前也

按：「似」，單疏本、十行本、元十行本、李本（元）、劉本（嘉靖）、閩本、明監本、毛本、十行抄本皆同。阮記云：「案：浦鏜云『似當以字誤』，是也。」盧記同。諸本皆同，浦說所疑，毫無實據，不可信從。

56. 頁二十右　人無賞賜也

按：「人」，元十行本、李本（元）、劉本（嘉靖）、閩本、閩本、明監本、毛本、監圖本、纂圖本、岳本；十行本作「又」，巾箱本、五山本、日抄本，《要義》所引亦同。阮記云：「案：《正義》云『又無賞賜』，是『人』當作『又』，乃形近之譌，『又』者，又上祿餼不足也，《考文》古本作『又』，采《正義》，其云宋板同者，必山井鼎誤。」盧記同。撲諸文義，作「又」是也，當從十行、巾箱本。十行本作「又」，山井鼎云宋板同，是也，阮記謂其必誤，妄斷甚矣。

57. 頁二十左　所以令汝困窮哉

按：「哉」，單疏本、十行本、元十行本、李本（元）、劉本（嘉靖）、閩本、明監本、毛本、十行抄本同。阮記云：「案：『哉』當作『者』。」盧記同。諸本皆同，阮記之說，毫無實據，不可信從。

58. 頁二十一右　曲禮又有君膳衣祭肺馬*

按：「衣」，元十行本、李本（正德，板心有塗抹）、劉本（正德十二年）同；單疏本作「不」，十行本、閩本、明監本、毛本、十行抄本同。阮記無說，盧記補云：「毛本『衣』作『不』，案：作『不』是也。」檢《禮記‧曲禮》，正作「君膳不祭肺馬」，則作「不」是也，當從單疏本等，盧記是也。

59. 頁二十一右　謂之嗛*

按：「嗛」，單疏本、十行本、元十行本、十行抄本同；李本（正德，板心有塗抹）作「兼」，劉本（正德十二年）同；閩本作「歉」，明監本、毛本同。阮記引文「謂之嗛」，云：「閩本、明監本、毛本『嗛』誤作『歉』。」盧記引文作「謂之兼」，補云：「閩本、明監本、毛本『兼』作『歉』，非也，案：『兼』當『嗛』字之譌。」《正字》云：「『歉』，《穀梁傳》作『嗛』。」檢《春秋穀梁傳》襄公二十四年，「一穀不升謂之嗛」，則作「嗛」是也，當從單疏本等。

據盧記所引，及李本、劉本，深疑阮本底本作「兼」，而有校正者加「口」於其旁，重刊時遂改作「嗛」，阮記亦似據此校本為說。

60. 頁二十一左　三穀不升去兔

按：單疏本、十行本、元十行本、李本（正德，板心有塗抹）、劉本（正德十二年）、閩本、明監本、毛本、十行抄本皆同。阮記云：「案：『去』下，浦鏜云『脫雉字』，是也。」盧記同。諸本皆同，此處無脫字，浦說誤也。

61. 頁二十二右　權時救其人急若言王盡恩於臣也

按：「若」，單疏本、十行本、元十行本、李本（正德，板心有塗抹）、劉本（正德十二年）、閩本、明監本、毛本皆同。阮記云：「案：『若』當作『苦』，形近之譌。」盧記同。諸本皆同，作「若」不誤，屬下讀，阮記之說，妄斷誤甚。

62. 頁二十二左　因而意咸

按：十行本、李本（正德，板心有塗抹）、毛本同；單疏本作「因而意感」，元十行本、十行抄本同；劉本（正德十二年）作「因而感咸」，閩本、明監本同。阮記云：「閩本、明監本『意』誤『感』，案：『咸』當作『感』，此欲改『咸』字而誤改『意』字也。」盧記同。《正字》云：「『意感』，監本誤『感咸』，毛本誤『意咸』。」揆諸文義，作「意感」是也，當從單疏本等，浦說是也。

卷十八之三

1. 頁一左　知非三公必兼六卿

按：「三公」，單疏本、十行本、元十行本、李本（元）、劉本（嘉靖）、閩本、明監本、毛本皆同，《要義》所引亦同。阮記云：「案：浦鏜云『三公下疑脫者以三公四字』，是也。」盧記同。諸本皆同，原文不誤，浦說純屬猜測，不可信從。

2. 頁一左　明其先嘗為尹官*

按：「嘗」，單疏本、十行本、元十行本、李本（元）、劉本（嘉靖）、閩本、明監本、毛本、十行抄本皆同，《要義》所引亦同。阮記、盧記皆無說。原文不誤，不知阮本為何於此加圈。

3. 頁一左　嶽字亦作嶽*

按：「嶽」，十行本、元十行本、李本（元）、劉本（嘉靖）同；閩本作「岳」，明監本、毛本、巾箱本同；監圖本作「嶽」，纂圖本同。阮記、盧記皆無說。《正字》云：「『岳』，當依通志堂本作『嶽』。」《釋文》出字「維嶽」，注云：「字亦作『嶽』」。嶽字亦作嶽，顯誤，監圖本、纂圖本與《釋文》合，浦說或是。

4. 頁二右　維是四岳之山

按：「岳」，十行本、元十行本、李本（元）、劉本（嘉靖）、閩本、明監本、毛本、十行抄本同；單疏本作「嶽」。阮記云：「案：『岳』當作『嶽』，此寫者以『岳』為『嶽』之別體而改之耳，下同。」盧記同。本詩經文云「崧高維嶽」，《傳》云「嶽，四嶽也」。則《疏》文本《傳》釋經，作「嶽」是也，阮記是也。

5. 頁二左　謂楊州之會稽*

按：「楊州」，十行本、元十行本、李本（元）、閩本同；單疏本作「揚州」，劉本（嘉靖）、明監本、毛本同。阮記、盧記皆無說。「揚州」、「楊州」之辯，由來已久，孰是孰非，難以遽斷。

6. 頁三右　王者當謂之變容

按：「謂」，單疏本、十行本、元十行本、李本（元）、劉本（元）同；閩本作「為」，明監本、毛本同。阮記云：「閩本、明監本、毛本『謂』作『為』，案：所改是也。」盧記同。揆諸文義，作「為」是也，單疏本等似誤。

7. 頁三右　此詩之意言北岳降神

按：「北」，十行本、元十行本、李本（元）、劉本（元）、閩本、明監本、毛本同；單疏本作「此」。阮記云：「案：浦鏜云『北當山字誤』，是也。」盧記同。考單疏本《疏》文云「此詩之意，言此嶽降神，祐助姜氏，姜氏不主崧高，故知崧高維嶽，謂四嶽也」，《疏》文之「此嶽」即指經文「崧高維嶽」之「嶽」，此嶽乃謂四嶽，與北嶽何涉？則作「此」是也，當從單疏本，浦說、阮記皆誤也。

8. 頁四右　明不徧指一山

按：「徧」，十行本、元十行本、李本（元）、劉本（嘉靖）、閩本、毛本同；單疏本作「偏」，明監本同。阮記云：「閩本、明監本、毛本同，案：山井鼎云『徧恐偏誤』，是也。」盧記同。《正字》云：「『偏』，毛本誤『徧』。」既云「一山」，何來偏指之有，顯當作「偏」，當從單疏本也。明監本作「偏」，不作「徧」，浦說亦不云監本誤，則其所見本亦作「偏」，檢重修監本正作「偏」，則阮記所謂明監本乃重修監本也。

9. 頁五右　故王使召公定其意*

按：「意」，十行本、元十行本、李本（元）、巾箱本、監圖本、纂圖本、岳本、五山本、日抄本同；劉本（嘉靖）作「宅」，閩本、明監本、毛本同。阮記云：「小字本、相臺本同，《考文》古本同，閩本、明監本、毛本『意』誤『宅』。」盧記無說。考《疏》文云「故解其言定之意，王以申伯忠臣不欲遠離王室，使召伯先繕治其居，欲以定申伯之意，故言定也，『定其意』者，以營築城郭其事既了，知己不得不去，則嚮國之意定」，孔《疏》正釋箋文，所謂「定其意」亦本箋文也，則作「意」是也，阮記是也，阮本不誤，衡其體例，不應於此加圈。

10. 頁六左　箋庸勞至章顯*

按：「勞」，單疏本、十行本、元十行本、李本（元）、劉本（元）、閩本、明監本、毛本皆同。阮記、盧記皆無說。此標起止，檢阮本箋云「庸，功……言尤章顯也」，而《疏》標起止「箋庸勞」，又云：「庸勞，《釋詁》文」，則其所見本箋文作「庸勞也」，此阮本箋文之「功」，十行本、李本（元）、劉本（元）、閩本、明監本、毛本、巾箱本、監圖本、纂圖本、岳本、日抄本同，五山本作「勞」，《讀詩記》卷二十七《大雅·崧高》引鄭氏曰『庸功』。阮記云：「小字本、相臺本同，案：此《釋文》本也，《釋文》『庸』下云『鄭云功也』，可證，《正義》云：庸勞，《釋詁》文，標起止云『箋庸勞』其本作勞也。」盧記同。諸本皆同，則孔穎達所見作「勞」者為別本也。

11. 頁六左　襄二十五年左傳曰井衍沃牧隰皐*

按：「二」，單疏本、十行本、元十行本、李本（元）、劉本（元）、閩本、十行抄本同；明監本作「一」，毛本同。阮記云：「明監本、毛本『二』誤『一』，閩本不誤。」盧記無說。《正字》云：「『二』，誤『一』。」檢《左傳》襄公二

十五年，「牧隰皋，井衍沃」，則作「二」是也，當從單疏本等，浦說是也。

12. **頁七右　俶本又作㑜**

按：「㑜」，十行本、元十行本、李本（正德，板心有塗抹）、劉本（正德十二年）、閩本、明監本、毛本、監圖本、纂圖本皆同。阮記云：「通志堂本同，盧本『㑜』作『㑏』，云『㑏』舊譌『㑜』，案：所改是也，山井鼎云『㑜』恐『㑏』字。」盧記同。《正字》云：「案：《方言》云：出水為㑜，于義非，當『㑏』字誤也。」《釋文》出字「有俶」，注云「本又作『㑜』」，檢敦煌殘卷伯三三八三，《毛詩音・崧高》，出字「㑏」，則浦說是也。

13. **頁七左　寢人所處廟神亦有寢**

按：單疏本、十行本、元十行本、李本（正德，板心有塗抹）、劉本（正德十二年）、閩本、明監本、毛本皆同。阮記云：「案：『廟』下，浦鏜云『脫神所處三字』，是也。」盧記同。《正字》云：「（神下）脫『所處神』三字。」諸本皆同，原文不誤，浦鏜所補非也。

14. **頁八右　往近王舅**

按：「近」，十行本、元十行本、李本（正德，板心有塗抹）、劉本（正德十二年）、閩本、明監本、毛本、巾箱本、監圖本、纂圖本、岳本、五山本、日抄本、唐石經、白文本皆同。阮記云：「案：此《正義》本也……《釋文》當本作『近』，今亦作『近』者，後人改之耳，『近』不得音記……」盧記同。《釋文》出字「往近」，注云「音記，毛，已也，鄭，辭也」，檢敦煌殘卷伯三三八三，《毛詩音・崧高》出字「往近」，注云「記，姜意反」，則唐人已寫作「近」，非後人所改，作「近」是也，讀若「記」。

15. **頁八右　箋云近辭也**

按：「近」，十行本、元十行本、李本（正德，板心有塗抹）、劉本（正德十二年）、閩本、明監本、毛本、巾箱本、監圖本、纂圖本、岳本、五山本、日抄本皆同。阮記云：「案：此《釋文》本也……」盧記同。諸本皆同，作「近」不誤，參上條考正。

16. **頁九右　俗本峙作時者誤也***

按：「時」，單疏本、十行本、元十行本、李本（元）、劉本（元）、閩本、

明監本、毛本皆同。阮記、盧記皆無說。不知阮本為何於此加圈。

17. 頁十右　申伯有女功*

按：「女」，元十行本、李本（元）、劉本（元）同；單疏本作「大」，十行本、閩本、明監本、毛本、十行抄本同。阮記、盧記皆無說。作「女」顯誤，作「大」是也，當從單疏本等。

18. 頁十左　箋徧至之言*

按：「徧」，十行本、元十行本、李本（元）、劉本（元）、閩本、明監本、毛本、十行抄本同；單疏本作「周徧」。阮記、盧記皆無說。此標起止，箋云「周徧也……相慶之言」，《疏》文標起止，例取前後數字，尤以前二後二居多，未見有前一後二者，則作「箋周徧至之言」是也，當從單疏本。

19. 頁十二左　云是其正

按：「云」，十行本、元十行本（正德十二年）、李本（正德，板心有塗抹）、劉本（正德十二年）、閩本、明監本、毛本同；單疏本作「六」。阮記云：「案：浦鏜云『云當六字誤』，是也。」盧記同。云是其正，不知何義，考單疏本《疏》文云「此數情有六，經傳亦多言六情，唯《禮運》云：何謂人情，喜怒哀懼愛惡欲七者弗學而能，獨言七者，六是其正，彼依附而異文耳為怒則彼」，「六是其正」乃六情是其正之意，作「六」是也，當從單疏本，浦說是也。

20. 頁十三左　恪居官次襄二十三年左傳云

按：「云」，十行本、元十行本、李本（元）、劉本（元）、閩本、明監本、毛本同；單疏本作「文」。阮記云：「案：山井鼎云：『云』恐『文』誤，是也。」盧記同。《正字》云：「『云』，當『文』字誤。」檢《左傳》二十三年，「敬共朝夕，恪居官次」，則作「文」是也，當從單疏本，浦說是也。

21. 頁十四左　聽其政事而詔王廢置

按：「政」，十行本、元十行本、李本（元）、劉本（元）、閩本、明監本、毛本同；單疏本作「致」，《要義》所引同。阮記云：「案：山井鼎云：『政』作『致』為是，是也。」盧記同。《正字》云：「『致』，誤『政』。」此《疏》引《周禮·太宰》，檢之，正作「聽其致事而詔王廢置」，則作「致」是也，當從單疏本等，浦說是也。

22. 頁十五右　不畏懼於彊梁禦善之

按：「之」，十行本、元十行本、李本（元）同；單疏本作「之人」，劉本（元）、閩本、明監本、毛本同。阮記云：「閩本、明監本、毛本『之』下有『人』字，案：所補是也。」盧記同。考上《疏》云「不欺侮於鰥寡孤獨之人」，與此句「不畏懼於彊梁禦之人」，前後相對，則「人」字必不可闕，當從單疏本，阮記以為閩本等所補，單疏本原文如此，閩本或別有所承也。

23. 頁十五右　茹者敢食之名

按：「敢」，十行本、元十行本、李本（元）、劉本（元）、閩本、明監本、毛本同；單疏本作「噉」。阮記云：「案：山井鼎云：『敢』恐『噉』誤，是也。」盧記同。《正字》云：「『敢』，當『噉』字誤。」揆諸文義，作「噉」是也，當從單疏本，浦說是也。

24. 頁十六左　出於國問*

按：「問」，十行本、李本（元）、劉本（元）同；單疏本作「門」，閩本、明監本、毛本同。阮記、盧記皆無說。國問，不辭，揆諸文義，顯當作「門」，當從單疏本也。

25. 頁十六左　而經破之云

按：單疏本、十行本、元十行本、李本（元）、劉本（元）、閩本、明監本、毛本皆同。阮記云：「案：山井鼎云：『經』恐『徑』誤，是也。」盧記同。《正字》云：「『經』，恐衍字，或『徑』字誤。」諸本皆同，此處不誤，浦說、阮記皆誤也。

26. 頁十七右　如是言其車馬之盛

按：單疏本、十行本、元十行本（正德十二年）、李本（正德，板心有塗抹）、劉本（正德十二年）、閩本、明監本、毛本皆同。阮記云：「案：浦鏜云『如當知字誤』，是也。」盧記同。諸本皆同，此處不誤，浦說、阮記皆誤也。

27. 頁十七左　如清風之養萬物*

按：「之」，十行本、巾箱本、監圖本、纂圖本、岳本、五山本、日抄本同，《要義》所引亦同；元十行本（正德十二年）作「長」，李本（正德，板心有塗抹）、劉本（正德十二年）、閩本、明監本、毛本同。阮記云：「小字本、

相臺本同，《考文》古本同，閩本、明監本、毛本『之』誤『長』。」盧記無說。作「之」是也，當從十行、巾箱本，阮記是也，阮本既不誤，衡其體例，不當於此加圈。

卷十八之四

1. 頁一右　　為國之鎮所望祀焉

按：「所」，十行本、元十行本、李本（元）、劉本（元）、閩本、明監本、毛本、巾箱本、監圖本、纂圖本、日抄本皆同；岳本作「祈」，五山本同，《要義》所引亦同。阮記云：「小字本、相臺本『所』作『祈』，《考文》古本同，案：『所』字誤也。」盧記同。《正字》：「『祈』，誤『所』」。考單疏本《疏》文云「故云『祈望祀焉』」，則其所見本亦作「祈」，與《要義》所引合，則似當作「祈」，浦說是也。

2. 頁一右　　錫謂興之以物

按：「興」，元十行本、李本（元）同；單疏本作「賜」，十行本、十行抄本同；劉本（元）作「與」，閩本、明監本、毛本同。阮記云：「閩本、明監本、毛本『興』作『與』，案：所改是也，山井鼎云：宋板『與』作『賜』，其實不然，當是剜也。」盧記同。揆諸文義，顯應作「賜」，當從單疏本等，作「與」非也，阮記誤也。

3. 頁二右　　是此韓為之後也

按：「為」，元十行本、李本（元）、劉本（元）、閩本、明監本、毛本同；單疏本作「萬」，十行本、十行抄本同，《要義》所引亦同。阮記云：「山井鼎云：宋板『為』作『萬』，當是剜也，『萬』字是。」盧記同。韓為，不知何指，揆諸文義，作「萬」是也，當從單疏本等，「為」字或因與「萬」形近而譌。

4. 頁二右　　定貢賦於天子

按：「定」，十行本、元十行本、李本（元）、劉本（元）、閩本、明監本、毛本、巾箱本、監圖本、纂圖本、岳本、五山本、日抄本皆同。阮記云：「小字本、相臺本同，案：此《正義》本也，《正義》云：定本、集注『貢賦』上皆無『定』字。此箋意謂貢其賦，不謂定其貢賦也，當以無者為長。」盧記同。諸本皆有「定」字，無者別本也，阮記以無者為長，純屬猜測，不可信

從，謝記以為「定」字當有，是也。

5. 頁三左　正義曰釋詁文之*

按：「之」，元十行本、李本（元）同；單疏本無此字，十行本同；劉本（元）作「也」，閩本、明監本、毛本同。阮記引文「正義曰釋詁文」，云：「閩本、明監本、毛本『文』下衍『也』字。」盧記引文云「正義曰釋詁文之」，補云：「案：『之』字衍也，閩本、明監本、毛本『文』下衍『也』字」。「之」、「也」皆為衍文，當從單疏本等，盧記是也。

6. 頁六左　顯父周之公卿也

按：「公卿」，十行本、元十行本、李本（元）、劉本（元）、閩本、明監本、毛本、巾箱本、監圖本、纂圖本、岳本、日抄本同，《要義》所引亦同；五山本作「卿士」。阮記云：「小字本、相臺本同，案：《正義》云『王使卿士之顯父』，又云『送者唯卿士耳，故知顯父周之卿士』，是『公卿』當作『卿士』。」盧記同。《正字》：「『公卿』，案《疏》，當『卿士』誤」，乃阮記所本。孔《疏》所見與五山本合，浦說、阮記或是也。

7. 頁七左　筍竹萌釋草云*

按：「云」，十行本、元十行本、李本（元）、劉本（元）同；單疏本作「文」，閩本、明監本、毛本同。阮記無說，盧記補云：「毛本『云』作『文』，案：所改是也」。檢《爾雅·釋草》云「筍，竹萌」，則作「文」是也，當從單疏本也。

8. 頁八右　箋箋且多至其多*

按：「箋箋」，十行本、元十行本、李本（元）、劉本（元）同；單疏本作「箋」，閩本、明監本、毛本同。阮記無說，盧記補云：「案：『箋箋』，當衍一字。」此標起止，作「箋箋」顯誤，考十行本「箋」為一行最末一字，另行又作「箋且多至其多」，或因寫手上板之際，另行書寫時忘記前行已有「箋」字，故造此衍文，當從單疏本，盧記是也。

9. 頁九右　正義曰箋口汾作汾水之汾*

按：「口」，元十行本、李本（元）、劉本（元）同；單疏本作「以」，閩本、明監本、毛本同；十行本漫漶。阮記無說，盧記補云：「毛本『口』作『以』，案：『以』字是也。」考本詩經文云「汾王之甥」，箋云「汾王，厲王也，厲王

流于虢，虢在汾水之上，故時人因以號之」，《疏》文引述之，作「以」是也，又前《疏》云「鄭唯以汾王為居汾水之王」，則當從單疏本。十行本此字漫漶，元十行本翻刻時，遂誤認作「口」，至閩本重刊，又似據文義改作「以」也。

10. 頁九左　而言韓侯顯之*

按：「顯」，十行本、元十行本、李本（元）、劉本（元）同；單疏本作「顧」，閩本、明監本、毛本同。阮記無說，盧記補云：「案：『顯』當作『顧』，形近之譌，毛本正作『顧』。」考本詩經文云「韓侯顧之」，《傳》云「顧之，曲顧道義也」，《疏》文述之，則作「顧」是也，當從單疏本，盧記是也。

11. 頁九左　及升授綬之時

按：「綬」，十行本、元十行本、李本（元）、劉本（元）、閩本、明監本、毛本同；單疏本作「綏」。阮記云：「案：山井鼎云：『綬』恐『綏』字誤，是也。」盧記同。《正字》云：「『綬』，誤『綏』。」考本詩經文云「王錫韓侯，淑旂綏章」，箋云「綏，所引以登車，有采章也」，則此處《疏》文作「綏」是也，當從單疏本，浦說是也，「綬」者，或因與「綏」字形近而譌。

12. 頁九左　當最敵取匹

按：十行本、元十行本、李本（元）、劉本（元）、閩本、明監本、毛本同；單疏本作「當量敵取匹」。阮記云：「案：此當作『當取其敵匹』錯誤也。」盧記同。最敵，不辭，揆諸文義，作「當量敵取匹」是也，當從單疏本，阮記之說，純屬猜測，不可信從。

13. 頁十左　所受之國多滅絕

按：「受」，十行本、元十行本、李本（元）、劉本（元）、閩本、明監本、毛本同；巾箱本作「伯」，監圖本、纂圖本、岳本、五山本、日抄本同。阮記云：「小字本、相臺本『受』作『伯』，《考文》古本同，案：『伯』字是也。」盧記同。注疏本系統作「受」，經注本系統作「伯」，此別本之異也，阮記謂作「伯」為是，不可信從。

14. 頁十一右　又今百蠻追貊

按：「今」，十行本、李本（元）同；單疏本作「令」，元十行本、劉本（元）、閩本、明監本、毛本同。阮記無說，盧記補云：「毛本『今』作『令』」。考上

《疏》云「使之復於故常」，下接「又令」，由「又」可知「使之」與「令」乃前後相承之義，作「令」是也，當從單疏本也。

15. 頁十一右　正義曰傳二十四年左傳曰邗晉應韓武之穆也＊

按：「邗」，單疏本、十行本、元十行本、李本（元）、劉本（元）同；閩本作「邘」；明監本作「刑」，毛本同。阮記引作「邘晉應韓」，云：「明監本、毛本『邘』誤『刑』，閩本不誤。」盧記引作「邘晉應韓」，補云：「明監本、毛本『邘』誤『刑』，案：『邘』當作『邗』，形近之譌。」檢襄公二十四年《左傳》，正作「邗晉應韓」，《春秋左氏音義・僖公下》出音「邗」，注云：「音于」，則作「邗」是也。阮記引文與阮本及盧記引文異，不知何因。

16. 頁十一左　今命韓侯亦時百蠻其追其貊貊即是百蠻之國

按：「亦」，單疏本、十行本、元十行本、李本（元）、劉本（元）、閩本、明監本、毛本皆同。「貊貊」，單疏本、十行本、元十行本、李本（元）、劉本（元）、閩本、明監本、毛本皆同。阮記云：「案：『亦』下當脫『因』字，重『貊』字衍。」盧記同。諸本皆同，阮記之說，不可信從也。

17. 頁十二右　獫狁之最強

按：「獫狁」，十行本、元十行本、李本（元）、劉本（元）、閩本、明監本、毛本同；單疏本作「玁狁」。阮記云：「案：此當作『獫夷夷之最彊』脫誤也。」盧記同。「獫」、「玁」字通，阮記之說，不可信從也。

18. 頁十二左　韓之所獫又近於北夷

按：十行本、元十行本、李本（元）、劉本（元）、閩本、明監本、毛本同；單疏本作「韓之所部又近於北夷」，《要義》所引亦同。阮記云：「閩本、明監本、毛本同，案：此當作『韓之所部又近於獫益』錯誤也。」盧記同。《正字》云「『獫』，疑『部』字誤」，所疑是也，當從單疏本等，阮記之說，純屬猜測，不可信從。

19. 頁十二左　釋獸云貘白狐其子穀

按：「穀」，十行本、元十行本、李本（元）、劉本（元）、閩本、明監本、毛本同；單疏本作「縠」。阮記云：「案：浦鏜云『縠誤穀』，是也。」盧記同。檢《爾雅・釋獸》作「縠」，則作「縠」是也，當從單疏本，浦說是也。

20. 頁十三右　使循流而下

按：「循」，十行本、元十行本、李本（元）、劉本（元）、閩本、明監本、毛本、巾箱本、監圖本、纂圖本、岳本、五山本、日抄本皆同。阮記云：「案：《釋文》云：循流如字，本亦作『順流』，《正義》本是『順』字。」盧記同。諸本皆同，檢東京國立博物館藏唐抄本《毛詩正義・江漢》，箋文正作「循流而下」，則作「循」不誤，「循」、「順」乃別本之異也。

21. 頁十三右　竟竟境*

按：「竟」，十行本、元十行本、李本（元）、劉本（元）、閩本同；明監本作「音」，毛本、巾箱本、監圖本、纂圖同。阮記無說，盧記補云：「通志堂本、盧本，作『竟音境』，案：『音』字是也」。《釋文》出字「竟」，注云「音境」，作「音」是也，當從巾箱本等，盧記是也。

22. 頁十三左　其曰出戎車建旟

按：「曰」，十行本、元十行本、李本（元）、劉本（元）、毛本、巾箱本、監圖本、纂圖本同；閩本作「日」，明監本、岳本、五山本、日抄本同。阮記云：「相臺本『曰』作『日』，閩本、明監本同，《考文》古本同，案：『日』字是也。」盧記同。《正字》云：「『日』，毛本誤『曰』。」考《疏》文引箋云「期日而出車建旟」，則作「日」是也，當從閩本等，浦說是也。

23. 頁十三左　而淮夷為國號

按：「淮夷」，單疏本、十行本、元十行本、李本（元）、劉本（元）、閩本、明監本、毛本皆同，《要義》所引亦同。阮記云：「案：『淮夷』下當有『與會是淮夷』五字，因複出而脫也。」盧記同。諸本皆同，原文不誤，阮記之說，不可信從。

24. 頁十五右　急躁切之也

按：「急躁」，十行本、元十行本、李本（元）、劉本（元）、閩本、明監本、毛本、巾箱本、纂圖本、岳本、日抄本同；監圖本作「急操」，五山本同。阮記云：「《釋文》云：非可以兵操切之也，操音七刀反，一本無兵字，又一本『兵操』作『急躁』……」盧記同。檢東京國立博物館藏唐抄本《毛詩正義・江漢》，箋文作「兵操切之也」，則「急躁」、「兵操」等似皆為別本之異也。

25. 頁十五右　于於也

按：十行本、李本（元）、劉本（元）、毛本、閩本、明監本、巾箱本、監圖本、纂圖本、岳本、五山本、日抄本皆同。阮記云：「案：《正義》云：『本或「往」下有「于於」二字，衍也』。依此，各本有者皆誤。」盧記同。諸本皆同，檢東京國立博物館藏唐抄本《毛詩正義‧江漢》，箋文有「于於也」三字，則原文不誤，《疏》文所據無「于於」二字者，顯為別本，阮記謂各本皆誤，妄斷甚矣。

26. 頁十五左　非可以兵急躁切之

按：「切」，單疏本、十行本、元十行本、李本（元）、劉本（元）、閩本、明監本、毛本皆同。阮記云：「案此『切』字衍也，下文『急躁之』凡三見，此合併，以後人用經注本添耳。」盧記同。諸本皆同，檢東京國立博物館藏唐抄本《毛詩正義‧江漢》，正作「非可以兵急躁切之」，則原文不誤，阮記之說，純屬猜測，誤甚。

27. 頁十五左　棘急釋言文彼棘作械音義同

按：「械」，十行本、元十行本、李本（元）、劉本（元）、閩本、明監本、毛本同；單疏本作「恔」。阮記云：「案：浦鏜云『恔，誤械』，是也。」盧記同。檢《爾雅‧釋言》，「恔，褊，急也」，則作「恔」是也，當從單疏本，浦說是也。

28. 頁十五左　故以為二事可以兵病害之

按：「事」，十行本、元十行本、李本（元）、劉本（元）、閩本、明監本、毛本同；單疏本作「事非」，十行抄本同。阮記云：「案：『事』當作『非』，讀下屬，上於『二』字斷句。」盧記同。《正字》云：「脫『非』字。」箋云「非可以兵害之」，《疏》引之，「非」字豈可闕也？當從單疏本等，浦說是也，阮記誤也。

29. 頁十六右　定本集注皆有于於二字有者是非衍也

按：單疏本、十行本、元十行本、李本（元）、劉本（元）、閩本、明監本、毛本同。阮記云：「案：浦鏜云『有者是非衍也，六字，疑誤衍』，是也，『皆有』當作『皆無』。○按：六字係校書者語。」盧記同。諸本皆同，浦說、阮記皆非，阮記按語或是。

30. **頁十六左　為既以旬為徧**

按：「為」，十行本、元十行本、李本（元）、劉本（元）同；單疏本作「毛」，閩本、明監本、毛本同。阮記云：「閩本、明監本、毛本，上『為』字作『毛』，案：所改是也。」盧記同。考本詩經文云「來旬來宣」，《傳》云「旬，徧也」，則以旬為徧者，正為毛《傳》，作「毛」是也，當從單疏本也。

卷十八之五

1. **頁三左　即其職所云大司掌其戒令是也**

按：「大司」，十行本、元十行本、李本（元）、劉本（嘉靖）同；單疏本作「大師」；閩本作「大司馬」，明監本、毛本同。阮記云：「閩本、明監本、毛本『司』下有『馬』字，案：所補是也。」盧記同。考單疏本《疏》文云「禮，軍行，司馬掌其誓戒者，即其職所云『大師掌其戒令』是也」，又前《疏》云「知為大司馬者，以大司馬職云『若大師則掌其戒令』」，檢《周禮·夏官》「大司馬」，云「若大師則掌其戒令」，則作「大師」是也，當從單疏本，阮記誤也。

2. **頁五左　進前至服者***

按：「進」，十行本、元十行本、李本（元）、劉本（元）同；單疏本作「箋進」，閩本、明監本、毛本同。阮記、盧記皆無說。此標起止，考箋云「進前也……服者也」，則「箋」字不可闕也，當從單疏本。

3. **頁六左　若鷹顫之類***

按：「顫」，十行本、元十行本、李本（元）、劉本（元）同；單疏本作「鷹鸇」，閩本、明監本、毛本、十行抄本同。阮記、盧記皆無說。「鸇顫」非禽類，檢《左傳》襄公二十五年，「見不仁者，誅之，如鷹鸇之逐鳥雀也」，則作「鸇」是也，當從單疏本等。

4. **頁七右　春秋魯隱公七年冬天王使凡伯來騁**

按：「騁」，十行本、元十行本、李本（元）、劉本（元）、閩本、明監本、毛本同；巾箱本作「聘」，監圖本、纂圖本、岳本、五山本、日抄本同。阮記云：「小字本、相臺本『騁』作『聘』，案：『騁』字誤也，《正義》標起止，十行本、閩本皆不誤，明監本、毛本亦誤作『騁』。」盧記同。《正字》云「『聘』，

誤「騁」，乃阮記所本。檢《左傳》隱公七年經文，「冬，天王使凡伯來聘」，則作「聘」是也，當從巾箱本等，浦說是也。十行本、閩本皆作「騁」，阮記云皆不誤，不知其所据何本。

5. 頁七左　稱世稱之

按：「稱」，十行本、元十行本、李本（元）、劉本（元）、閩本、明監本、毛本同；單疏本作「積」，十行抄本同，《要義》所引亦同。阮記云：「案：上『稱』字，浦鏜云『當傳之誤』，是也……」盧記同。稱世，不辭，考單疏本《疏》文「凡國，伯爵，積世稱之，不謂與此必為一人矣」，揆諸文義，作「積」是也，當從單疏本等，浦說誤也。

6. 頁七左　此自王所下大惡

按：「自」，元十行本、李本（元）、劉本（元）、閩本、巾箱本、監圖本、纂圖本、日抄本同；十行本作「目」，明監本、毛本、岳本、五山本同。阮記云：「相臺本『自』作『目』，明監本、毛本同，案：『目』字是也，《考文》古本作『因』，誤甚。」盧記同。考單疏本《疏》文云「言『目王所下大惡』者，謂條目王惡，定本作『目』，俗本為『自』誤也」，據此，則作「目」是也，阮記是也。

7. 頁八左　人有至傾*

按：十行本、元十行本、李本（元）、劉本（元）同；單疏本作「人有至傾城」，閩本、明監本、毛本、十行抄本同。阮記、盧記皆無說。此標起止，考本詩經文云「人有土田……哲婦傾城」，《疏》文標起止例取前後數字，而以兩字居多，則作「人有至傾城」是也，當從單疏本等。

8. 頁十三左　言無德則不能民*

按：「民」，元十行本、李本（元）、劉本（元）；單疏本作「固」，十行本、閩本、明監本、毛本、十行抄本同。阮記、盧記皆無說。考本詩經文云「蓁蓁昊天，無不克鞏」，《傳》云「蓁蓁，大貌，鞏，固也」，箋云「蓁蓁，美也，王者有美德蓁蓁然，無不能自堅固於其位者」，單疏本《疏》文云「不直言無德則不能固，而云有美德者無不能固，反言以見意，而文不指斥，是微箋之也」，《疏》文釋箋，《疏》文之「固」正本箋文之「固」，作「固」是也，當從單疏本等。

9. 頁十四右　病中國以饑饉*

按：「中國」，十行本作「國中」，閩本、明監本、毛本、巾箱本、監圖本、纂圖本、日抄本皆同；元十行本、李本、劉本此頁闕。阮記、盧記皆無說。諸本皆作「國中」，作「國中」是也。

10. 頁十四左　亂亡賦稅則急者行之必速之辭

按：「亡」，單疏本、十行本、閩本、明監本、毛本、十行抄本同；元十行本、李本、劉本此頁闕。阮記：「此『亡』，當作『云』耳。」盧記同。《正字》云：「『亂亡』，疑『重』字之誤。」諸本皆同，浦說所疑非也，阮記之說誤甚。

11. 頁十四左　而近為行之理未彰

按：「近」，單疏本、十行本、閩本、明監本、毛本、十行抄本同；元十行本、李本、劉本此頁闕。阮記：「案：『近』字當衍。」盧記同。諸本皆同，阮記誤也。

12. 頁十五左　傳椓昏至王之國*

按：「傳」，單疏本作「箋」，十行本、閩本、明監本、毛本、十行抄本同；元十行本、李本、劉本此頁闕。阮記、盧記皆無說。此標起止，箋云「昏椓皆奄人……皆謀夷滅王之國」，則標起止，顯當作「箋」，當從單疏本等。

13. 頁十六左　故字從字音眠

按：「從字音眠」，十行本、元十行本、李本（元）、劉本（元）、閩本同；單疏本作「從宀音眠」，《要義》所引同；明監本作「從穴音眠」，毛本同。阮記：「明監本、毛本『字』作『穴』，案：皆誤也，當作『宀』，下有『音眠』二字，當旁行細書，《正義》自為音，例如此。」盧記同。《正字》云：「『宀』，誤『字』。」《疏》文謂「窋」字從「宀」也，「音眠」二字為夾行小注，當從單疏本等，浦說、阮記皆是也。

14. 頁十七右　今言以草不潰故以潰為遂

按：單疏本、十行本、元十行本、李本（元）、劉本（元）、閩本、明監本、毛本、十行抄本皆同。阮記：「案：『故』上，浦鏜云『脫茂字』，又云上『以』字當衍，皆是也。」盧記同。諸本皆同，原文不誤，浦說非也。

15. 頁十七左　況茲也

按：「況」，十行本、元十行本、李本（元）、劉本（元）、毛本、岳本、五山本、日抄本同；閩本作「况」，明監本、巾箱本、監圖本、纂圖本同。阮記云：「小字本、相臺本同，閩本、明監本、毛本同，案：『況』當作『兄』，《正義》中作『況』乃易字耳，《考文》古本經作『況』亦非也。」盧記同。檢《讀詩記》卷二十七《大雅·召旻》，引毛氏曰「況，茲也」，則作「況」不誤，阮記之說，純屬猜測，不可信從。

16. 頁十八右　正義曰以疏封粺*

按：「封」，十行本、李本（元）同；單疏本作「對」，元十行本、劉本（元）、閩本、明監本、毛本、十行抄本同。阮記、盧記皆無說。考本詩經文云「彼疏斯粺」，此即所謂以「疏」對「粺」也，作「對」是也，當從單疏本。

17. 頁十八右　池水之溢由外灌焉

按：「溢」，十行本、元十行本、李本（元）、劉本（元）、閩本、明監本、毛本、監圖本、纂圖本同，巾箱本作「益」，岳本、五山本、日抄本同，《要義》所引亦同。阮記：「小字本、相臺本同，『溢』作『益』，《考文》古本『益』字亦同，案：『益』字是也。」盧記同。《正字》云：「『溢』，《疏》作『益』，從『水』誤。」檢單疏本《疏》文云「云『池水之益，由外灌焉』」，《讀詩記》卷二十七《大雅·召旻》，引鄭氏曰「池水之益，由外灌焉」，則作「益」是也，浦說是也。

18. 頁十八左　而在故小人乃復主益此亂

按：「在故」，十行本、元十行本、李本（元）、劉本（元）同；單疏本作「在位」，閩本、明監本、毛本、十行抄本同。阮記云：「閩本、明監本、毛本『故』作『位』，案：所改非也，『在故』當作『任政』，形近之譌。」盧記同。揆諸文義，作「位」是也，當從單疏本等等，阮記之說，毫無依據，誤甚。

19. 頁十八左　於久豈得不災害我身乎

按：單疏本、十行本、元十行本、李本（元）、劉本（元）、閩本、明監本、毛本、十行抄本皆同。阮記云：「案：山井鼎云：『久』恐『舊』誤，其說非也，『於久』二字當衍，『我』下當脫『王之』二字，上衍而下脫耳。」盧記同。諸本皆同，原文不誤，阮記之說，純屬猜測，誤甚。

卷十九

卷十九之一

1. 頁一右　周公攝政脩文武之德

按：「文武」，十行本、元十行本、李本（元）、劉本（元）、閩本、明監本、毛本同；單疏本作「文王」，十行抄本同。阮記云：「案：浦鏜云：『武当王误』，是也。」盧記同。考單疏本《疏》文云「及成王嗣位，周公攝政，脩文王之德，定武王之烈，干戈既息，嘉瑞畢臻」，「文王之德」與「武王之烈」，相對為文，則作「文王」是也，當從單疏本等，浦說是也。

2. 頁二右　故知孔子加周也頌之言容*

按：十行本、元十行本、李本（元）、劉本（元）同；單疏本「也」字後有空格，十行抄本同；閩本「也」字後有「o」，明監本、毛本同。阮記、盧記皆無說。「故知孔子加周也」，乃《疏》文，「頌之言容」以下則是《鄭譜》，二者之間理應有隔斷，而十行本等連為一句，顯誤。

3. 頁二右　德至哉大矣哉

按：單疏本、十行本、元十行本、李本（元）、劉本（元）、閩本、明監本、毛本、十行抄本皆同。阮記云：「案：浦鏜云：『下哉字衍』，是也。」盧記同。諸本皆同，原文不誤，浦說非也。

4. 頁三右　又作武其三曰鋪時繹思*

按：「鋪」，單疏本、十行本、元十行本、李本（元）、十行抄本同，《要

義》所引亦同；劉本（嘉靖）作「敷」，閩本、明監本、毛本同。阮記、盧記皆無說。《正字》云：「『敷』，《左傳》作『鋪』。」此《疏》引《左傳》宣公十二年文，檢之正作「鋪」，則劉本等誤也，阮本不誤，然衡其體例，阮本不當於此加圈，且又無校記說明，疏忽甚矣。

5. **頁三右** 受命來朝而見命

按：「命」，單疏本、十行本、元十行本、李本（元）、劉本（嘉靖）、閩本、明監本、毛本、十行抄本皆同，《要義》所引亦同。阮記云：「案：浦鏜云：『也誤命』，以彼箋考之，是也。」盧記同。諸本皆同，存疑可也。

6. **頁三左** 而觀之即告也合各有禮於廟

按：單疏本、十行本、元十行本、李本（元）、劉本（嘉靖）、閩本、明監本、毛本、十行抄本皆同，《要義》所引亦同。阮記云：「案：『也』字當在『觀』之下錯誤耳，『即』《正義》每用為『則』，『告』、『合』二字連文，『告』謂酌，『合』謂有瞽，故云『各』。」盧記同。諸本皆同，存疑可也。

7. **頁四右** 而作者當時不必皆為有事而作先後

按：單疏本、十行本、元十行本、李本（元）、劉本（嘉靖）、閩本、明監本、毛本、十行抄本皆同。阮記云：「案：讀當於『時』字、『為』字斷句，下文云『故得自為』，又云『多由祭祀而為』，可證也，下當云『有事先而後作』，誤錯『先後』二字在下耳。」盧記同。諸本皆同，存疑可也。

8. **頁四左** 風雅此篇既有義理

按：單疏本、十行本、元十行本、李本（元）、劉本（嘉靖）、閩本、明監本、毛本、十行抄本皆同。阮記云：「案：山井鼎云：此篇恐誤，是也，『此』當作『比』，形近之譌。」盧記同。《正字》云「疑」，揆諸文義，作「比」是也，然諸本皆同，存疑可也。

9. **頁四左** 武王之事不為頌首不以事之先後必為次矣

按：單疏本、十行本、元十行本、李本（元）、劉本（嘉靖）、閩本、明監本、毛本、十行抄本皆同。阮記云：「案：『武』字當重，上『武』，詩也，下『武』，謚也，《正義》下文云『武武王之大事』可證也，『必』字衍。」盧記同。《正字》云：「『必』字，疑在『以事』上，或衍字。」諸本皆同，原文不

誤，文意暢達，浦說、阮記皆誤。

10. 頁五右　故刺載見也*

按：「刺」，十行本、元十行本、李本（元）、劉本（元）同；單疏本作「次」，十行抄本、閩本、明監本、毛本同。阮記、盧記皆無說。前《疏》屢云「此次《潛》」「故次《雝》」，下《疏》又云「故次《有客》」「故次《武》」，則次者，其位次也，作「次」是也，當從單疏本等。

11. 頁五右　故次閔予小子訪樂敬之也

按：「樂」，單疏本、十行本、元十行本、李本（元）、劉本（元）、閩本、明監本、毛本同；十行抄本作「落」，《要義》所引同。阮記云：「案：浦鏜云『落誤樂』，是也。」盧記同。「訪落」為篇名，作「落」是也，當從十行抄本、《要義》，浦說是也。

12. 頁五左　且社稷以祈報此篇

按：單疏本、十行本、元十行本、李本（元）、劉本（元）、閩本、明監本、毛本、十行抄本皆同。阮記云：「案：『此』當作『比』。」盧記同。《正字》云：「『此』，當『次』字誤。」諸本皆同，存疑可也。

13. 頁五左　難以精悉也礼運曰*

按：十行本、元十行本、李本（元）、劉本（元）同；單疏本「也」字後有空格，十行抄本同；閩本「也」字後有「o」，明監本、毛本同。阮記、盧記皆無說。「難以精悉也」，乃《疏》文，「礼運曰」以下則是《鄭譜》，二者之間理應有隔斷，而十行本等連為一句，顯誤。

14. 頁六右　又降之於民也降於祖廟

按：十行本、元十行本、李本（元）、劉本（元）、閩本、明監本、十行抄本同，《要義》所引亦同；單疏本「也」字後有空格；毛本「也」字後有「o」。阮記云：「閩本、明監本同，毛本『也』下剜入『o』，案：所補是也。」盧記同。《正字》云「下監本脫圈」，乃阮記所本。「又降之於民也」，乃《疏》文，「降於祖廟」以下則是《鄭譜》，二者之間理應有隔斷，而十行本等連為一句，顯誤，浦說是也。

15. 頁六左　上既言祭羣臣*

按：「臣」，十行本、元十行本、李本（元）、劉本（元）同；單疏本作「神」，閩本、明監本、毛本、十行抄本同。諸本皆同，存疑可也。所謂「祭羣神」，即謂前《譜》所云「祭帝於郊，所以定天位，祀社於國，所以列地利，祖廟所以本仁，山川所以儐鬼神，五祀所以本事」，作「神」是也，當從單疏本等。

16. 頁七右　洽於神舉矣功大如此

按：十行本、元十行本、李本（元）、劉本（嘉靖）、閩本、明監本同；單疏本「矣」字後有空格，十行抄本同；毛本「矣」字後有「o」。阮記云：「閩本、明監本同，毛本『矣』下剜入『o』，案：所補是也。」盧記同。「洽於神矣」，乃《疏》文，「功大如此」以下則是《鄭譜》，二者之間理應有隔斷，而十行本等連為一句，顯誤，浦說是也。

17. 頁八左　序雖文王諸侯其實亦有四夷

按：「王」，十行本、元十行本、李本（元）、劉本（嘉靖）、閩本、明監本、毛本同；單疏本作「主」。阮記云：「案：浦鏜云『主誤王』，是也。」盧記同。考本詩《序》云：「周公既成洛邑，朝諸侯，率以祀文王焉」，此即所謂「《序》雖主諸侯」，作「主」是也，當從單疏本，浦說是也。

18. 頁九右　所以有清廟之德者

按：「廟」，單疏本、十行本、元十行本、李本（元）、劉本（元）同；閩本作「明」，明監本、毛本同。阮記云：「閩本、明監本、毛本『廟』作『明』，案：所改是也。」盧記同。揆諸文義，作「廟」是也，當從單疏本也，阮記非也。

19. 頁九右　謂公之時

按：「公」，十行本、元十行本、李本（元）、劉本（元）、閩本、明監本同；單疏本作「周公」，毛本同。阮記云：「閩本、明監本同，毛本『公』上剜添『周』字，案：所補是也。」盧記同。《正字》云「監本『周』字脫」，乃阮記所本。公之時，不知所指，考單疏本《疏》文云「言『祭之而歌此詩』」者，謂周公之時，詩人述之，而作此《清廟》之詩，又《序》云：「周公既成洛邑，朝諸侯，率以祀文王焉」，箋云「天德清明，文王象焉，故祭之而歌此詩

也」，則《疏》文釋箋也，箋以周公祀文王而歌《清廟》，則詩人述之之時，正值周公也，「周」字不可闕，當從單疏本，浦說是也。

20. 頁十右　鄭唯以駿奔走二句為異

按：「二」，單疏本、十行本、元十行本、李本（元）、劉本（元）、閩本、明監本、毛本、十行抄本皆同，《要義》所引亦同。阮記云：「案：浦鏜云『三誤二』，是也。」盧記同。考本詩經文云「駿奔走在廟，不顯不承，無射於人斯」，《傳》云「駿，長也，顯於天矣，見承於人矣。不見厭於人矣」，箋云：「駿，大也，諸侯與眾士，於周公祭文王，俱奔走而來在廟中助祭。是不光明文王之德與？言其光明之也，是不承順文王志意與？言其承順之也。此文王之德，人無厭之。」則《傳》釋經文之「駿」為「長」，箋釋為「大」，《疏》云「以其俱來，故訓『駿』為大」，此毛、鄭之異一也。《傳》釋經文之「不顯不承」，「顯於天矣，見承於人矣」，箋釋之為「是不光明文王之德與？言其光明之也，是不承順文王志意與？言其承順之也」，《疏》云「光明文王之德，雖亦得為顯之於天，但於文勢，直言人所昭見，不當遠指上天，故易《傳》也」，此毛、鄭之異二也。又《傳》釋經文「無射於人斯」，「不見厭於人矣」，箋釋之為「此文王之德，人無厭之」，《疏》云「此文王之德人無厭之，即是不見厭於人，與《傳》同也」，此則毛、鄭同也。據此，則毛、鄭釋經相異者，唯「駿奔走在廟」「不顯不承」二句，故孔《疏》云「鄭唯以『駿奔走』二句為異，言諸侯之與多士大奔走而來，在文王之廟，豈不光明文王之德與，言其光明之，豈不承順文王之意與，言其承順之。餘同。」「言諸侯之與多士大奔走而來，在文王之廟」，正指「駿奔走在廟」句，鄭與毛義異；「豈不光明文王之德與，言其光明之，豈不承順文王之意與，言其承順之」，正指「不顯不承」句，鄭與毛義異也。作「二」是也，諸本皆同，原文不誤，浦說妄斷，誤甚，阮記是之，亦誤，汪記謂浦校非也，謝記謂阮記誤採浦說，皆是也。

21. 頁十右　名多士亦為相矣

按：「名」，十行本、元十行本、李本（元）、劉本（元）、閩本、明監本、毛本同；單疏本作「明」。阮記云：「案：『名』當作『明』。」盧記同。考單疏本《疏》文云「於諸侯言相，明多士亦為相矣」，揆諸文義，作「明」是也，以明之義也，當從單疏本，阮記是也。

22. **頁十左　如存生存**

按：十行本、元十行本、李本（元）、劉本（元）、監圖本同；閩本作「如在生存」，明監本同；毛本作「知在生存」同；巾箱本作「如生存」，纂圖本、岳本、五山本、日抄本同。阮記云：「小字本同，閩本，上『存』作『在』，明監本同，毛本『如』誤『知』，相臺本無上『存』字，《考文》古本無，亦同，案：無者是也。」盧記同。《疏》文釋箋云「如其生存之時焉」，則其所見本或即「如生存」也。

23. **頁十左　不見厭於矣**

按：「於」，十行本、元十行本、李本（元）同；劉本（元）作「於人」，閩本、明監本、毛本、巾箱本、監圖本、纂圖本、岳本、五山本、日抄本同。阮記云：「小字本、相臺本『於』下有『人』字，閩本、明監本、毛本同，案：此十行本誤脫。」盧記同。厭於，不辭，考《疏》文標起止作「傳駿長至於人矣」，又云「『不見厭於人』者」，則其所見本作「不見厭於人矣」，「人」字不可闕也，阮記是也。李本、劉本此葉雖皆為元板所印，然劉本剜入「人」字，可見先後校印之跡也。

24. **頁十左　駿音峻***

按：「峻」，十行本、元十行本、明監本、毛本、巾箱本、監圖本、纂圖本同；李本（元）作「唆」，劉本（元）、閩本同。阮記、盧記皆無說。《釋文》以「駿奔」出音，注云「音峻」，則作「峻」是也，阮本不誤，衡其體例，不當於此加圈也。

25. **頁十二右　動而不止行而不已**

按：十行本、元十行本、李本（元）、劉本（元）、閩本、明監本、毛本、巾箱本、監圖本、纂圖本、岳本、日抄本皆；五山本作「動而不止行而无已」。阮記云：「小字本、相臺本同，案：《正義》云：故云動而不已行而不止，又云：是天道不已止之事也。是其本上『已』下『止』，今各本互誤。」盧記同。《正字》云「『已』『止』字互誤，從《疏》挍」，乃阮記所本。諸本皆同，考《疏》云「言天道轉運無極止……而亦行之不已」，據此，其所見鄭箋當是「動而不止，行而不已」，而似與下《疏》「故云動而不已行而不止」矛盾，故浦鏜以為當作「動而不已，行而不止」，實草率之甚也，孔《疏》前文可證，阮記

從之，亦誤，謝記據標起止亦作「命猶至不已」，以為原文不誤，是也。

26. 頁十三右　成王能厚行之也

按：十行本、元十行本、李本（元）、劉本（元）、閩本、明監本、毛本、巾箱本、監圖本、纂圖本、岳本、日抄本同；五山本作「成王能厚之」。阮記云：「小字本、相臺本同，案：此《正義》本也。《釋文》云：成王能厚之也，一本作『能厚行之也』，今或作『能厚成之也』……一本有『行』字者，涉箋而衍耳，當以《釋文》本為長。」盧記同。諸本多同，原文不誤，《釋文》已云一本，則為別本也，豈可遽定於一是，阮記純屬猜測，不可信從。

27. 頁十三左　彼法更自觀經為說

按：「法」，十行本、元十行本、李本（元）、劉本（元）、閩本、明監本、毛本同；單疏本作「注」，十行抄本同。阮記云：「閩本、明監本、毛本同，案：浦鏜云『法當注字誤』，是也。」盧記同。考上《疏》明云「如彼注」、「彼上文注」，則此處作「彼注」是也，當從單疏本等，浦說是也。

28. 頁十三左　一代法當通之後王

按：十行本、元十行本、李本（元）、劉本（元）、閩本、明監本、毛本同；單疏本作「一代大法當通之後王」。阮記云：「案：此當作『一代之法當通後王』，錯『之』字在下耳。」盧記同。揆諸文義，「大」字不可闕，當從單疏本也，阮記之說，純屬猜測，不可信從。

29. 頁十四右　季札見觀樂見武象是於成王之世

按：十行本、元十行本、李本（元）、劉本（元）、閩本、明監本、毛本同；單疏本作「季札觀樂尚見武象是於成王之世」。阮記云：「案：上『見』字衍，『是』下當有『後』字。」盧記同。《正字》云：「上『見』字，當衍文。」揆諸文義，上「見」字顯為衍文，浦說是也，下「見」字當作「尚見」，《要義》所引同，亦可為證，「是」字下無「後」字，阮記之說，純屬猜測，不可信從也。

30. 頁十四右　故謂之象武也

按：「象武」，十行本、元十行本、李本（元）、劉本（元）同；單疏本作「象舞」，閩本、明監本、毛本同，《要義》所引亦同。阮記云：「閩本、明監

本、毛本『武』作『舞』，案：所改是也，上云『以象武為名』，下云『明此象武』，二『武』字，亦當作『舞』。」盧記同。考本詩詩《序》云：「《維清》，奏《象舞》也」，鄭注：「《象舞》，象用兵時刺伐之舞，武王制焉」，則作「象舞」是也，當從單疏本，阮記是也。

31. 頁十四右　樂記說文武之樂

按：「文武」，十行本、元十行本、李本（元）、劉本（元）、閩本、明監本、毛本同；單疏本作「大武」，《要義》所引同。阮記云：「案：浦鏜云『文當大誤』，是也。」盧記同。檢《禮記・樂記》云「是故先鼓以警戒，三步以見方，再始以著往，復亂以飭歸」，鄭注云「自此以下，《記》者引周之大武之樂」，則作「大武」是也，當從單疏本等，浦說是也。

32. 頁十四左　伐二十九年曾為季札舞之明其有用明矣案彼傳云見舞象箾南籥者

按：「伐」，十行本、元十行本、李本（元）、劉本（元）同；單疏本作「襄」；閩本作「成」，明監本、毛本同。阮記云：「閩本、明監本、毛本『伐』作『成』，案：皆誤也，山井鼎云：當作襄，是也。」盧記同。《正字》云：「『襄』，誤『成』。」「明」，單疏本、十行本、元十行本、李本（元）、劉本（元）、毛本同；閩本作「名」，明監本同。阮記云：「毛本同，閩本、明監本，上『明』作『名』，案：所改非也，此『明』字當作『則』。」盧記同。《正字》：「監本……『明其』誤『名其』」。檢《左傳》襄公二十九年，「見舞象箾南籥」，則作「襄」是也，當從單疏本，「明其有用」，作「明」不誤，亦當從單疏本，浦說是也。

33. 頁十四左　南籥以籥也

按：「籥」，十行本、元十行本、李本（元）、劉本（元）、閩本、明監本同；單疏本作「籥舞」，毛本同。阮記云：「毛本『籥』下剜入『舞』字，案：所補是也。」盧記同。《正字》云「監本脫『舞』字」，乃阮記所本。此《疏》文引襄公二十九年《左傳》杜注也，檢之，正作「南籥以籥舞也」，則「舞」字不可闕，當從單疏本，浦說是也。

34. 頁十四左　故此文稱象象舞也

按：「象象舞」，單疏本、十行本、元十行本、李本（元）、劉本（元）、閩本、明監本、毛本皆同。阮記云：「案：浦鏜云『當衍一象字』，是也。」盧記

同。諸本皆同，考《疏》文云「《傳》直云舞象，象下更無舞字，則此樂名《象》而已，以其象事為舞，故此文稱象『象舞』也，《象舞》之樂，象文王之事」，所謂《傳》，當指《左傳》襄公二十九年之《傳》文，其云「見舞象箾南籥」，此即「直云舞象」，「象」下無「舞」字，而本詩詩《序》鄭注則云「《象舞》，象用兵時刺伐之舞」，此即「此文稱象象舞」，稱「象」為「象舞」，有「舞」字，即「以其象事為舞」也，文義曉暢，故此處無衍文，當從單疏本等，浦鏜妄斷，誤甚，阮記是之，亦誤。

35. 頁十五右　俱訓為常*

按：「俱」，單疏本、閩本、明監本、毛本同；十行本作「其」，元十行本、李本（正德，板心有塗抹）、劉本（正德十二年）同。阮記、盧記皆無說。考單疏本《疏》文云「《釋詁》云：典，法，常也。俱訓為常，是典得為法」，所謂「俱」，正指「典」「法」也，則作「俱」是也，當從單疏本，阮本不誤，衡其體例，不當於此加圈。

36. 頁十六右　用賞不以為己任

按：「不」，十行本、元十行本、李本（正德）、劉本（正德）、閩本、明監本、毛本、十行抄本同；單疏本作「罰」，《要義》所引同。阮記云：「案：『不』當作『罰』，《譜》《正義》可證。」盧記同。《正字》云：「『不以』二字，疑『罰』字誤。」用賞不以為，不辭，下《疏》云「故我今得嗣守其位，制賞罰之柄」即「用賞罰以為己任」也，則「賞罰」是也，當從單疏本等，阮記是也，浦說誤也。

37. 頁十七左　無疆乎維是得賢人*

按：「疆」，十行本、元十行本、李本（元）、劉本（元）、閩本、明監本、毛本、十行抄本同，《要義》所引亦同；單疏本作「彊」。阮記引文「無彊乎唯是得賢人」，云：「案：浦鏜云『彊誤疆，下同』，是也。」盧記同。下《疏》云「無彊乎維是得賢人」，以後例前，作「彊」是也，當從單疏本，浦說是也。又阮本作「維是得賢人」，阮記引作「唯是得賢人。」盧記所引同，而與阮本前文相異，此處顯誤。

38. 頁十七左　其出於外而居之

按：「居」，十行本、元十行本、李本（元）、劉本（元）、閩本、明監本、

毛本同；單疏本作「君」，十行抄本同，《要義》所引亦同。阮記云：「案：浦
鏜云『君誤居』，是也。」盧記同。考單疏本《疏》文云「有殊勳異績，其出
於外而君之」，此即上《疏》「增其爵命，加之土地」，故有「殊勳異績」者，
則君之也，作「君」是也，當從單疏本等，浦說是也。

39. 頁十八右　是長遠無期也

按：單疏本、十行本、元十行本、李本（元）、劉本（元）、閩本、明監
本、毛本皆同。阮記云：「案：浦鏜云『期下當脫竟字』，是也。」盧記同。諸
本皆同，原文不誤，浦說誤也。

40. 頁十八左　謂侯治國無罪惡也

按：「謂」，十行本、元十行本、李本（元）、劉本（元）、閩本、明監本、
毛本同；巾箱本作「謂諸」，監圖本、纂圖本、岳本、五山本、日抄本同。阮
記云：「小字本、相臺本『謂』下有『諸』字，《考文》古本同，案：有者是
也。」盧記同。侯治國，不辭，「諸」字不可闕也，當從巾箱本等，阮記是也。

41. 頁十八左　始至於武王

按：單疏本、十行本、元十行本、李本（元）、劉本（元）、閩本、明監
本、毛本皆同。阮記云：「案：『至』當作『立』，形近之譌。」盧記同。《正字》
云：「『至』，當衍字。」諸本皆同，存疑可也。

42. 頁十九右　人稱頌之不忘

按：「頌」，十行本、元十行本、李本（元）、劉本（元）、閩本、明監本、
毛本、巾箱本、監圖本、纂圖本、岳本、五山本、日抄本皆同。阮記云：「小
字本、相臺本同，案：《正義》云『故人稱誦之不忘也』，是其本『頌』作『誦』
字。」盧記同。《正字》云「從《疏》挍，『誦』誤『頌』」，乃阮記所本。諸本
皆同，原文不誤，《疏》文乃述箋語，非直引也，浦說、阮記皆誤也。

43. 頁二十右　能安天之所作也

按：「安」，十行本、元十行本、李本（元）、劉本（元）、閩本、明監本、
毛本、巾箱本、監圖本、纂圖本、岳本、五山本、日抄本皆同。阮記云：「小
字本、相臺本同，案：段玉裁云：當作『能大天之所作也』……今考《正義》
云『長大此天所生者』，又云『其能長大之』，是《正義》本此《傳》作『能大

天之所作』，不誤。」盧記同。《正字》云「『安』，疑『大』字誤」，則浦鏜已發此疑，不待段玉裁也。諸本皆同，孔《疏》解經，乃以大釋安也，豈可據此《疏》文以改《傳》文？浦說、阮記皆非也。

44. 頁二十右　汧口田反*

按：「汧」，十行本、元十行本、李本（元）、劉本（元）、巾箱本、監圖本、纂圖本同；閩本作「岍」，明監本、毛本同。阮記、盧記皆無說。檢《釋文》以「汧」出音，注云「口田反」，則作「汧」是也，阮本不誤，衡其體例，不應於此處加圈。

45. 頁二十右　文王之德彼萬民居岐邦*

按：「彼」，十行本作「被」，元十行本、李本（元）、劉本（元）、閩本、明監本、毛本同；單疏本作「德被」，十行抄本同。阮記云：「案：浦鏜云『彼誤被』，是也。」盧記同。揆諸文義，「文王之德，德被萬民」，「德」字不可闕，當從單疏本等。阮記此條令人費解，原文已作「彼」，如何又云「浦鏜云彼誤被，是也」，且歷代傳本皆無作「彼」者，意阮本重刊時，董其事者，見《正字》正文大字改作「彼萬民」，又見小注云「彼誤被」，遂改底本之「被」為「彼」，遂造如許歧義不通之例。

46. 頁二十右　有佼易之德故也

按：單疏本、十行本、元十行本、李本（元）、劉本（元）、閩本、明監本、毛本、十行抄本皆同。阮記云：「案：『德』當作『道』，下同。」盧記同。諸本皆同，原文不誤，阮記之說，純屬猜測，不可信從。

47. 頁二十左　不言天萬物*

按：「天」，單疏本作「生」，十行本、元十行本、李本（元）、劉本（元）、閩本、明監本、毛本同。阮記、盧記皆無說。諸本皆作「生」，生萬物，是也，作「天」顯誤，當從單疏本等，唯阮本舛誤也。

48. 頁二十一右　字詁云云訂平也*

按：「云云」，十行本、元十行本、李本（元）、劉本（元）、閩本、明監本、毛本皆同。阮記、盧記皆無說。云云，不辭，檢《釋文》正作「字詁云訂平也」，「云」字不當疊文也。

卷十九之二

1. **頁一左　早夜始順天命**

按：十行本、元十行本、李本（元）、劉本（元）、閩本、明監本、毛本、巾箱本、監圖本、纂圖本、岳本、五山本、日抄本皆同。阮記云：「小字本、相臺本同，案：《正義》云『始於信順天命』，又云『故知所信順者始信順天命也』，考此箋『始信』，乃經之『基命』，《傳》所云『基，始，命，信也』，故《正義》云『《傳》訓命為信，既有所信，必將順之，故言早夜始信順天命，經中之命，已訓為信，其言天命，鄭自解義之辭，故非經中之命也』，其『順』上有『信』字顯然，今各本箋中脫者，非也。」盧記同。諸本皆同，原文不誤，阮記所引，皆《疏》文述箋之語，豈可為據，又《疏》明引箋文云「故言『早夜始順天命』」，則其所見本確無「信」字，阮記妄說，不可信從。

2. **頁二右　天道成命者而稱昊天**

按：單疏本、十行本、元十行本、李本（元）、劉本（元）、閩本、明監本、毛本皆同。阮記云：「案：上『天』字，浦鏜云『夫誤』，是也。」盧記同。諸本皆同，存疑可也。

3. **頁二左　蒼帝非太帝**

按：「太」，十行本、元十行本、李本（元）、劉本（元）、閩本、明監本、毛本同；單疏本作「大」。阮記云：「案：浦鏜云『大誤太』，是也。」盧記同。太帝，不辭，作「大」是也，當從單疏本，浦說是也。

4. **頁二左　中苗興稱堯受圖書**

按：「中」，十行本、元十行本、李本（元）、劉本（元）、閩本、明監本、毛本同；單疏本作「中候」。阮記云：「案：『中』下當脫『候』字，盧文弨補之，是也。」盧記同。《正字》云：「『中苗興稱』，當『中候注云』之誤。」「候」字不可闕，當從單疏本，阮記是也，浦說非也。

5. **頁二左　故言早夜始順天命***

按：單疏本、十行本、元十行本、李本（元）、劉本（元）、閩本、明監本、毛本皆同。阮記云：「案：『中』下當脫『信』字，上下文皆可證。」盧記同。此句無「中」字，不知阮記所指，或涉上條阮記之「中」字而譌。此《疏》

引箋文，彼箋「早夜始順天命」，十行本、李本（元）、劉本（元）、閩本、明監本、毛本、巾箱本、監圖本、纂圖本、日抄本皆同，箋、《疏》合若符契，豈有所謂「信」字之脫？阮記妄說，不可信從。

6. 頁二左　必所信有信

按：十行本、元十行本、李本（元）、劉本（元）、閩本、明監本、毛本同；單疏本作「必有所信」。阮記云：「案：下『信』字，當作『事』。」盧記同。《正字》云：「當『必有所信』之誤。」必所信有信，不辭，當從單疏本作「必有所信」，浦說是也，阮記誤也。

7. 頁二左　王上行既如此

按：「王」，十行本、元十行本、李本（元）、劉本（元）、閩本、明監本、毛本同；單疏本作「在」。阮記云：「案：『王』當作『已』。」盧記同。考單疏本《疏》文云「在上行既如此，其下效之」，「在上」、「其下」相對成文，作「在」是也，當從單疏本，阮記非也。

8. 頁二左　肆設也*

按：「設」，十行本、元十行本、李本（元）、劉本（元）同；單疏本作「故」，閩本、明監本、毛本同。阮記無說，盧記補云：「案：『設』當『故』字之譌，毛本正作『故』。」此《疏》引《爾雅·釋詁》文，檢之，作「治，肆，古，故也」，則作「故」是也，當從單疏本，盧記是也。

9. 頁三右　謂祭五帝之於明堂

按：單疏本、十行本、元十行本、李本（元）、劉本（元）、閩本、明監本、毛本、十行抄本皆同。阮記云：「案：浦鏜云『之下當脫神字』，是也。」盧記同。諸本皆同，原文不誤，浦說純屬猜測，不可信從。

10. 頁三右　莫適十

按：「十」，元十行本、李本（元）、劉本（元）閩本、明監本同；單疏本作「卜」，十行本、毛本同，《要義》所引亦同。阮記云：「閩本、明監本同，毛本『十』作『卜』，案：所改是也。」盧記同。《正字》云「『卜』，監本誤『十』」，乃阮記所本。此《疏》引《禮記·曲禮》鄭注，檢之正作「祭五帝於明堂，莫適卜也」，孔《疏》云「此大饗總祭五帝，其神非一，若卜其牲日，五帝總卜而已，不得每帝問卜，若其一一問卜，神有多種，恐吉凶不同，故鄭

云『莫適卜』」，則作「卜」是也，當從單疏本等，浦說是也。

11. 頁四右　詩人雖同祀明堂而作

按：「同」，單疏本、十行本、元十行本、李本（元）、劉本（元）、閩本、明監本、毛本皆同。阮記云：「案：浦鏜云『同當因字誤』，是也。」盧記同。諸本皆同，原文不誤，浦說純屬猜測，不可信從。

12. 頁四右　維是肥羊維是肥牛也

按：單疏本、十行本、元十行本、李本（元）、劉本（元）、閩本、明監本、毛本、十行抄本皆同。阮記云：「案：《經義雜記》云『此非孔氏原本，原本作維牛維羊，前後俱未及盡改』，是也，『羊』『牛』字當互換。」盧記同。《正字》云：「『羊』『牛』字誤倒。」諸本皆同，考本詩經文作「維羊維牛」，箋云「我奉養，我享祭之羊牛」，則「羊」、「牛」之序，何倒之有！浦說、臧說皆誤。

13. 頁五右　徧于羣神遠行也○巡音旬

按：「遠行也」，十行本、元十行本、李本（元）、劉本（元）、閩本、明監本、毛本、纂圖本同；巾箱本無，監圖本、岳本、五山本、日抄本同。阮記云：「小字本同，相臺本無此三字，案：山井鼎云：古本無，後補入。考無者是也。此《釋文》『邁行也』誤入於注，而又譌『邁』作『遠』，遂不可解，當是經注各本始附《釋文》者不加『○』為隔故也，小字本正如此，是其驗也。」盧記同。檢《釋文》以「時邁」出音，注云「邁行也」，下條「巡」，注云「音受」，則阮記之推論頗有道理，又，單疏本《疏》文標起止「箋巡守至羣神」，則其所見本確無「遠行也」三字，亦可為證。

14. 頁五左　國語稱周公之頌曰

按：單疏本、十行本、元十行本、李本（元）、劉本（元）、閩本、明監本、毛本皆同，《要義》所引亦同。阮記云：「案：『公』上，浦鏜云『脫文字』，是也。」盧記同。諸本皆同，傳世本《國語》作「周文公」，此與孔穎達所見本不同也，豈可據彼正此，浦說誤也。

15. 頁六右　聚土曰封除地曰禪

按：十行本、元十行本、李本（元）、劉本（元）同；單疏本作「墠」，閩本、明監本、毛本同。阮記云：「閩本、明監本、毛本『禪』作『墠』，案：所

改是也。」盧記同。考下《疏》云「變『墠』言『禪』者，神之也」，既言變「墠」，則原作「墠」是也，當從單疏本也。

16. 頁六左　管仲曰古者封泰山禪梁甫者七十三家*

按：「三」，元十行本、李本（元）、劉本（元）、閩本、毛本同；單疏本作「二」，十行本、明監本同。阮記引文「七十二家」，云：「閩本、明監本、毛本『二』誤『三』。」盧記引文「七十三家」，補云：「閩本、明監本、毛本同，案：『三』當作『二』。」此引《史記・封禪書》，檢之，正作「七十二」，則作「二」是也，當從單疏本等。細繹明監本之「二」，似磨滅「三」上之「一」而成，則其原文亦作「三」，與阮記、盧記所見本合。又阮記引文與阮本、盧記引文不合，其間詳情，難以得知。

17. 頁七右　高岳岱宗也

按：「岳」，十行本、元十行本、李本（元）、劉本（元）、閩本、明監本、毛本同；巾箱本作「嶽」，監圖本、纂圖本、岳本、五山本、日抄本同。阮記云：「小字本、相臺本『岳』作『嶽』，案：『嶽』字是也……」盧記同。岳、嶽二字可通，阮記之說，實不可信。

18. 頁八左　而明見天之子有周

按：單疏本、十行本、元十行本、李本（元）、劉本（元）、閩本、明監本、毛本皆同。阮記云：「案：『周』下，浦鏜云『脫家字』，是也。」盧記同。諸本皆同，此處乃孔《疏》引箋，非全文畢引也，考之孔《疏》，引箋文而不全者，可謂比比皆是，浦說純屬猜測，不可信從。

19. 頁十右　其心冀成王業未就

按：單疏本、十行本、元十行本、李本（元）、劉本（元）、閩本、明監本、毛本皆同。阮記云：「案：浦鏜云『王業下當脫王業二字』，是也。」盧記同。諸本皆同，原文不誤，浦說純屬猜測，不可信從。

20. 頁十右　釋訓文明明斤斤察也*

按：「文」，十行本、元十行本、李本（元）、劉本（元）同；單疏本作「云」，閩本、明監本、毛本同。阮記無說，盧記補云：「案：『文』當作『云』。」檢《爾雅・釋訓》云「明明斤斤察也」，則作「云」是也，當從單疏本，盧記是也。

21. 頁十左　君臣醉飽

按:「君」,十行本、元十行本、李本(元)、劉本(元)、閩本、明監本、毛本、巾箱本、監圖本、纂圖本、岳本、日抄本同;五山本作「羣」。阮記云:「小字本、相臺本同,閩本、明監本、毛本同,案:《正義》云『此羣臣等,既醉於酒矣,既飽於德矣』,又云『故知羣臣醉飽也,祭末旅酬,下及羣臣』,是其本作『羣』,各本作『君』皆誤,《考文》古本作『羣』,采《正義》。」盧記同。孔穎達所見與五山本合,或為別本,然阮記僅據之而以為必然,不可信從。

22. 頁十左　穰穰眾多之貌

按:「貌」,單疏本、十行本、元十行本、李本(元)、劉本(元)、閩本、明監本、毛本皆同。阮記云:「案:『貌』當作『福』。」盧記同。諸本皆同,既為「眾多」,其義已明,如何又為有福,揆諸文義,作「貌」是也,阮記之說,純屬猜測,絕不可從。

23. 頁十左　故知謂羣神醉飽也

按:「神」,十行本、元十行本、李本(元)、劉本(元)、閩本、明監本、毛本同;單疏本作「臣」。阮記云:「案:山井鼎云:『神』恐『臣』誤,是也。」盧記同。考《疏》文前後,皆未及「神」,箋文云「君臣醉飽」,《疏》文之「臣」正本箋文之「臣」,作「臣」是也,當從單疏本。

24. 頁十一左　本或作反音同*

按:「反」,十行本、元十行本、李本(元)、劉本(元)同;閩本作「艾」,明監本、毛本、巾箱本同;監圖本作「乂」,纂圖本同。阮記、盧記皆無說。《釋文》出字「作艾」,注云「音刈,鄭注《尚書》,五蓋反,本或作『乂』,音同」。則作「乂」是也,當從監圖本等。

25. 頁十二右　無此疆爾界

按:「界」,十行本、元十行本、李本(元)、劉本(嘉靖)、閩本、明監本、毛本、巾箱本、監圖本、纂圖本、岳本、五山本、日抄本、白文本同;唐石經作「介」。阮記云:「小字本、相臺本同,唐石經初刻『界』,後磨改『介』,案:《釋文》云:介,音界,大也,是《釋文》本此字作『介』……經界之界,鄭自解義之辭,非經中之介……」盧記惟「《釋文》云界音介」為異,餘同。

檢《讀詩記》卷二十八《周頌・思文》，亦作「無此疆爾界」，細察唐石經之「介」，有磨改之跡，原文當作「界」，後磨去上「田」也，誠如阮記所云，則諸本皆作「界」，又單疏本《疏》文引經文云「言『無此疆爾界』」，則其所見本亦作「界」，《釋文》本出字「介」，注云：「音界，大也」，乃別本也，阮記之說，據別本以非諸本，不可信從。盧記引《釋文》作「界音介」，顯誤。

26. 頁十二右　說文云麳周受來牟也

按：「麳」，單疏本、十行本、元十行本、李本（元）、劉本（嘉靖）、閩本、明監本、毛本皆同。阮記云：「案：『麳』當作『來』，此引《說文》『來』字下文，不知者，誤改之耳。」盧記同。《正字》云：「《說文》作『來周』。」諸本皆同，原文不誤，浦說、阮記據傳世本《說文》以證唐人所見之本，豈可信從也。

27. 頁十三右　言無此疆爾界者

按：「界」，單疏本、十行本、元十行本、李本（元）、劉本（元）、閩本、明監本、毛本皆同。阮記云：「案：『界』當作『介』，此因經注本之誤而改《正義》耳。」盧記同。經文作「無此疆爾界」，見前條校記，此處《疏》文引經不誤，阮記妄斷，誤甚。

28. 頁十三左　及時勸農*

按：「勸」，單疏本、十行本、十行抄本同；元十行本作「勤」，李本（元）、劉本（元）、閩本、明監本、毛本同。阮記云：「閩本、明監本、毛本『勸』誤『勤』。」盧記無說。勤農，不辭，揆諸文義，作「勸」是也，當從單疏本等。阮本不誤，衡其體例，不應於此加圈。

29. 頁十三左　於王之朝無自專

按：「朝」，十行本、元十行本、李本（元）、劉本（元）、閩本、明監本、毛本、巾箱本、監圖本、纂圖本、岳本、五山本、日抄本皆同。阮記云：「小字本、相臺本同，案：此《釋文》本也，《釋文》上『來朝』下云：直遙反，下皆同，謂此箋及下箋『諸侯朝周之春』二『朝』字也，《正義》云『定本、集注，朝字作廟，於義為是』，《正義》本亦是『廟』字，與《釋文》本不同。」盧記同。諸本皆同，作「朝」不誤，《疏》文所列，正可證其所見本有「朝」「廟」，乃別本之異也。

30. 頁十四右　　言汝當祭此民之新田畬田何*

按：「祭」，十行本、元十行本、李本（元）同；單疏本作「奈」，閩本、明監本、毛本同；劉本（元）作「奈」。阮記無說，盧記補云：「『祭』當作『奈』，形近之譌，毛本正作『奈』。」考下《疏》云「當奈此田何」，以後證前，則此處作「奈」是也，當從單疏本，盧記是也。

31. 頁十五左　　定本集注廟字作廟

按：「廟字作廟」，十行本、元十行本、李本（元）、劉本（元）同；單疏本作「廟字作朝」；閩本作「庿字作廟」，明監本、毛本同。阮記云：「閩本、明監本、毛本，上『廟』作『庿』，案：所改非也，山井鼎云：恐朝字誤，是也。」盧記同。廟字作廟，顯誤，箋云「於王之朝」，孔穎達所見本作「廟」，傳世注疏本、經注本皆作「朝」，則單疏本《疏》文云「廟字作朝」，正謂其所見之「廟」字，定本、集注本皆作「朝」，與傳世諸本合，當從單疏本也。

32. 頁十六右　　以禘禮記周公於太廟

按：「記」，十行本、元十行本、李本（元）、劉本（元）同、閩本、明監本、毛本同；單疏本作「祀」，《要義》所引同。阮記云：「案：山井鼎云：『記』恐『祀』誤，是也。」盧記同。《正字》云：「『祀』，誤『記』。」此《疏》引《禮記·明堂位》，檢之正作「以禘禮祀周公」，則作「祀」是也，當從單疏本等，浦說是也。

33. 頁十六右　　更解謂車右與保介之義

按：「與」，單疏本、十行本、元十行本、李本（元）、劉本（元）、閩本、明監本、毛本、十行抄本同。阮記云：「案：山井鼎云：『與』恐『為』誤，是也。」盧記同。《正字》云：「『與』，疑『為』字誤。」諸本皆同，考《疏》所謂「更解」者，正指鄭箋，箋云「介，甲，車右，勇力之士被甲執兵也」，則箋分別解釋「介」、「車右」之義，《疏》文以「與」字相稱，是也，則作「與」不誤，浦說、山井鼎之見皆為妄斷，不可信從。

34. 頁十六左　　麻黍稷麥豆是也鄭以五行之穀

按：「是也」，單疏本、十行本、元十行本、李本（元）、劉本（元）、閩本、明監本、毛本皆同，《要義》所引亦同。阮記云：「案：『是也』當誤倒，『是』屬下句讀。」盧記同。諸本皆同，揆諸文義，原文不誤，阮記之說，純

屬猜測，不可信從。

35. 頁十六左　非五行當穀*

按：「當」，元十行本、李本（元）、劉本（元）同；單疏本作「常」，十行本、閩本、明監本、毛本同，《要義》所引亦同。阮記無說，盧記補云：「毛本『當』作『常』，案：所改是也。」當穀，不辭，考上《疏》云「五穀者，五行之穀」，此《疏》云「不以五行之穀為五種者……非五行常穀」，則作「常」是也，當從單疏本等，作「當」或因與「常」字形近而譌也。

36. 頁十七右　鎛鎒

按：「鎒」，十行本、元十行本、李本（元）、劉本（嘉靖）、閩本、明監本、毛本、巾箱本、監圖本、纂圖本、岳本、五山本、日抄本皆同，《要義》所引亦同。阮記云：「小字本、相臺本同，案：此《釋文》本也，《釋文》云：『鎒』，乃豆反，或作『耨』……《正義》云『此云鎛耨』，當是其本作『耨』。」諸本皆同，作「鎒」不誤。

37. 頁十七右　鎛迫也*

按：「迫也」，單疏本作「迫地」，十行本、元十行本、李本（元）、劉本（嘉靖）、閩本、明監本、毛本同，《要義》所引亦同。阮記無說，盧記補云：「毛本『也』作『地』，案：所改是也」。此《疏》引《釋名》文，檢《太平御覽》卷八百二十三「資產部」「鎛」條，「《釋名》曰：鎛亦鋤類，迫也，迫地去草也」（《四部叢刊》三編影宋本），則作「迫地」是也，當從單疏本等，諸本皆同，阮本獨誤，甚可怪也。

38. 頁十七右　去草也本云垂作耨

按：「也」，十行本、元十行本、李本（元）、劉本（嘉靖）、閩本、明監本同；單疏本作「世」，毛本同，《要義》所引亦同。阮記云：「毛本剜『也』作『世』，案：所改是也。」盧記同。《正字》云「『世』，監本誤『也』」，乃阮記所本。據上條按語，「去草」二字屬上，作「世本」是也，當從單疏本等，浦說是也。

39. 頁十八右　當在孟夏之日

按：「日」，十行本、元十行本、李本（元）、劉本（元）、閩本、明監本

同；單疏本作「月」，毛本同，《要義》所引亦同。阮記云：「毛本『日』作『月』，案：所改是也。」盧記同。「孟夏之月」乃《禮記‧月令》文，單疏本《疏》文云「但雩以龍見為之，當在孟夏之月，為《月令》者錯至於仲夏，失正雩之月」，其謂龍見而雩本在仲夏之月，而《月令》誤在孟夏，則作「月」是也，當從單疏、《要義》也。

40. 頁十八右　郊而後祈

按：「祈」，十行本、元十行本、李本（元）、劉本（元）、閩本、明監本同；單疏本作「耕」，毛本同。阮記云：「毛本『祈』作『耕』，案：所改是也。」盧記同。《正字》云「『耕』，監本誤『祈』」，乃阮記所本。此《疏》引《左傳》襄公七年《傳》文，檢之正作「郊而後耕」，則作「耕」是也，當從單疏本也，浦說是也。

41. 頁十八左　嘻和也

按：「和」，十行本、元十行本、李本（元）、劉本（元）、閩本、明監本、毛本、監圖本、纂圖本、日抄本同；巾箱本作「勑」。阮記云：「相臺本『和』作『勑』，《考文》古本同……」盧記同。和、勑乃別本之異也。

42. 頁十九右　春官籥師所云田畯者也

按：「師」，十行本、元十行本、李本（元）、劉本（元）、閩本、明監本、毛本同；單疏本作「章」。阮記云：「案：浦鏜云『章誤師』，是也。」盧記同。檢《周禮‧春官》「籥章」，其職云：「以樂田畯」，則作「章」是也，當從單疏本，浦說是也，汪記謂恐是孔筆誤，非刻者之過，不必改，此說純屬臆測，誤甚。

43. 頁十九右　田畯至典田之官

按：「至」，十行本、元十行本、李本（元）、劉本（元）、閩本、明監本、毛本同；單疏本作「是」。阮記云：「案：山井鼎云：『至』恐『主』誤，是也。」盧記同。《正字》云：「『至』，疑『是』字誤。」揆諸文義，作「是」是也，當從單疏本，浦說是也，山井鼎之說非也。

44. 頁二十一右　酇長每酇中士一人*

按：「酇」，單疏本作「酇」，十行本、元十行本、李本（元）、劉本（元）、

閩本、明監本、毛本同，《要義》所引亦同。阮記、盧記皆無說，不知為何於此加圈。

卷十九之三

1. 頁一左　宋為殷後也

按：「宋」，十行本、元十行本、李本（元）、劉本（嘉靖）、閩本、明監本、毛本同；單疏本作「未」，《要義》所引同。阮記云：「案：浦鏜云『宋當未字誤』，是也。」盧記同。考單疏本《疏》文云「其殷後，則初封武庚於殷墟，後以叛而誅之，更命微子為殷後……是宋為殷後，成王始命之也……武王之時，始封於宋，未為殷後也」，則作「宋」顯誤，作「未」字是也，當從單疏本等，浦說是也。

2. 頁一左　士輿櫬

按：「櫬」，十行本、元十行本、李本（元）、劉本（嘉靖）、閩本、明監本、毛本同；單疏本作「櫬」。阮記云：「案：浦鏜云『櫬誤襯下同』，是也。」盧記同。此《疏》引《左傳》僖公六年《傳》文，檢之，正作「士輿櫬」，杜注「櫬，棺也，將受死」，棺字從木，則櫬字亦當從木也，作「櫬」是也，當從單疏本，浦說是也。

3. 頁二右　無厭依之者

按：「依」，十行本、元十行本、李本（元）同；單疏本作「倦」，毛本同；劉本（嘉靖）作「射」，閩本、明監本同。阮記云：「閩本、明監本『依』作『射』，毛本初刻同，後剜改作『倦』，案：所改是也。」盧記同。《正字》云：「『倦』，監本誤『射』。」厭倦，成語，作「倦」是也，當從單疏本，浦說是也。

4. 頁四左　或曰畫之

按：十行本、元十行本、李本（元）、劉本（元）、閩本、明監本、毛本、巾箱本、監圖本、纂圖本、岳本、五山本、日抄本皆同。阮記云：「小字本、相臺本同，案：《正義》云『或曰畫之，謂既刻又畫之，以無明文，故為兩解』，段玉裁云：『或曰』，當作『以白』字之誤也……」盧記同。諸本皆同，又《讀詩記》卷二十九《周頌·有瞽》引毛氏曰「或曰畫之」，且孔《疏》所見本亦

作「或曰畫之」，則原文不誤，段玉裁之說純屬猜測，絕不可信。

5. 頁五左　業即枸上之枳

按：「枳」，十行本、元十行本、李本（元）、劉本（元）、閩本、明監本、毛本同；單疏本作「板」，十行抄本同，《要義》所引亦同。阮記云：「案：浦鏜云『板誤枳』，是也。」盧記同。前《疏》引《釋器》，云「大板謂之業」，則業為板，非枳，作「板」是也，當從單疏本等，浦說是也。

6. 頁六右　以掛懸絃

按：「絃」，十行本、元十行本、李本（元）、十行抄本同；單疏本作「紘」，《要義》所引同；劉本（元）作「紞」，閩本、明監本、毛本同。阮記云：「閩本、明監本、毛本『絃』作『紞』，案：皆誤也，當作『紘』。」盧記同。《正字》云「『紘』，誤『紞』，下同」，乃阮記所本。此《疏》引《禮記·明堂位》鄭注文，檢之，正作「以挂縣紘也」，則作「紘」是也，當從單疏本等，浦說是也。

7. 頁六右　言掛懸紘者紞謂懸之繩也

按：「紞」，十行本、元十行本、李本（元）、劉本（元）、閩本、明監本、毛本同；單疏本作「紘」，十行抄本同，《要義》所引亦同。阮記云：「閩本、明監本、毛本『紘』誤『紞』，案：下『紞』字，亦『紘』之誤，山井鼎云：案《禮記》注作『紘』，為是，是也。」盧記同。《疏》引《禮記·明堂位》鄭注「以掛縣紘」，則此述而釋之，故云：言掛懸紘者，紘謂懸之繩也，則作「紘」是也，當從單疏本也。

8. 頁六右　飾鞞多是也

按：十行本、元十行本、李本（元）、劉本（元）、閩本、明監本、毛本同；單疏本作「彌」，十行抄本同。阮記云：「案：山井鼎云：《禮》注，『鞞』作『彌』，是也。」盧記同。《正字》云：「『彌』，誤『鞞』。」此《疏》引《禮記·明堂位》鄭注文，檢之，正作「飾彌多也」，則作「彌」是也，當從單疏本等，浦說是也。

9. 頁六右　中有推

按：「推」，十行本、元十行本、李本（元）、劉本（元）、閩本同；單疏本

作「椎」，明監本、毛本、十行抄本同，《要義》所引亦同。阮記云：「閩本同，明監本、毛本『推』作『椎』，案：所改是也，下同。」盧記同。中有推，「推」如何可有？下《疏》明云：「中有椎柄」，則作「椎」是也，當從單疏本也。

10. 頁六右　所以止鼓謂之止

按：單疏本、十行本、元十行本、李本（元）、劉本（元）、閩本、明監本、毛本、十行抄本皆同，《要義》所引亦同。阮記云：「案：浦鏜云『所以鼓之以止樂之誤』，是也，《爾雅疏》即取此，正作『所以鼓之以止樂』，可證。」盧記同。諸本皆同，考《疏》文云「《臯陶謨》云：合止柷敔，注云：柷，狀如漆筒，中有椎，合之者，投椎於其中而撞之，敔，狀如伏虎，背上刻之，所以止鼓謂之止」，檢孔穎達《尚書正義》：「樂之初，擊柷以作之，樂之將末，戛敔以止之，故云所以作止樂。」則「合柷」乃啟樂，「止梧」則終之，故所謂「止鼓」者，擊鼓止樂也，原文不誤，浦說妄斷，阮記是之，亦誤。

11. 頁六左　背上有二十七鉏敔刻

按：十行本、元十行本、李本（元）、劉本（元）、閩本、明監本、毛本同；單疏本作「鋙」，十行抄本同，《要義》所引亦同。阮記云：「案：浦鏜云『鋙誤敔』，考《爾雅疏》，浦校是也。」盧記同。此《疏》引《爾雅・釋樂》郭璞注，檢之，正作「鋙」，則作「鋙」是也，當從單疏本等，浦說是也。

12. 頁六左　蓋依漢之大予樂而知之

按：「大予」，單疏本、十行本、元十行本、李本（元）、劉本（元）、十行抄本同，《要義》所引亦同；閩本作「天子」，明監本、毛本同。阮記云：「閩本、明監本、毛本『大予』誤『天子』，案：下《正義》引《小師》注云『今大予樂官有之』，不誤……」盧記同。《正字》云：「『大』，誤『天』字；『予』，誤『子』。」宋元諸本皆同，閩本改作「天子」不知所據，當從單疏、《要義》也。阮記既以作「天子」為誤，衡其體例，不當於此處加圈也。

13. 頁七右　如今賣餳者所吹也

按：「餳」，十行本、元十行本、明監本、毛本、巾箱本、監圖本、纂圖本、日抄本同，《要義》所引亦同；李本（正德，板心有塗抹）作「餳」，劉本（正德六年）、閩本同。阮記云：「小字本同，毛本同，相臺本『餳』作『餳』，閩本、明監本同。案：『餳』字是也，見《六經正誤》，《正義》中字同。」盧

記同。考《釋文》出字「賣餳」,注云:「夕清反,蜜也,又音唐,《方言》云『張皇也』,即乾飴也,音唐」,而單疏本《疏》文此處多作「餳」,則「餳」「餳」二字,因右旁「易」「昜」,極易混淆,刻書者往往未加辨析,而於傳世文獻中難以區分,難定是非,故《釋文》兩存其音,亦為審慎之見也,阮記遽定作「餳」,顯非。

14. 頁七右　餳者餹之類也

按:「餹」,十行本、元十行本、李本(正德,板心有塗抹)、劉本(正德六年)、閩本、明監本同;單疏本作「餔」,十行抄本同,《要義》所引亦同;毛本作「餭」。阮記云:「閩本、明監本同,毛本『餹』作『餭』,案:所改是也。」盧記無「同」字,餘同。《正字》云「『餭』,監本誤『餹』」,乃阮記所本。考《齊民要術》卷九有「餳餔」篇,又《釋名》卷四云「餔餳也,如餳而濁,可餔也」,則餳為餔之類也,作「餔」是也,當從單疏本等,浦說非也。又,閩本、明監本與底本同,而與毛本異,盧記摘錄阮記而脫「同」字,遂致文義迴別,誤也。

15. 頁七左　謂周公成王太平時

按:「太平時」,十行本、元十行本、李本(正德,板心有塗抹)、劉本(正德六年)、閩本、明監本、十行抄本同;單疏本作「太平之時」,毛本同。阮記云:「閩本、明監本同,毛本『平』下剜入『之』字,案:所補是也。」盧記同。《正字》云「監本脫『之』字」,乃阮記所本。「太平時」,語氣不足,「之」字不可闕也,當從單疏本也,浦說是也。

16. 頁七左　是冬亦有薦因時異而變文耳*

按:「冬」,單疏本、十行本、元十行本、李本(正德,板心有塗抹)、劉本(正德六年)、閩本、明監本、毛本同;十行抄本作「春」。阮記、盧記皆無說。考本詩《序》云:「《潛》,季冬薦魚,春獻鮪也」,則冬薦、春獻也,十行抄本《疏》文云:「經言『以享』,是冬亦為獻,《月令》季春言薦鮪,是春亦有薦,因時異而變文耳」,據此冬亦獻、春亦薦,此處二「亦」字,正可證明此《疏》與序文「冬薦春獻」互補之義,「冬亦獻」對「冬獻」,「春亦薦」對「春獻」,前後對應,一一相合,則原文必當作「是春亦為薦」也,此處諸本皆誤,而十行抄本不誤,當從之也,謝記謂「冬」宜作「春」,甚是。

17. 頁八右　乃命魚師始漁

按：「魚」，單疏本、十行本、元十行本、李本（元）、劉本（元）、閩本、明監本、毛本皆同。阮記云：「案：浦鏜云『漁誤魚』，是也，此與下『矢魚』，互易之誤耳。」盧記同。諸本皆同，原文不誤，浦說、阮記皆猜測之見，不可信從也。

18. 頁八右　隱五年公矢漁於棠

按：「矢漁」，單疏本、十行本、元十行本、李本（元）同；劉本（元）作「視魚」；閩本作「矢魚」，明監本、毛本同。阮記云：「閩本、明監本、毛本『漁』作『魚』，案：所改是也，此誤與上互易。」盧記同。單疏本與十行本皆作「矢漁」，則宋刊本同也，此為《疏》文所述《左傳》經文，非直引也，元本、李本亦同，乃承之也，劉本改作「視魚」，不知其所據，閩本以下或遽傳世本《左傳》經文改之，並非也，阮記所云實不可信。

19. 頁九右　神明安慶孝子愛予之多福皆是禘文王之事也

按：十行本、元十行本、李本（元）、劉本（元）同；單疏本作「神明安愛孝子予之多福皆是禘文王之事也」，毛本、十行抄本同；閩本作「神明安愛孝子愛予之多福皆是禘文王之事也」，明監本同。阮記云：「閩本、明監本『慶』作『愛』，毛本初刻同，後剜去『予』上『愛』字，案：十行本『孝』至『也』，剜添者二字，是『慶』『愛』二字，皆當衍，『神明安孝子』五字為一句。」盧記同。《正字》云：「『孝子』下，監本誤衍『愛』字。」孝子不知如何安慶，揆諸文義，顯當作「安愛」，又「予之多福」為句，下「愛」字顯為衍文，故當從單疏本等，浦說是也。

20. 頁九左　反採得之後

按：「反」，十行本、元十行本、李本（元）、劉本（元）、閩本、明監本同；單疏本作「及」，毛本同，《要義》所引亦同。阮記云：「閩本、明監本同，毛本『反』作『及』，案：所改是也。」盧記同。《正字》云「『及』，監本誤『反』」，乃阮記所本。考單疏本《疏》文云「此詩自是四海之人歌頌之聲，本非廟中之事，故其辭不為廟諱，及採得之後，即為經典，『《詩》《書》不諱』，故無嫌耳」，揆諸文義，顯當作「及」，當從單疏本、《要義》，浦說是也，作「反」者，或因形近而譌。

21. 頁十左　和敬賢者之嘗

按：「嘗」，十行本、元十行本、李本（元）、劉本（元）、閩本同；單疏本作「常」，明監本、毛本同。阮記云：「明監本、毛本『嘗』作『常』，案：所改是也。」盧記同。考單疏本《疏》文云「和在色，敬在心，和敬，賢者之常」，揆諸文義，作「常」是也，賢者之常乃和敬也，當從單疏本也。

22. 頁十左　因未至異文而分之耳*

按：「未」，十行本、元十行本、李本（元）、劉本（元）同；單疏本作「來」，閩本、明監本、毛本同。阮記、盧記皆無說。考本詩經文云「有來雝雝，至止肅肅」，箋云「雝雝，和也，肅肅，敬也」，《疏》文據經解箋，謂經文「來」「至」相異，故箋文分釋「雝雝」「肅肅」，《疏》文之「來」「至」正本經文之「來」「至」，作「來」是也，當從單疏本也。

23. 頁十左　嘉哉皇考斥文王也

按：「皇」，十行本、元十行本、李本（元）、劉本（元）、閩本、明監本、毛本、監圖本、纂圖本同；巾箱本作「君」，岳本、五山本、日抄本同。阮記云：「小字本同，閩本、明監本、毛本同，相臺本『皇』作『君』，案：君字是也，《正義》云『可嘉美哉君考文王』，又云『故知嘉哉君考斥文王也』，是其證。」盧記同。孔《疏》所見本作「君」，「皇」「君」乃別本之異也。

24. 頁十一右　故知皇考為武王*

按：單疏本、十行本、元十行本、李本（元）、劉本（嘉靖）、閩本、明監本、毛本皆同，《要義》所引亦同。阮記、盧記皆無說，不知阮本為何於此加圈。

25. 頁十一左　下音似*

按：「音似」，十行本、元十行本、李本（元）、劉本（嘉靖）、閩本、巾箱本、監圖本、纂圖本同；明監本作「音姒」，毛本同。阮記引文作「下同姒」，云：「通志堂本同，盧本『同姒』作『音似』，云：舊譌『下同姒』，今從宋本正。案：考此宋本，謂十行本所附也，小字本、相臺本所附亦是『音似』。○按：舊挍非也，『下同姒』不誤，古姒姓或作似……此當是鄭箋作大似，故陸云『下同姒』，宋本所附乃妄改也。」盧記引文作「下音似」，補云：「通志堂本『音似』作『同姒』，餘同。《正字》云：『『似』，仍作『姒』，誤。」宋本

《釋文》出字「大姒」，注云：「音泰，下音似，文王妃」，「下音似」者，「大姒」下一字「姒」音似也，阮記按語謂「宋本所附乃妄改」，乃指十行本所附，今無論宋元刊本十行本、經注本所附，或是宋本《釋文》，皆作「下音似」，則其說之妄斷，明矣。明監本、毛本皆誤，浦說是也。

26. 頁十二右　侔革有鶬

按：「鶬」，十行本、元十行本、李本（元）、劉本（元）、閩本、明監本、毛本、巾箱本、監圖本、纂圖本、岳本、五山本、日抄本、唐石經、白文本皆同。阮記云：「唐石經、小字本、相臺本同，案：此《釋文》本也，《釋文》云：鶬，七羊反，本亦作『鎗』同，《正義》本是『鎗』字。」盧記同。諸本皆同，作「鶬」不誤，檢《讀詩記》卷二十九《大雅·載見》，亦作「鶬」，則作「鎗」者別本也。

27. 頁十二右　曰求其章也

按：「也」，十行本、元十行本、李本（元）、劉本（元）、閩本、明監本、毛本、纂圖本同；巾箱本作「者」，監圖本、岳本、五山本、日抄本同。阮記云：「小字本同，閩本、明監本、毛本同，相臺本『也』作『者』，《考文》古本同，案：『者』字是也。」盧記同。考本詩經文云「曰求厥章」，巾箱本鄭箋云「曰求其章者，求車服礼儀之文章制度也」，「者」「也」文辭相協，作「者」是也，當從巾箱本等，阮記是也。

28. 頁十二左　如是休然盛壯而有以光

按：「以」，十行本、元十行本、李本（元）、劉本（元）同；單疏本作「顯」，閩本、明監本、毛本、十行抄本同，《要義》所引亦同。阮記云：「閩本、明監本、毛本『以』作『顯』，案：所改是也。」盧記同。而有以光，不知何指，揆諸文義，作「顯」是也，當從單疏本也。

29. 頁十二左　大謂令傳世無窮*

按：「令」，單疏本、閩本、明監本、毛本同，《要義》所引亦同；十行本作「今」，元十行本、李本（元）、劉本（元）同。阮記、盧記皆無說。作「今」不辭，揆諸文義，作「令」是也，令傳世無窮也，當從單疏本等，此處阮本不誤，衡其體例，不當於此加圈，且又無校記說明，疏忽甚矣。

30. 頁十三右 以助考壽之福

按：「考壽」，十行本、元十行本、李本（元）、劉本（元）、巾箱本、監圖本、纂圖本、岳本、五山本、日抄本同；閩本作「壽考」，明監本、毛本同。阮記云：「小字本、相臺本同，《考文》古本同，閩本、明監本、毛本『考壽』作『壽考』，案：《正義》云『以助壽考之福』，『壽考』是也。」盧記同。孔《疏》所引未必是直引箋文，且宋元刊注疏本、經注本皆作「考壽」，閩本等作「壽考」，或據《疏》文改之，故阮記之說，實不可信。

31. 頁十三右 思成王之多福

按：「思」，十行本、元十行本、李本（元）、劉本（元）、閩本、明監本、毛本同；巾箱本作「思使」，監圖本、纂圖本、岳本、五山本、日抄本同。阮記云：「小字本、相臺本『思』下有『使』字，《考文》古本同，案：有者是也。」盧記同。經注本系統有「使」字，注疏本無，或為別本之異，阮記以為有者是也，未可信從。

32. 頁十四右 祝嘏莫敢異其常

按：「常」，單疏本、十行本、元十行本、李本（元）、劉本（元）、閩本、明監本、毛本、十行抄本皆同，《要義》所引亦同。阮記云：「案：『常』下，浦鐘云脫『古』字。」盧記同。諸本皆同，此《疏》引《禮記·禮運》文，檢之有「古」字，或為浦說所本，然孔穎達所見本無「古」字，豈可據傳世本以駁之？浦說不可信從也。

33. 頁十四左 駁而美之

按：「駁」，十行本、元十行本、李本（元）、劉本（元）、閩本、明監本、毛本、巾箱本、監圖本、纂圖本、岳本、五山本、日抄本皆同。阮記云：「相臺本同，閩本、明監本、毛本同，小字本『駁』作『駁』，案：『駁』字乃是倨牙食虎豹之獸，本當作『駁』，取馬色不純之意也，後人輒用『駁』字。」盧記同。諸本皆同，《釋文》出字「駁而」，《疏》云「駁武庚之惡，而反以美之」，則其所見本皆作「駁」，阮記非也。

34. 頁十六左 注云非樂者

按：「非」，十行本、元十行本、李本（元）、劉本（嘉靖）、閩本、明監本同；單疏本作「作」，毛本同。阮記云：「閩本、明監本同，毛本『非』作『作』，

案：所改是也。」盧記同。《正字》云「『作』，監本誤『非』，乃阮記所本。此《疏》引《禮記‧禮器》鄭注，檢之正作「作」，則作「作」是也，當從單疏本，浦說是也。

35. 頁十六左　信有文德哉武王也*

按：「武王」，十行本、元十行本、李本（元）、劉本（嘉靖）、監圖本、纂圖本同；閩本作「文王」，明監本、毛本、巾箱本、岳本、五山本、日抄本皆同。阮記、盧記皆無說。考本詩經文云「允文文王」，又《疏》文據箋釋經云「信有文德者之文王」，則作「文王」是也，又《讀詩記》卷二十九《周頌‧武》，作「文王」，亦可為證。

36. 頁十七左　須暇湯之子孫

按：「湯」，單疏本、十行本、元十行本、李本（元）、劉本（元）、閩本、明監本、毛本皆同。阮記云：「案：浦鏜云『湯衍字』，是也。」盧記同。諸本皆同，此《疏》引《尚書‧多方》，傳世本無「湯」字，浦說或據此，然不可以傳世本以駁孔穎達所見本也，汪記謂此不誤，本應有「湯」字，或是。

37. 頁十八右　計歲首命諸羣廟皆朝

按：「命」，十行本、元十行本、李本（元）、劉本（元）、閩本、明監本、毛本同；單疏本作「合」，十行抄本同。阮記云：「案：浦鏜云『命疑合字譌』，是也。」盧記同。考單疏本《疏》文云「計歲首合諸羣廟皆朝，此特謀政，故在武王廟也」，「合」者，應也，歲首，諸羣廟本應皆朝，今惟之武王廟者，乃因謀政也，則作「合」是也，當從單疏本等，浦說是也。

38. 頁十九右　以道有此德

按：單疏本、十行本、元十行本、李本（元）、劉本（嘉靖）、閩本、明監本、毛本皆同。阮記云：「案：『道』字當在『此』字下錯誤耳。」盧記同。考上《疏》云「皇考以念皇祖而能同其德行」「敬慎而行此祖考之道」，則「以道有此德」者，因祖考之道乃同其德行也，諸本皆同，原文不誤，阮記之說，純屬猜測，不可信從也。

39. 頁十九左　言不敢懈倦也

按：「懈」，十行本、元十行本、李本（元）、劉本（嘉靖）、閩本、明監

本、毛本、纂圖本、岳本同；巾箱本作「解」，監圖本、五山本、日抄本同。
阮記云：「相臺本同，閩本、明監本、毛本同，小字本『懈』作『解』，案：
『解』字是也。」盧記同。《釋文》出字「敢解」，注云「音懈」，則其所見本
作「解」，「懈」「解」乃別本之異，阮記非也。

40. 頁二十右　艾扶將我

按：「艾」，十行本、元十行本、李本（元）、劉本（嘉靖）、閩本、明監
本、毛本、監圖本、纂圖本同；巾箱本作「女」，岳本、五山本、日抄本同。
阮記云：「相臺本『艾』作『女』，案：『女』字是也，《正義》云『汝若將我就
之』，可證，《考文》古本作『汝』，采《正義》。」盧記同。「艾」「女」乃別本
之異，阮記非也。

41. 頁二十一右　必有任賢

按：「必」，十行本、元十行本、李本（正德，板心有塗抹）、劉本（正德
十二年）、閩本、明監本、毛本同；巾箱本作「心」，監圖本、纂圖本、岳本、
五山本、日抄本同。阮記云：「小字本、相臺本『必』作『心』，案：『心』字
是也。」盧記同。注疏本系統皆作「必」，經注本系統作「心」，或為別本之異
也。

42. 頁二十二右　日月瞻視近在此也

按：「日月」，十行本、元十行本（正德十二年）、李本（正德，板心有塗
抹）、閩本、明監本、毛本、監圖本、纂圖本、岳本同，《要義》所引亦同；劉
本（正德十二年）作「日日」，巾箱本、五山本、日抄本同。阮記云：「小字
本、相臺本同，閩本、明監本、毛本同，案：《正義》云『日日視人其神近在
於此』，又云『日日瞻視其神近在於此』，是『月』字乃涉上而誤耳，今閩本以
下并《正義》中盡改為『日月』，誤之甚矣。」盧記同。考本詩經文云「日監
在茲」，則箋文之「日日」正本經文之「日」，當作「日日」也，阮記是也。

43. 頁二十二左　日日瞻視其神近在於此*

按：「日日」，十行本同；元十行本（正德十二年）作「日月」，李本（正
德，板心有塗抹）、劉本（正德十二年）、閩本、明監本、毛本同；單疏本此頁
闕。阮記、盧記皆無說。《疏》文釋箋，據上條所考，箋文作「日日瞻視」，則
作「日日」是也，當從十行本也。

卷十九之四

1. 頁一右　然而頌之大列

按：「列」，十行本、元十行本、李本（元）、劉本（元）、閩本、明監本同；單疏本作「例」，毛本、十行抄本同，《要義》所引亦同。阮記云：「毛本『列』作『例』，案：所改非也，『列』當作『判』，形近之譌。」盧記同。考單疏本《疏》文云「然而頌之大例，皆由神明而興」，「大例」與「皆由」相配，作「例」是也，當從單疏本等，阮記謂當作「判」，純屬猜測，誤甚，謝記謂不必作「判」，是也。

2. 頁一右　自求辛螫

按：「螫」，十行本、元十行本、李本（元）、劉本（元）、閩本、明監本、毛本、巾箱本、監圖本、纂圖本、岳本、五山本、日抄本、白文本同，《要義》所引亦同；唐石經作「螫」。阮記云：「小字本、相臺本同，唐石經初刻同，後磨改『螫』為『螫』，案：『螫』字是也，《五經文字》云：螫式亦反，是其證。」盧記同。諸刊本皆作「螫」，《釋文》出字「辛螫」，作「螫」實不誤，《讀詩記》卷三十《周頌・小毖》，作「螫」，亦可為證。

3. 頁一左　蜂本又作峯

按：「峯」，十行本、元十行本、李本（元）、劉本（元）、監圖本、纂圖本同；閩本作「夆」，明監本、毛本同。阮記云：「通志堂本、盧本『峯』作『蠭』，案：『蠭』字誤改也，小字本所附亦作『峯』，但『峯』亦是譌字，唯十行本所附作『夆』為是，乃出於善本也。」盧記同。檢《釋文》出字「蜂」，注云「本又作峯」，則作「峯」是也，宋元刊十行本皆作「峯」，不作「夆」，阮記之說誤甚。

4. 頁一左　以蓼菜之辛苦然

按：「以」，十行本、元十行本、李本（元）、劉本（元）、閩本、明監本、毛本同；單疏本作「似」，十行抄本同。阮記云：「案：山井鼎云：『以』恐『似』誤，是也。」盧記同。《正字》云：「『以』，當『似』字誤。」考單疏本《疏》文云「言恐我又集止於患難，似蓼菜之辛苦然」，揆諸文義，作「似」是也，當從單疏本等，浦說是也。

5. **頁二左　釋鳥云桃蟲鷦其雌名鴱**

按：「名」，單疏本、十行本、元十行本、李本（元）、劉本（元）、閩本、明監本、毛本、十行抄本皆同，《要義》所引亦同。阮記云：「案：浦鏜云『名衍字』，是也，此涉下所引注而誤。」盧記同。諸本皆同，「名」非衍字，浦說妄斷，不可信從。

6. **頁二左　郭璞曰鷦鷯亡消反桃雀也**

按：「鷦亡消反」，十行本、元十行本、李本（元）、劉本（元）、閩本、明監本、毛本、十行抄本同；單疏本作「鷦亡消反」。阮記云：「案：『亡消反』三字，當旁行細書，《正義》自為音也。」盧記同。阮記是也，單疏本恰可為證，《要義》所引無「亡消反」三字，即省去自注音之文也。

7. **頁二左　俱毛以周公**

按：「俱」，十行本、元十行本、李本（元）、劉本（元）、閩本、明監本、毛本、十行抄本同；單疏本作「但」。阮記云：「案：山井鼎云：『俱』恐『但』誤，是也。」盧記同。《正字》云：「『俱』，當『但』字誤。」考單疏本《疏》文云「《傳》言始小終大，其文得與箋同，但毛以周公為武王崩之明年即攝政為元年……箋言王意以管蔡流言為小罪……毛不得有此意耳，是其必異於鄭」，揆諸文義，作「俱」不知何義，作「但」是也，雖《傳》、箋文同，然其義異，當從單疏本，浦說是也。

8. **頁四右　周語說耕籍之事也**

按：單疏本、十行本、元十行本、李本（元）、劉本（元）、閩本、明監本、毛本皆同。阮記云：「案：浦鏜云『也當云字誤』，是也。」盧記同。諸本皆同，文義無滯，浦說不可信從。

9. **頁四右　甸師下士一人**

按：單疏本、十行本、元十行本、李本（元）、劉本（元）、閩本、明監本、毛本同，《要義》所引亦同。阮記云：「案：浦鏜云『二誤一』，是也。」盧記同。諸本皆同，存疑可也。

10. **頁四右　徒二百人**

按：「二」，十行本、元十行本、李本（元）、劉本（元）、閩本、明監本、

毛本同；單疏本作「三」，《要義》所引同。阮記云：「案：浦鏜云『三誤二』，是也。」盧記同。此《疏》引《周禮・天官序》，檢之，正作「徒三百人」，作「三」是也，當從單疏本等，浦說是也。

11. 頁四右　漢書孝文元年

按：單疏本、十行本、元十行本、李本（元）、劉本（元）、閩本、明監本、毛本皆同，《要義》所引亦同。阮記云：「案：浦鏜云『二誤元』，是也。」盧記同。諸本皆同，存疑可也。

12. 頁四左　強強力也

按：「強強」，十行本、元十行本、李本（元）、劉本（元）、閩本、明監本、毛本同；巾箱本作「彊彊」，監圖本、纂圖本、岳本、五山本、日抄本同。阮記云：「小字本、相臺本『強』皆作『彊』，案：『強』字誤也，下及《正義》中同，寫者以『強』為『彊』之別體字而亂之耳。」盧記同。注疏本系統皆作「強強」，經注本系統作「彊彊」，或為別本之異也，阮記之說，豈必然耶？

13. 頁五右　維強力之兼土

按：「土」，十行本同；單疏本作「士」，元十行本、李本（元）、劉本（嘉靖）、閩本、明監本、毛本、十行抄本同，《要義》所引亦同。阮記云：「閩本、明監本、毛本『土』作『士』，案：『士』字是也。」盧記同。兼士，不辭，考本詩經文云「侯主侯伯，侯亞侯旅，侯彊侯以」，《傳》云「主，家長也；伯，長子也；亞，仲叔也；旅，子弟也；強，強力也；以，用也」，單疏本《疏》文本《傳》釋經云「其所往之人，維為主之家長，維處伯之長子，維次長之仲叔，維眾之子弟，維強力之兼士，維所以傭賃之人」，皆謂人也，故作「兼士」是也，當從單疏本等。

14. 頁五左　為鬼神所嚮

按：「嚮」，十行本、元十行本、李本（元）、劉本（嘉靖）、閩本、明監本、毛本同；單疏本作「饗」，十行抄本同，《要義》所引亦同。阮記云：「案：浦鏜云『嚮當饗字誤』，是也。」盧記同。單疏本《疏》文云「此所為之酒醴，有飶然其氣芬香，用之以祭祀，為鬼神所饗，為我國家之光榮也」，芬香之酒醴乃為神所饗也，則作「饗」是也，當從單疏本等，浦說是也。

15. 頁六右　隰指連形而言

按：「連」，十行本、元十行本、李本（元）、劉本（嘉靖）同；單疏本作「地」，閩本、明監本、毛本同。阮記云：「閩本、明監本、毛本『連』作『地』，案：皆誤也，當作『田』。」盧記同。連形，不知何義，考單疏本《疏》文云「原隰者，地形高下之別名，隰指地形而言」，以前證後，作「地」是也，當從單疏本，阮記誤也，汪記謂閩本等是，是也。

16. 頁六右　又解之以之意

按：「之」，十行本、元十行本、李本（元）、劉本（嘉靖）、閩本、明監本、毛本同；單疏本作「稱」。阮記云：「案：上『之』字，當作『云』，形近之誤。」盧記同。《正字》云：「『之以』，疑『稱以』之誤。」考本詩經文云「侯彊侯以」，箋云「《春秋》之義，能東西之曰以」，單疏本《疏》文云「又解稱『以』之意，『《春秋》之義，能東西之曰以』，此備力隨主人所東西，故稱『以』也」，乃謂箋云「《春秋》之義，能東西之曰以」，乃解經文稱「以」之意，以後例前，作「稱」是也，當從單疏本，浦說是也，阮記誤也。

17. 頁六左　及解所以合家俱作之意

按：「及」，十行本、元十行本、李本（元）、劉本（嘉靖）、閩本、明監本、毛本同；單疏本作「又」。阮記云：「案：浦鏜云『及當又字誤』，是也。」盧記同。考箋云「務疾畢已當種也」，單疏本《疏》文云「又解所以合家俱作之意，『務疾畢已當種也』」，乃謂箋云「務疾畢已當種也」，乃解合家俱作之意，揆諸文義，作「又」是也，當從單疏本，浦說是也。

18. 頁六左　孫炎曰土野之饋也

按：「土」，十行本、元十行本、李本（元）、劉本（嘉靖）同；單疏本作「饁」，閩本、明監本、毛本同。阮記云：「閩本、明監本、毛本『土』作『饁』，案：所改是也。」盧記同。單疏本作「饁」，且上《疏》明云「饁饋，《释詁》文」，則作「饁」是也，阮記是也。

19. 頁七右　苗生達也

按：「也」，十行本、元十行本、李本（元）、劉本（嘉靖）、閩本、明監

本、毛本同；單疏本作「地」。阮記云：「案：『也』當作『地』，壞字耳。」盧記同。此《疏》釋《傳》，《傳》云「達射也」，箋云「達出地也」，《疏》文正本箋文為說，則作「地」是也，當從單疏本，阮記是也。

20. **頁七右** 苗生達也也厭者苗長茂盛之貌

按：「也也」，十行本、元十行本、李本（元）、同；單疏本作「地也」；劉本（元）作「也厭」，閩本、明監本、毛本同。阮記云：「閩本、明監本、毛本，下『也』字作『厭』，案：此誤改耳，上『也』字當作『地』，讀『也』字句絕，『厭』者下屬，乃說經有厭之文，不得重『厭』字。」盧記同。揆諸文義，阮記之說是也，單疏本可證。

21. **頁八右** 俶俶始也*

按：「俶俶」，元十行本、李本（元）同；十行本作「俶俶」，劉本（元）、閩本、明監本、毛本、巾箱本、監圖本、纂圖本同。阮記、盧記皆無說。《釋文》作「俶俶」，則當作「俶俶」也。

22. **頁八右** 僖二十三年左傳

按：「三」，十行本、元十行本、李本（元）、劉本（元）、閩本、明監本、毛本同；單疏本作「二」，《要義》所引同。阮記云：「案：浦鏜云『二誤三』，是也。」盧記同。考此《疏》引《左傳》「雖及胡耇」，檢之，正是僖公二十二年《傳》文，作「二」是也，當從單疏本等，浦說是也。

23. **頁九左** 以續接其往歲

按：「歲」，單疏本、十行本、元十行本、李本（元）、劉本（元）、閩本、明監本、毛本、十行抄本皆同，《要義》所引亦同。阮記云：「案：浦鏜云『歲當事字誤』，是也。」盧記同。《疏》文云「復求有豐年，以續接其往歲」，「年」、「歲」相應，原文不誤，浦說非也。

24. **頁十右** 薅去荼蓼之事言閔其勤苦

按：十行本、元十行本、李本（元）、劉本（元）、閩本、明監本、毛本、巾箱本、監圖本、纂圖本、岳本、五山本、日抄本皆同。阮記云：「小字本、相臺本同，案：《正義》云『薅去荼蓼之草，定本、集注皆云薅去荼蓼之事言閔其勤苦，與俗本不同』，依此，是《正義》本『事』當作『草』，無『言閔其

勤苦』五字也。」盧記同。諸本皆同，《疏》文所見乃別本也，衡其體例，阮本不應於此加圈。

25. 頁十一右　古書醋為步

按：「古」，單疏本、十行本、元十行本、李本（元）、劉本（嘉靖）、閩本、明監本、毛本、十行抄本皆同，《要義》所引亦同。阮記云：「案：浦鏜云『故誤古』，是也。」盧記同。諸本皆同，此《疏》引《周禮·族師》鄭注文，檢之，作「故書醋或為步」，孔穎達所見本作「古」，與傳世本不同，豈可遽彼正此也，浦說不可信從。

26. 頁十一右　如雩榮云

按：「榮」，十行本、元十行本、李本（元）、劉本（嘉靖）、閩本、十行抄本同；單疏本作「禜」；閩本作「祭」，明監本、毛本同。阮記云：「閩本、明監本、毛本『榮』作『祭』，案：所改非也，山井鼎云：榮恐禜誤，是也。」盧記同。考《周禮·黨正》云「春秋祭禜亦如之」，鄭注「禜謂雩禜，水旱之神」，據此，則作「禜」是也，當從單疏本，山井鼎之說是也。

27. 頁十一右　乃命國家釀是也

按：單疏本、十行本、元十行本、李本（元）、劉本（嘉靖）、閩本、明監本、毛本皆同，《要義》所引亦同。阮記云：「案：浦鏜云『家衍文』，是也。」盧記同。諸本皆同，此《疏》引《禮記·禮運》鄭注文，檢之，作「乃命國釀」，孔穎達所見本有「家」字，與傳世本《禮記》不同，豈可據彼正此也？浦說不可信從。

28. 頁十一左　後求有豐年也

按：「後」，十行本、元十行本、李本（元）、劉本（嘉靖）、閩本、明監本、毛本同；巾箱本作「復」，監圖本、纂圖本、岳本、五山本、日抄本同。阮記云：「相臺本『後』作『復』，《考文》古本同。案：『復』字是也，《釋文》《正義》皆可證。」盧記同。《正字》云「『復』，誤『後』」，乃阮記所本。考本詩經文云「以似以續」，《傳》云「以似以續，嗣前歲，續往事也」，巾箱本箋文云「嗣前歲者，復求有豐年也」，揆諸文義，作「復」是也，《疏》文云「故知『嗣前歲者復求有豐年也』」，亦可為證，浦說是也。

29. 頁十一左　用黝生毛之

按：「生」，十行本、李本（元）同；單疏本作「牲」，元十行本、毛本、十行抄本同；劉本（嘉靖）作「牛」，閩本、明監本同。阮記云：「閩本、明監本『生』作『牛』，毛本初刻同，後剜作『牲』，案：所改是也。」盧記同。《正字》云：「『牲』，監本誤『牛』。」此《疏》引《周禮·地官·牧人》鄭注文，檢之，其云「凡陽祀用騂牲毛之，陰祀用黝牲毛之」，則作「牲」是也，當從單疏本等，浦說是也。

30. 頁十二右　亦一事故因其異文

按：「故」，元十行本、李本（元）、劉本（嘉靖）、閩本、明監本、毛本同；單疏本作「也」，十行本、十行抄本同。阮記云：「案：『故』當作『箋』，下屬讀之，山井鼎云：宋板『故』作『也』，其實不然，當是剜也。」盧記同。考單疏本《疏》文云「豐年、養人，亦一事也，因其異文，而分屬之」，「也」字上屬，十行本、十行抄本皆同，作「也」是也，阮記之說，純屬猜測，妄斷甚矣。

31. 頁十二左　令其天下立靈星祠

按：「令其」，十行本、元十行本、李本（元）、劉本（嘉靖）、閩本、明監本、毛本皆同，《要義》所引亦同。阮記云：「案：浦鏜云『其令二字誤倒』，是也。」盧記同。諸本皆同，原文不誤，浦說誤也。

32. 頁十二左　仲遂于垂

按：「于」，十行本、元十行本、李本（元）、劉本（嘉靖）、閩本、明監本同；單疏本作「卒于」，毛本同。阮記云：「毛本『于』上剜入『卒』字，案：所補是也。」盧記同。《正字》云「監本脫『卒』字」，乃阮記所本。此《疏》引《左傳》宣公八年經文，檢之，正作「仲遂卒于垂」，則「卒」字不可闕，當從單疏本，浦說是也。

33. 頁十三右　遂形釋天

按：「形」，十行本、元十行本、李本（元）、劉本（嘉靖）同；單疏本作「引」；閩本作「彤」，明監本、毛本同。阮記云：「閩本、明監本、毛本『形』作『彤』，案：皆誤也，當作『取』。」盧記同。《正字》云：「『彤』，當『引』字誤。」考單疏本《疏》文云「遂引《釋天》以明異代之禮別也」，揆諸文義，

作「引」是也，當從單疏本，浦說是也，阮記誤也。

34. 頁十三右　乃舉鼎羃告絜

按：十行本、元十行本、李本（元）、劉本（嘉靖）、閩本、明監本、毛本、巾箱本、監圖本、纂圖本、岳本、五山本、日抄本皆同。阮記云：「案：《釋文》以『舉羃』作音，是其本無『鼎』字，《正義》云『是舉羃告絜也』，其本亦當無『鼎』字，有者，後人以《正義》所引《特牲文》添之耳。」盧記同。諸本皆同，無「鼎」者或為別本也。

35. 頁十四左　小宗伯云視滌濯祭之日

按：十行本、元十行本、李本（元）、劉本（元）、閩本、明監本、毛本同；單疏本作「滌」，十行抄本同，《要義》所引亦同。阮記云：「毛本『潃』作『滌』，案：所改是也。」盧記同。《正字》云「『滌』，監本誤『潃』」，乃阮記所本。考《周禮·小宗伯》云「眡滌濯祭之日」，則作「滌」是也，當從單疏本等，浦說是也。

36. 頁十四左　次視牲次舉鼎

按：單疏本、十行本、元十行本、李本（元）、劉本（元）、閩本、明監本、毛本、十行抄本皆同。阮記云：「案：『鼎』當作『羃』。」盧記同。考前《疏》引《儀禮·特牲饋食禮》云「宗人升自西階，視壺濯及籩豆，反降，東北面告濯具，主人出，復外位，宗人視牲，告充，宗人舉鼎羃，告絜」，隨後述之「彼先視濯籩豆，次視牲，次舉鼎」，「次舉鼎」即謂「宗人舉鼎羃」之省辭也，作「鼎」不誤，阮記誤也。

37. 頁十四左　說文作吳吳大言也

按：十行本、元十行本、李本（元）、劉本（元）、閩本、明監本、毛本、巾箱本、監圖本、纂圖本皆同。阮記無說，盧記補云：「通志堂同，盧本二『吳』字皆作『吳』，案：所改是也」。《釋文》出字「不吳」，注云「《說文》作『吳』，吳，大言也」。則諸本不誤，阮記所云不知何據。

38. 頁十四左　何承天云吳字誤當作吳從口下大*

按：「吳字誤當作吳」，十行本、元十行本、李本（元）、劉本（嘉靖）、閩本、明監本、毛本、監圖本、纂圖本同；巾箱本作「吳字誤當作吳」。阮記無

說，盧記補云：「通志堂、盧本『吳』作『吳』，『吳』作『吳』，案：所改是也。」《正字》云「『吳』『吳』二字互誤」，乃盧記所本。揆諸文義，既「從口下大」，則當作「吳字誤當作吳」，《釋文》云：「『吳』字誤，當為吳，從口下大」，正可為證，當從巾箱本也，浦說是也。

39. 頁十五右　傳吳譁考成

按：「吳」，單疏本、十行本、元十行本、李本（元）、劉本（元）、閩本、明監本、毛本皆同。阮記云：「案：『吳』當作『娛』。」盧記同。此標起止，《傳》云「吳，譁也，考，成也」，則作「吳」不誤，阮記之說，誤甚，謝記云：「此申《傳》，當依《傳》文，毛不破字，必不作『娛』。」是也。

40. 頁十五右　此言飲美皆思自安

按：「美」，十行本、元十行本、李本（元）、劉本（元）、閩本、明監本、毛本同；單疏本作「美酒」，十行抄本同。阮記云：「案：『美』下，浦鏜云『脫酒字』，是也。」盧記同。飲美，不辭，此《疏》引箋文也，箋云「飲美酒者皆思自安」，則「酒」字不可闕，當從單疏本等，浦說是也。

41. 頁十五左　即是武樂所象眾

按：「眾」，十行本、元十行本、李本（元）、劉本（元）、閩本、明監本、毛本同；單疏本無，《要義》所引同。阮記云：「案：盧文弨云：『眾』疑衍，是也。」盧記同。揆諸文義，「眾」為衍文，當從單疏本等，阮記是也。

42. 頁十五左　酌左傳作約古今字耳

按：「約」，十行本、元十行本、李本（元）、劉本（元）、閩本、明監本、毛本同；單疏本作「汋」，十行抄本同。阮記云：「案：山井鼎云：『約』當作『汋』，是也。」盧記同。《正字》云：「『汋』，誤『約』。」考本詩經文云「於鑠王師，遵養時晦」，又《左傳》宣公十二年《傳》文云「《汋》曰：於鑠王師，遵養時晦」，杜注「《汋》，《詩·頌》篇名」，則《左傳》所見本詩篇名作「汋」，故《疏》文言「《左傳》作『汋』」，則作「汋」是也，當從單疏本等，浦說是也。

43. 頁十七右　即之為三等

按：「即」，十行本、元十行本、李本（元）、劉本（嘉靖）、閩本、明監

本、毛本同；單疏本作「節」。阮記云：「案：山井鼎云：『即』恐『節』誤，是也。」盧記同。考下《疏》云「有先後而至也」，揆諸文義，作「節」是也，節者，次序之也，當從單疏本，阮記是也。

44. 頁十七右　傳公士○正義曰釋詁文

按：十行本、元十行本、李本（元）、劉本（嘉靖）、閩本、明監本、毛本同；單疏本作「事」。阮記云：「閩本、明監本、毛本在下節首，十行本誤在上節末，案：山井鼎云：『士』當作『事』，是也，下同。」盧記同。考《傳》云「公，事也」，則《疏》文標起止理當作「傳公事」，作「事」是也，當從單疏本，下「士」字亦當作「事」，下文經云「實維爾公允師」，《傳》云「公事也」，《疏》文標起止及「正義曰」云云理當在此節之下，然十行本、李本、劉本皆錯在經文「實維爾公允師」之上，混入前章《疏》文最末，顯誤，阮記是也。

45. 頁十七左　夏正於南郊祭者

按：「正」，單疏本、十行本、元十行本、李本（元）、劉本（嘉靖）、閩本、明監本、毛本皆同。阮記云：「案：『正』當作『至』，形近之譌。」盧記同。諸本皆同，作「正」不誤，阮記之說，純屬猜測，不可信從，汪記謂「三王之郊，一用夏正，夏至祀天出何典，記校者失之」，是也。

46. 頁十七左　以記文不旨言周

按：「旨」，十行本、元十行本、李本（元）、劉本（嘉靖）、閩本、明監本、毛本同；單疏本作「指」。阮記云：「案：浦鏜云『旨當指字誤』，是也。」盧記同。旨言，不辭，作「指」是也，當從單疏本，浦說是也。

47. 頁十八右　且人帝無時在南郊祭者

按：「時」，十行本、元十行本、李本（元）、劉本（元）、閩本、明監本、毛本同；單疏本作「特」，十行抄本同。阮記云：「案：『時』當作『特』，形近之譌。」盧記同。時在，不辭，考單疏本《疏》文云「且人帝無特在南郊祭者，以此知非人帝也」，「特在」者，有悖常情也，無特在，則與常情同，故知南郊所祭絕非人帝也，作「特」是也，當從單疏本等，阮記是也。

48. 頁十八右　婁豐年

按：「時」，十行本、元十行本、李本（元）、劉本（元）、巾箱本、監圖

本、纂圖本、岳本、日抄本、唐石經、白文本同；閩本作「屢」，明監本、毛本、五山本同。阮記云：「唐石經、小字本、相臺本同，閩本、明監本、毛本『婁』作『屢』，案：《釋文》作『婁』，是其證也⋯⋯」盧記同。宋元刊本皆作「婁」，《讀詩記》卷三十《商頌·桓》，亦作「婁」，作「婁」是也，衡其體例，阮本不應於此加圈。

49. 頁二十左　般樂也

按：十行本、元十行本、李本（元）、劉本（元）、閩本、明監本、毛本、巾箱本、監圖本、纂圖本、岳本、五山本、日抄本皆同。阮記云：「小字本、相臺本同，案：此《釋文》本也⋯⋯《正義》云『經無般字，《序》又說其名篇之意，般樂也，為天下所美樂，定本般樂二字為鄭注，未知孰是』⋯⋯」盧記同。諸本皆同，《讀詩記》卷三十《商頌·般》，引鄭氏曰「般樂也」，則其見本亦同，《疏》文所云為別本也。

50. 頁二十一右　墮山山之隓墮小者

按：十行本、元十行本、李本（元）、劉本（嘉靖）同；閩本作「隓山山之隓墮小者」，明監本、毛本同；巾箱本作「隓山山之隓隓小者」，監圖本、纂圖本、岳本同；五山本作「墮山山之墮墮小者」，日抄本同。阮記云：「相臺本『墮』作『隓』，案：相臺本是也⋯⋯」盧記同。考本詩經文云「隓山喬嶽」，《傳》文釋之，顯當作「隓」，則作「隓山山之隓隓小者」是也，當從巾箱本等。

51. 頁二十三右　毛詩無此句齊魯韓詩之*

按：「詩之」，十行本、元十行本、李本（元）、劉本（元）、閩本、明監本、毛本、纂圖本同；巾箱本作「詩有之」；監圖本作「之詩」。阮記、盧記皆無說。《正字》云：「脫『有』字。」詩之，不辭，《釋文》云：「毛詩無此句，齊魯韓詩有之」，則「有」字不可闕，當從巾箱本，浦說是也。

52. 頁二十三右　箋衰聚至而王

按：「聚」，十行本、元十行本、李本（元）、劉本（元）、閩本、明監本、毛本、十行抄本同；單疏本作「眾」。阮記云：「案：山井鼎云：據注，『聚』當作『眾』，是也。」盧記同。此標起止，箋云「衰，眾，對，配也⋯⋯受天命而王也」，則作「眾」是也，當從單疏本，阮記是也。作「聚」者，或涉上文《傳》文標起止作「傳衰聚」而誤也。

卷二十

卷二十之一

1. 頁一右　駉之什詁訓傳第二十九

按：「之什」，十行本、元十行本、李本（元）、劉本（元）、閩本、明監本、毛本、五山本、日抄本、十行抄本同；巾箱本無此二字，監圖本、纂圖本、岳本、唐石經同。阮記云：「唐石經、小字本、相臺本皆無『之什』二字，案：《釋文》云：本或作『駉之什』者，隨例而加耳，《商頌》亦然。《鹿鳴》《正義》云：今《魯頌》四篇，《商頌》五篇，皆不滿十，無之什也，或有者，承此《雅》《頌》之什之後而誤耳，云云。是《釋文》《正義》本皆無此二字，唐石經及經注各本是也……」盧記同。檢敦煌殘卷伯三七三七，正作「駉之什詁訓傳」，則無者乃別本也，阮記必謂無者為是，顯非。

2. 頁一左　故據後定言之其封域在禹貢徐州*

按：十行本、元十行本、李本（元）、劉本（元）、十行抄本同，《要義》所引亦同；單疏本「言之」二字後有空格，「其」字另行頂格；閩本「其」上有「o」，明監本、毛本同。阮記無說，盧記補云：「案：『其』上當『o』。」其封域云云，乃鄭玄《魯頌譜》文，理應與前《疏》「故據後言之」隔開，單疏本正如此，或因「言之」二字已迫行末，「其」字又另行頂格，合刊注疏時易致疏忽連為一句，故十行本以下皆不做分別，閩本等補入「o」是也，盧記是也。

3. 頁二右　立子開為閔公立其卒

按：「立其」，十行本、元十行本、李本（元）、劉本（元）、閩本、明監本、毛本同；單疏本作「二年」，十行抄本同，《要義》所引亦同。阮記云：「案：浦鏜云『二年誤立其』，是也。」盧記同。立其卒，不辭，檢《史記・魯周公世家》云「湣公二年，慶父與哀姜通益甚，哀姜與慶父謀殺湣公而立慶父，慶父使卜齮襲殺湣公於武闈」，則「立其」顯為「二年」之譌，當從單疏本等，浦說是也。

4. 頁二右　以惠王十九年即位

按：「九」，單疏本、十行本、元十行本、李本（元）、劉本（元）、閩本、明監本、毛本、十行抄本皆同，《要義》所引亦同。阮記云：「案：浦鏜云『八誤九』，從《年表》挍是也。」盧記同。諸本皆同，浦說存疑可也。

5. 頁二右　襄王二十二年薨

按：「二」，單疏本、十行本、元十行本、李本（元）、劉本（嘉靖）、閩本、明監本、毛本、十行抄本皆同，《要義》所引亦同。阮記云：「案：下『二』字，浦鏜云『五誤』，從《年表》挍是也。」盧記同。諸本皆同，浦說存疑可也。

6. 頁二右　舒瑗云

按：「瑗」，十行本、李本（元）、劉本（元）、閩本、明監本、毛本同；單疏本作「瑗」，元十行本、十行抄本同，《要義》所引亦同。阮記云：「案：浦鏜云『瑗誤瑗』，以《正義》考之是也，《隋書・經籍志》作『援』。」盧記同。《讀詩記》卷三十一《魯頌・駉》引孔氏曰，正作「舒瑗」，則作「瑗」是也，當從單疏本等，浦說是也。

7. 頁二右　所不書也僖十六年冬*

按：「僖」，十行本、元十行本、李本（元）、劉本（元）、十行抄本同；單疏本無「僖」字，《要義》所引同；閩本作「ｏ僖」，明監本、毛本同。阮記無說，盧記補云：「案：『僖』上當『ｏ』。」《正字》云：「一本無『僖』。」單疏本無「僖」字，為空格，注疏合刊時，或見此處為空格，遂補入「僖」字，然「十六年冬」云云為鄭玄《魯頌譜》文，理應與上《疏》「所不書也」相隔，又鄭《譜》上云「十九世至僖公」，此處正承前而來，亦無再言「僖」公之理，

故此處本無「僖」字，當從單疏、《要義》也。

8. 頁二左　故經傳皆闕僖二十年新作*

按：「僖」，十行本作「o僖」，元十行本、李本（元）、劉本（元）、閩本、明監本、毛本同；單疏本無「僖」字，十行抄本同，《要義》所引亦同。阮記、盧記皆無說。《正字》云：「『二十年』上，『僖』字亦無。」單疏本無「僖」字，為空格，注疏合刊時，或見此處為空格，遂補入「僖」字，然「二十年」云云為鄭玄《魯頌譜》文，理應與上《疏》「故經傳皆闕」相隔，又鄭《譜》上云「十九世至僖公」，此處正承前而來，亦無再言「僖」公之理，故此處本無「僖」字，當從單疏、《要義》也。

9. 頁二左　若然新然南門*

按：「然」，十行本、元十行本、李本（元）同；單疏本作「作」，劉本（元）、閩本、明監本、毛本、十行抄本同，《要義》所引亦同。阮記無說，盧記補云：「案：『然』當『作』字之譌。」此《疏》引《譜》文，《譜》云「二十年，新作南門」，則作「作」是也，當從單疏本等，盧記是也。

10. 頁四右　由命魯得郊天子礼

按：「子礼」，十行本、元十行本、李本（元）、劉本（元）、閩本、明監本、毛本同；單疏本作「用天子禮」字，十行抄本同，《要義》所引亦同。阮記云：「案：盧文弨云：『子禮』上當有『用天』二字，是也，此『天』字複而脫。」盧記同。《正字》云：「『子禮』，當『之禮』誤。」揆諸文義，魯得郊天，用天子禮，「用天」二字不可闕也，當從單疏本等，浦說誤也，阮記是也。

11. 頁四右　周為王者之後

按：「周為」，十行本、元十行本、李本（元）、劉本（元）、閩本、明監本、毛本同；單疏本作「同為」，十行抄本同，《要義》所引亦同。阮記云：「案：山井鼎云作『同於王者之後』，是也。」盧記同。《正字》云：「『周為』，當『同於』誤。」魯乃周公之後，同為文王之後，作「同為」是也，當從單疏本等，浦說、阮記皆誤也。

12. 頁四右　是不欲侵魯有惡

按：「侵」，十行本、元十行本、李本（元）、劉本（元）、閩本、明監本、

毛本同；單疏本作「使」，十行抄本同，《要義》所引亦同。阮記云：「案：盧文弨云：『侵』疑『使』，是也。」盧記同。侵魯，不辭，使魯有害也，當從單疏本等，阮記是也。

13. 頁四左　周之不陳其詩者為憂耳

按：「憂」，十行本、元十行本、李本（元）、劉本（元）、閩本、明監本、毛本同；單疏本作「優」，十行抄本同，《要義》所引亦同。阮記云：「案：浦鏜云『優誤憂』，是也。」盧記同。前《譜》云「周尊魯，巡守述職，不陳其詩」，故此《譜》云「周之不陳其詩者為優耳」，所謂「優」者，正指周尊魯而優待之，不使之如列國陳詩也，下《駉》《疏》文云「魯為天子所優，不陳其詩」，正可為證，作「優」是也，當從單疏本等，浦說是也。

14. 頁五右　詩為作頌

按：「詩」，十行本、元十行本、李本（元）、劉本（嘉靖）、閩本、明監本、毛本同；單疏本作「請」，十行抄本同。阮記云：「案：浦鏜云『請誤詩』，是也。」盧記同。單疏本《疏》文云「今僖公身有盛德，請為作頌，既為天子所許，而史官名克者作是《駉》詩之頌，以頌美僖公也」，揆諸文義，作「請」是也，當從單疏本等，浦說是也。

15. 頁五左　駉駉牡馬

按：十行本、元十行本、李本（元）、劉本（嘉靖）、閩本、明監本、毛本、巾箱本、纂圖本、纂圖本、岳本、五山本、日抄本、白文本同；唐石經作「牧」，後改為「牡」。阮記云：「小字本、相臺本同，唐石經初刻『牡』，後改『牧』，下同。案：《釋文》云牡馬，茂后反，草木疏云騭馬也，《說文》同，本或作『牧』，《正義》云：定本牧馬，字作牡馬……當以《正義》本為長。」盧記同。今考《傳》云「牧之坰野則駉駉然」，箋云「必牧於坰野者」，則毛、鄭所見皆似作「牧」，與孔穎達所見本同，又敦煌殘卷伯三七三七，正作「牧馬」，則作「牧」似勝，作「牡」者，乃別本也。

16. 頁六左　不言牧馬

按：「馬」，十行本、元十行本、李本（元）、劉本（嘉靖）、閩本、明監本、毛本同；單疏本作「焉」，十行抄本同。阮記云：「案：浦鏜云『馬當焉誤』，是也。」盧記同。《傳》云「邑外曰郊，郊外曰野」，考單疏本《疏》文

云「《釋地》云：邑外謂之郊，郊外謂之牧……，此《傳》出於彼文，而不言郊外曰牧，注云『郊外曰野』者，自郊以外，野為通稱，因即據野為說，不言『牧』焉」，《釋地》云「郊外謂之牧」，《傳》云「郊外曰野」，則前者云「牧」，後者云「野」，故《疏》文釋解其因，故與「牧馬」無涉，作「馬」顯誤，作「焉」是也，當從單疏本等，浦說是也。

17. 頁六左　又言牧在遠郊

按：「在」，單疏本、十行本、元十行本、李本（元）、劉本（嘉靖）、閩本、明監本、毛本、十行抄本皆同。阮記云：「案：浦鏜云『任誤在』，是也。」盧記同。諸本皆同，文義曉暢，作「在」不誤，此《疏》述箋，不必與原文完全一致，故浦說誤也。

18. 頁七右　子三十里

按：「三」，元十行本、李本（元）、劉本（嘉靖）、閩本、明監本、毛本同；單疏本則「二」，十行本、十行抄本同。阮記云：「案：浦鏜云『二誤三』，是也。」盧記同。考單疏本《疏》文云「以此差之，遠郊上公五十里，侯四十里，伯三十里，子二十里，男十里也」，若作「子三十里」，則與「伯三十里」等，何來「差之」之有，則作「二」是也，當從單疏本等，浦說是也。

19. 頁七右　或當別有依終

按：「終」，十行本、元十行本、李本（元）、劉本（嘉靖）、閩本、明監本、毛本同；單疏本作「約」，十行抄本同。阮記云：「案：『終』當作『約』，形近之譌。」盧記同。《正字》云：「『終』，當『據』字誤。」依終，不辭，依約者，依據而約取之義，《大雅·烝民》《疏》云「毛時書籍猶多，去聖未遠，雖言蓋為疑辭，其當有所依約而言也」，正用此義，故此處作「約」是也，當從單疏本等，浦說非也，阮記是也。

20. 頁七右　三十里之國三里之郊

按：「三」，十行本、元十行本、李本（元）、劉本（嘉靖）、閩本、明監本、毛本同；單疏本作「五」，十行抄本同。阮記云：「案：浦鏜云『五誤三』，是也。」盧記同。此《疏》引《書傳》，《禮記·王制》鄭注引《書傳》，正作「五十里之國三里之郊」，則作「五」是也，當從單疏本等，浦說是也。

21. **頁七左　以載師掌在士之法**

按：「在士」，元十行本、李本（元）、劉本（嘉靖）、閩本同；單疏本作「任土」，十行抄本同；十行本作「在土」，明監本、毛本同。阮記云：「閩本同，明監本、毛本『士』作『土』，案：所改是也，山井鼎云：『在』恐『任』誤，是也。」盧記同。《正字》云：「『任』，誤『在』。」檢《周禮·載師》，正作「任土」，則當從單疏本，浦說是也。

22. **頁七左　上言駉駉牡馬**

按：「牡」，十行本、元十行本、李本（元）、劉本（嘉靖）、閩本、明監本、毛本同；單疏本作「牧」。阮記云：「案：『牡』當作『牧』。」盧記同。《疏》文所見經文作「駉駉牧馬」，則作「牧」是也，當從單疏本，阮記是也。

23. **頁七左　乃言其牧處**

按：單疏本、十行本、元十行本、李本（元）、劉本（嘉靖）、閩本、明監本、毛本皆同。阮記云：「案：『乃』當作『及』，形近之譌。」盧記同。諸本皆同，文義曉暢，原文不誤，阮記誤也。

24. **頁八右　皆言以事**

按：「事」，十行本、元十行本、李本（元）、劉本（嘉靖）、閩本、明監本、毛本同；單疏本作「車」，十行抄本同。阮記云：「案：浦鏜云『車誤事』，是也。」盧記同。單疏本《疏》文云「以四章所論馬色既別，皆言以車」，考本詩四章經文分別有云「有驪有黃以車彭彭」、「有騂有騏以車伾伾」、「有驒有駱以車繹繹」、「有驒有魚以車祛祛」，此即「皆言以車」也，作「車」是也，當從單疏本等，浦說是也。

25. **頁八左　故知戎馬不得駕田也**

按：「馬」，十行本、元十行本、李本（元）、劉本（嘉靖）、閩本、明監本、毛本同；單疏本作「路」，毛本、十行抄本同，《要義》所引亦同。阮記云：「毛本上『馬』字作『路』，案：所改是也。」盧記同。《正字》云：「『路』，監本作『馬』。」考前《疏》云「戎路駕戎馬」，又云「戎路之衡高於田路，田馬不得駕之」，則作「路」是也，當從單疏本等，浦說是也。

26. 頁九右　字林作駍音丕*

按：「駍」，十行本、元十行本、李本（元）、劉本（嘉靖）、閩本、明監本、毛本、巾箱本、監圖本、纂圖本皆同。阮記、盧記皆無說。《釋文》出字「有馬駍」，注云「《字林》作『駍』，音丕」，與諸本合，不知阮本為何於此加圈。

27. 頁九右　字林作駓走也*

按：「駓」，十行本、元十行本、李本（元）、劉本（嘉靖）、閩本、明監本、毛本、巾箱本、監圖本、纂圖本皆同。阮記云：「通志堂本、盧本同，案：『駓』字各本皆誤，當作『駍』，《集韻》『六脂』云：駍，馬走也，本此。陸氏『有駍』下本云『《字林》作駓』，『伾伾』下本云『《字林》作駍』，今《釋文》皆云『《字林》作駓』者，『伾伾』下誤也，小字本、十行本所附『《字林》作駓』，反在『有駍』下，亦誤倒，今特訂正。」盧記惟「陸氏『有駍』下本云『《字林》作駓』」異，餘同。檢《釋文》出字「有駍」，注云「《字林》作『駍』，音丕」；出字「伾伾」，注云「《字林》作『駓』，走也」，傳世諸本與《釋文》合，阮記之說，純屬猜測，不可信從。細繹阮記，既云『『伾伾』下誤也」，則其意「有駍」下作「駍」不誤，盧記改「駍」為「駓」則誤也，然既作「有駍」，不當再云《字林》作「駍」，此處阮記亦誤。

28. 頁九右　而牲用犅綱

按：「綱」，十行本、元十行本、李本（元）同；單疏本作「犅」，《要義》所引同；劉本（嘉靖）作「剛」，閩本、明監本、毛本同。阮記云：「閩本、明監本、毛本『綱』誤『剛』，案：所改非也，此當作『犅』，形近之譌。」盧記同。牲者從「牛」，作「犅」是也，當從單疏本等，阮記是也。

29. 頁九左　班駁隱鄰*

按：「鄰」，十行本、元十行本、李本（元）、劉本（嘉靖）、閩本；十行抄本同；單疏本作「粼」，《要義》所引同；明監本作「瓴」，毛本同。阮記引文作「班駁隱鄰」，云：「閩本、明監本、毛本『班駁』誤『斑駁』，明監本、毛本『鄰』作『瓴』，閩本作『鄰』，案：此當作『粼』，皆形近之譌也，《釋文》『驎』下，亦誤為『瓴』，詳後考證。○按：此本無正字，皆用同音字耳，舊挍非也，瓴字多讀作去聲，故郭良刃反，呂良振反。」盧記同。此《疏》引

《爾雅・釋畜》郭注，檢之作「驎」，則作「驎」是也。當從單疏本，阮記是也。

30. 頁九左　馲音乾

按：十行本、元十行本、李本（元）、劉本（嘉靖）、閩本、明監本、毛本同；單疏本作「馲音乾」，《要義》所引同。阮記云：「案：『音乾』二字，當傍行細書，乃《正義》自為音也。」盧記同。據單疏本，此處「音乾」二字確為《疏》自為音，當為小字雙行細書，阮記是也。

31. 頁九左　皆作駱字

按：單疏本、十行本、元十行本、劉本（嘉靖）、閩本、明監本、毛本同，《要義》所引亦同；李本（元）漫漶。阮記云：「案：『駱』當作『雒』，下文云：其字定當為雒，是其證。」盧記同。諸本皆同，作「駱」不誤，阮記猜測之說，絕不可信。

32. 頁十右　以車祛祛

按：「祛祛」，十行本、元十行本、李本（元）、劉本（嘉靖）、閩本、明監本、毛本、巾箱本、監圖本、纂圖本、岳本、五山本、日抄本、白文本同；唐石經作「祛祛」。阮記云：「唐石經作『祛祛』，相臺本同，案：『祛』字是也……從『示』者皆傳寫之誤。」盧記同。檢敦煌殘卷伯三七三七《魯頌・駉》，作「祛」，則「祛」「祛」乃別本之異，阮記是祛非祛，誤也。

33. 頁十右　豪骭曰驔

按：十行本、元十行本、李本（元）、劉本（嘉靖）、閩本、明監本、毛本、巾箱本、監圖本、纂圖本、岳本、五山本、日抄本皆同。阮記云：「小字本、相臺本同，案：此《釋文》本也……《正義》云『《釋畜》云四駁皆白驔，無豪骭白之名，《傳》言豪骭白者，蓋謂豪毛在骭而白長名為驔也』，是其本『骭』下有『白』字。」盧記同。《正字》云：「上『白』字，誤『曰』。」諸本皆同，《讀詩記》卷三十一《魯頌・駉》，引毛氏曰，亦作「豪骭曰驔」，則原文不誤，《疏》文所見或為別本也。

34. 頁十右　二目白曰魚

按：十行本、元十行本、李本（元）、劉本（嘉靖）、閩本、明監本、毛

本、巾箱本、監圖本、纂圖本、岳本、五山本、日抄本皆同。阮記云：「小字本、相臺本同，案：《釋文》云：毛云一目白曰魚，《爾雅》云一目白瞯二目白魚。考《正義》亦引《爾雅》并舍人、郭璞注，而不云有異，是其本字與《爾雅》同，亦作『二目』也，但考毛《傳》多有與《爾雅》不合者⋯⋯或此《傳》亦然，《正義》本依《爾雅》改耳。」盧記同。《正字》云「『一目』，誤『二目』，從《釋文》挍」，乃阮記所本。諸本皆同，《讀詩記》卷三十一《魯頌・駉》，引毛氏曰，亦作「二目」，則原文不誤，浦說、阮記皆屬猜測，不可信從。

35. 頁十左　主以給官中之役

按：「官」，十行本、元十行本、李本（元）、劉本（嘉靖）、閩本、明監本、毛本、同；單疏本作「宮」，十行抄本同，《要義》所引亦同。阮記云：「案：山井鼎云：『官』恐『宮』誤，是也。」盧記同。《正字》云：「『宮』，誤『官』。」官中，不知何指，宮中之役是也，當從單疏本等，浦說是也，孫記以為作「官」不誤，實不可信。

36. 頁十左　貴其肥牡

按：「牡」，十行本、元十行本、李本（元）同；單疏本作「壯」，劉本（嘉靖）、閩本、明監本、毛本、十行抄本同，《要義》所引亦同。阮記云：「閩本、明監本、毛本『牡』作『壯』，案：所改是也。」盧記同。肥牡，顯誤，所貴者，肥壯也，作「壯」是也，當從單疏本也。

37. 頁十一右　但明義明德也

按：十行本、元十行本、李本（元）、劉本（嘉靖）、閩本、明監本、毛本、巾箱本、監圖本、纂圖本、岳本、五山本、日抄本皆同。阮記云：「小字本、相臺本同，案：《正義》云『以經有二明，故知謂明義明德也，定本、集注皆云議明德也，無上明字』，段玉裁云：『義』是衍字⋯⋯」盧記同。諸本皆同，段說豈可信據？

38. 頁十二左　箋云載言則也

按：「載」，十行本、元十行本、李本（元）、劉本（元）、閩本、明監本、毛本同；巾箱本作「載之」，監圖本、纂圖本、岳本、五山本、日抄本同。阮記云：「小字本、相臺本『載』下有『之』字，《考文》古本同。案：有者是

也。」盧記同。經注本系統有「之」字，注疏本系統無，當為別本之異，非是非之別，阮記非也。

39. 頁十三右　泮水頌僖公能脩泮宮也

按：「泮宮也」，十行本、元十行本、李本（元）、劉本（元）、閩本、明監本、毛本、巾箱本、監圖本、纂圖本、岳本、五山本、日抄本、唐石經、白文本皆同。阮記云：「唐石經、小字本、相臺本同，案：此《正義》本也，標起止云『至泮宮』，下文同，可證。《釋文》云：頖宮，音判，本多作『泮』。考此亦《序》與經不同字之例，當以《釋文》本為長。」盧記同。諸本皆同，檢敦煌殘卷伯三七三七《魯頌‧泮宮‧序》，正作「泮宮也」，則作「泮」是也，作「頖」者別本也，阮記謂當從《釋文》本，毫無依據，妄斷甚矣。

40. 頁十三左　喊喊言其聲也

按：「其」，十行本、元十行本、李本（元）、劉本（元）、閩本、明監本、毛本同；巾箱本作「有」，監圖本、纂圖本、岳本、五山本、日抄本同，《要義》所引亦同。阮記云：「小字本、相臺本『其』作『有』，《考文》古本同，案：『有』字是也，《正義》云『其鸞則喊喊然有聲』，可證也。」盧記同。喊喊然有聲，經注本系統皆作「有」，《要義》所引亦作「有」，作「有」是也，當從巾箱本等，阮記是也。

41. 頁十三左　箋云于行

按：「行」，十行本、元十行本、李本（元）、劉本（元）、閩本同；巾箱本作「往」，監圖本、纂圖本、岳本、五山本、日抄本同，《要義》所引亦同；明監本作「邁」、毛本同。阮記云：「小字本、相臺本『行』作『往』，《考文》古本同，明監本、毛本作『邁』，案：往字是也，形近之譌，『邁』字誤改也。」盧記同。考本詩云「從公于邁」，《疏》云「皆從公往行而至泮宮」，正本箋釋經，經注本系統皆作「于往」，《要義》所引亦作「于往」，則箋云「于往」是也，當從巾箱本等，阮記是也。

42. 頁十三左　傳魯侯僖公

按：「傳」，十行本、元十行本、李本（元）、劉本（元）、閩本、明監本、毛本同；單疏本作「值」。阮記云：「案：浦鏜云『值誤傳』，是也。」盧記同。考單疏本《疏》文云「值魯侯僖公來至此泮宮」，值者，正值也，作「傳」則

義不可解，作「值」是也，當從單疏本，浦說是也。

43. 頁十三左　明堂位曰采廩有虞氏之庠也

按：「采」，十行本、元十行本、李本（元）、毛本同；單疏本作「米」，劉本（元）、閩本、明監本同，《要義》所引亦同。阮記云：「毛本同，閩本、明監本『采』作『米』，案：所改是也。」盧記同。檢《禮記·明堂位》，「米廩有虞氏之庠也」，則作「米」是也，當從單疏、《要義》。

44. 頁十四右　是小菜也*

按：「小」，十行本、李本（元）、劉本（嘉靖）、閩本、明監本、毛本同；單疏本作「水」，元十行本同。阮記無說，盧記補云：「『小』當作『水』，下句言水菜者，可證。」考單疏本《疏》文云「芹生於泉水，是水菜也」，則作「水」是也，當從單疏本，盧記是也。

45. 頁十四右　其住不專為菜*

按：「住」，十行本、李本（元）、劉本（嘉靖）同；單疏本作「往」，元十行本、閩本、明監本、毛本同。阮記無說，盧記補云：「『住』當作『往』。」考單疏本《疏》文云「魯人之樂泮水，意在觀化，非主采菜……己思樂僖公之修泮宮之水，復伯禽之法，而往觀之，采其芹也……其往不專為菜」，則往者，往而觀之也，作「往」是也，當從單疏本，盧記是也。

46. 頁十四右　釋詁云肉倍好謂之璧

按：「詁」，十行本、元十行本、李本（元）、劉本（嘉靖）、閩本、明監本、毛本同；單疏本作「器」，十行抄本同，《要義》所引亦同。阮記云：「案：浦鏜云『器誤詁』，是也。」盧記同。檢《爾雅·釋器》云「肉倍好謂之璧」，則作「器」是也，當從單疏本等，浦說是也。

47. 頁十四左　後漢書稱光武中元二年初載建三廱

按：單疏本、十行本、元十行本、李本（元）、劉本（嘉靖）、閩本、明監本、毛本、十行抄本皆同，《要義》所引亦同。阮記云：「案：浦鏜云『元誤二，載疑衍字』，以《後漢書·儒林傳》考之，蒲挍是也。」盧記同。諸本皆同，孔穎達所見本《後漢書》與傳世本或異，浦說存疑可也。

48. 頁十五右 箋其音至德音○正義曰以其馬是僖公之馬故知其音是僖公之音以文承馬下嫌是馬音故明之

按：十行本、元十行本、李本（元）、劉本（元）、閩本同；單疏本無「○」；明監本無「箋」，毛本同。阮記云：「閩本同，明監本、毛本以此節《正義》，改入下章『其音昭昭』句注下，首脫『箋』字，案：此十行散附時所誤繫耳。」盧記同。考下章經文云「其音昭昭」，箋云「其音昭昭，僖公之德音」，則此段《疏》文顯當繫於下章，乃注疏合刊時誤繫於此，阮記是也。

49. 頁十六右 菜大如手

按：「菜」，十行本、元十行本、李本（元）、劉本（元）、閩本、明監本、毛本同；單疏本作「葉」。阮記云：「案：浦鏜云『葉誤菜』，是也。」盧記同。此《疏》引《陸機疏》，菜如何大如手，揆諸文義，作「葉」是也，當從單疏本，浦說是也。

50. 頁十六右 又可䕅

按：「䕅」，單疏本、十行本、元十行本、李本（元）、劉本（元）、閩本、明監本同；毛本作「䕷」。阮記云：「閩本、明監本同，毛本『䕅』誤『䕷』，案：所改是也」，「誤」盧記作「作」，餘同。《正字》云「『䕅』，監本誤『䕷』」，乃阮記所本。單疏本等作「䕅」，毛本以意改作「䕷」，毫無依據，不可信從，阮記既云毛本誤，又云所改是也，顯然前後矛盾，盧記改「誤」為「作」，於義昶矣。

51. 頁十六右 於是可以采可者召唯所欲

按：「采」，十行本、元十行本、李本（元）、劉本（元）、閩本、明監本、毛本同；單疏本作「來」。阮記云：「案：山井鼎云：《鄉飲酒》注作『於是可以來』，是也。」盧記同。《正字》云：「『來』，誤『采』。」此《疏》引《儀禮‧鄉飲酒禮》鄭注，檢之，正作「於是可以來」，則作「來」是也，當從單疏本，浦說是也。

52. 頁十七右 皆庶幾庶行孝

按：「庶行」，十行本、元十行本、李本（元）、劉本（元）、閩本、明監本、毛本同；單疏本作「行」。阮記云：「案：浦鏜云『庶行當力行之誤』，是也，箋文可證。」盧記同。庶幾庶行孝、庶幾力行孝，皆於辭氣有滯，「庶幾

行孝」，辭義俱昶，「庶」為衍文，當從單疏本，浦說非也。

53. 頁十七左　故云馘所獲者之左耳

按：「獲」，十行本、元十行本、李本（元）、劉本（元）、閩本、明監本、毛本同；單疏本作「格」。阮記云：「案：『獲』當作『格』，箋文是『格』字，《正義》下文云『謂臨陣格殺之』，可證也。」盧記同。此《疏》引箋文，箋云「馘，所格者之左耳」，則作「格」者是也，當從單疏本，阮記是也。

54. 頁十七左　不吳不揚

按：十行本、元十行本、李本（元、元）、劉本（元、嘉靖）、閩本、明監本、毛本、巾箱本、監圖本、纂圖本、岳本、五山本、日抄本、唐石經、白文本皆同，《要義》所引亦同。阮記云：「唐石經、小字本、相臺本同，案：《正義》云『鄭讀不吳為不娛，人自娛樂，必讙譁為聲，故以娛為讙也』，《釋文》云：『不吳』，鄭如字，讙也，王音誤。考此經字與《絲衣》同，鄭此箋即彼《傳》也，《釋文》以為鄭如字者，最合箋意，《正義》以為鄭讀不娛者，亦自據其彼經而言耳……○按：此毛、鄭不同，毛作『瘍』訓傷，鄭讀『瘍』為『揚』，訓大聲，後人從鄭改經字。」盧記同。諸本皆同，檢敦煌殘卷伯三七三七《魯頌·泮水》，正作「不吳不揚」，則作「不吳不揚」是也。

55. 頁十八右　傳以狄為遠則北狄亦為遠也

按：「北」，十行本、元十行本、李本（元）、劉本（嘉靖）、閩本、明監本、毛本同；單疏本作「此」。阮記云：「案：『北』字，山井鼎云：恐『此是』誤，是也。」盧記同。揆諸文義，作「此」是也，當從單疏本也。

56. 頁十八左　故知皇當作往釋詁云往往皇皇美也

按：三「往」，單疏本、十行本、元十行本、李本（元）、劉本（嘉靖）、閩本、明監本、毛本皆同。阮記云：「案：浦鏜云『三往字皆當作旺』，是也。」盧記同。諸本皆同，作「往」不誤，浦說純屬猜測，不可信從。

57. 頁十八左　甚傅緻者

按：「緻」，十行本、元十行本、李本（元）、劉本（嘉靖）、閩本、明監本、毛本同；巾箱本作「致」，監圖本、纂圖本、岳本、五山本、日抄本同，

《要義》所引亦同。阮記云:「小字本、相臺本『緻』作『致』,案:『致』字,依定本、《釋文》,是也。」盧記同。經注本作「致」,又《要義》所引亦作「致」,則作「致」是也,注疏本作「緻」,或據《疏》文「傅緻」而改也。

58. 頁十九左　已以為搜與束矢共文

按:「已」,十行本、元十行本、李本(元)、劉本(元)、閩本、明監本、毛本同;單疏本作「毛」,《要義》所引同。阮記云:「案:『已』當作『毛』,形近之譌。」盧記同。《正字》云:「『已』,當『又』字誤。」考本詩經文云「束矢其搜」,毛《傳》云「搜,眾意也」,故《疏》文釋之云「毛以為『搜』與『束矢』共文,當言其束之多,故搜為眾意」,則作「毛」是也,當從單疏本等,阮記是也,浦說誤也。

59. 頁十九左　得以弓言觓矢言搜

按:「得」,十行本、元十行本、李本(元)、劉本(元)、閩本、明監本、毛本同;單疏本作「傳」,《要義》所引同。阮記云:「案:浦鏜云『傳誤得』,是也。」盧記同。考本詩經文云「角弓其觓」,《傳》云「觓,弛貌」,故《疏》文釋之云「《傳》以『弓』言『觓』,『矢』言『搜』,其意言弓不張」,不張即弛也,則作「傳」是也,當從單疏本等,浦說是也。

60. 頁二十右　南謂荊楊也

按:「楊」,十行本、元十行本、李本(元)、劉本(元)、閩本、纂圖本、五山本同;明監本作「揚」、毛本、巾箱本、監圖本、岳本、日抄本同。阮記云:「閩本同,小字本、相臺本『楊』作『揚』,明監本、毛本同,案:此字說見前。」盧記同。「楊」「揚」乃別本之異也。

61. 頁二十右　琛圭釋言文

按:「圭」,十行本、元十行本、李本(元)、劉本(元)、閩本、明監本、毛本同;單疏本作「寶」,《要義》所引同。阮記云:「案:山井鼎云:『圭』當作『寶』,是也。」盧記同。《正字》云:「『寶』,誤『圭』。」檢《爾雅·釋言》云「琛,寶也」,則作「寶」是也,當從單疏本等,浦說是也。

卷二十之二

1. 頁一左　血清浄也

按：「浄」，十行本、元十行本、李本（元）、劉本（元）、閩本、明監本、毛本、巾箱本、監圖本、纂圖本、岳本、五山本、日抄本皆同，《要義》所引亦同。阮記云：「按：各本皆同。攷《釋文》作『清靜也』，引《說文》血靜也，當依《釋文》更正……」盧記同。諸本皆同，原文不誤，檢《釋文》出字「有血」，注云「況域反，清靜也」，何嘗謂毛《傳》作「清靜也」？阮記據此以證《傳》文，可謂毫無依據，妄斷甚矣。

2. 頁一左　天神多與之福

按：「與」，十行本、元十行本、李本（元）、劉本（元）、閩本、明監本、毛本、巾箱本、監圖本、纂圖本、岳本、五山本、日抄本皆同，《要義》所引亦同。阮記云：「小字本、相臺本同，按：『與』當作『予』，下箋云『天神多予后稷以五穀』，是其證……」盧記同。諸本皆同，作「與」不誤，阮記之說，純屬猜測，不可信從。謝記云：「『予』、『與』同時並有之字，無所謂古今，『予』本不訓『與』，以『予』為『與』假借也，安見箋之必用假借而不用本字乎？」所駁甚是。

3. 頁二左　或因大祭而則祭之也*

按：「則」，十行本、元十行本、李本（元）、劉本（元）、閩本、明監本、毛本同；單疏本作「別」，《要義》所引同。阮記云：「案：此不誤，浦鏜云『則疑衍字』，非也，『而則祭』者，下經之而載當也本句下，《正義》可證。」盧記同。考單疏本《疏》文云「《周禮》定其用樂，明其有祭之時，但其祭時節禮無明文，或因大祭而別祭之也」，揆諸文義，作「別」是也，當從單疏本等，浦說、阮記皆誤也，謝記以為「則」為衍字，亦誤。

4. 頁三右　其不圻不副*

按：「圻」，單疏本作「坼」，十行本、元十行本、李本（正德六年）、劉本（正德六年）、閩本、明監本、毛本同。阮記、盧記皆無說。作「圻」顯誤，前《疏》所引皆作「坼」。

5. **頁三右　箋云其生之又無災害**

按：「生」，十行本、元十行本、李本（正德六年）、劉本（正德六年）、閩本、明監本、毛本同；單疏本作「任」，十行抄本同。阮記云：「案：浦鏜云『任誤生』，是也。」盧記同。此《疏》引箋文，箋云「其任之又無災害」，則作「任」是也，當從單疏本等，浦說是也。

6. **頁三左　又解后稷其名曰棄**

按：「棄」，十行本、元十行本、李本（正德六年）、劉本（正德六年）同；單疏本作「棄」，閩本、明監本、毛本同。阮記云：「閩本、明監本、毛本『棄』作『棄』，下同，案：箋字作『棄』，《生民》可證，《正義》自為文，亦用棄字……凡唐石經於『棄』字，皆作『棄』，以其中為『世』字，諱而避之也……」盧記同。「棄」、「棄」乃別本之異也。

7. **頁四左　箋云屬極***

按：「極」，十行本、元十行本、李本（元）、劉本（元）、巾箱本、監圖本、纂圖本、五山本、日抄本同；閩本作「殛」，明監本、毛本、岳本同。阮記云：「小字本、相臺本同，《考文》古本同，閩本、明監本、毛本『極』作『殛』，案：『殛』字誤也……《正義》《釋文》二本皆本是『極』字也，閩本以下又盡改《正義》中『極』字作『殛』，誤甚，十行本不誤……」盧記同。宋元刊本皆作「極」，作「極」是也，阮記是也。

8. **頁四左　致大平天所以罰**

按：十行本、元十行本、李本（元）、劉本（元）、閩本、明監本、毛本、巾箱本、監圖本、纂圖本、岳本、五山本、日抄本皆同。阮記云：「小字本、相臺本同，案：『大平』及『以』三字，衍也，《正義》云『是致天所罰』，複舉箋文，可為明證……」盧記同。諸本皆同，原文不誤，阮記純屬猜測，不可信從。

9. **頁五右　勸武王無有二心**

按：「二」，單疏本、十行本、元十行本、李本（元）、劉本（元）、閩本、明監本、十行抄本同，《要義》所引亦同；毛本作「貳」。阮記云：「閩本、明監本同，毛本『二』作『貳』，案：所改是也。」盧記同。箋云「無有二心」，

《疏》文正本之，作「二」是也，當從單疏本等，毛本誤改，阮記誤也。

10. 頁六右　秋物新成尚之也

按：「尚」，十行本、元十行本、李本（元）、劉本（元）、閩本、明監本、毛本、巾箱本、監圖本、纂圖本、岳本、五山本、日抄本皆同。阮記云：「小字本、相臺本同，案：《正義》云『以秋物新成始可嘗之，故言始嘗也』……是《正義》本『尚』作『嘗』。」盧記同。諸本皆同，原文不誤，《疏》文非直引箋文，豈可為據，阮記非也。

11. 頁六右　下有栩

按：「栩」，十行本、元十行本、李本（元）、劉本（元）、閩本、巾箱本、監圖本、纂圖本、岳本、五山本、日抄本同；明監本作「跗」，毛本同。阮記云：「小字本、相臺本同，閩本、明監本、毛本『栩』作『跗』，案：《釋文》云：有栩，方于反……《正義》中字皆作『跗』，或是其所易今字耳，各本依之，未是。」盧記同。宋元刊本皆作「栩」，作「栩」是也，阮記謂閩本作「跗」，非也。

12. 頁六右　俾爾熾而昌

按：「俾」，十行本、元十行本、李本（元）、劉本（元）、閩本、明監本、毛本、巾箱本、監圖本、纂圖本、岳本、五山本、日抄本、唐石經、白文本同。阮記云：「唐石經、小字本、相臺本同，案：盧文弨云：俾，一本作卑，見《校官碑》……『卑』者『俾』之假借字。」盧記同。檢敦煌殘卷三七三七《魯頌·閟宮》，作「卑爾熾而昌」，則「俾」、「卑」乃別本之異也。

13. 頁六右　魯邦是嘗

按：「嘗」，十行本、元十行本、李本（元）、劉本（元）同；閩本作「常」，明監本、毛本、巾箱本、監圖本、纂圖本、岳本、五山本、日抄本、唐石經、白文本同。阮記云：「唐石經、小字本、相臺本『嘗』作『常』，閩本、明監本、毛本同，案：『嘗』字誤也。」盧記同。考《疏》文云「魯邦是其常」，則其所見本亦作「常」，檢敦煌殘卷三七三七《魯頌·閟宮》，作「魯邦是常」，則作「常」是也，阮記是也。

14. 頁六左　與赤色之特*

按：「特」，單疏本、十行本、元十行本、李本（元）、劉本（元）、閩本、

明監本、毛本、十行抄本皆同。阮記云：「案：此不誤，浦鏜云『特當犆字誤』，非也。」盧記同。諸本皆同，作「特」不誤，浦說非也。衡其體例，阮本不當於此不誤之處加圈。

15. 頁七右　則有爛火去其毛而炰之豚

按：「爛」，單疏本、十行本、十行抄本同；劉本（元）作「以」，閩本明監本、毛本同；元十行本漫漶，李本（元）墨釘。阮記云：「閩本、明監本、毛本『爛』作『以』，案：皆誤也，當作『爛』，下文『彼注云爛去其毛而炰之也』同。」盧記同。十行本、十行抄本皆作「爛」，單疏本亦同，則阮記之說，存疑可也。

16. 頁七右　正月朔日於周二特牛

按：「於周」，十行本、元十行本、李本（元）、劉本（元）、閩本、明監本、毛本同；單疏本作「也用」，十行抄本同。阮記云：「案：『於』當作『也』，『周』當作『用』，《烈文》《正義》引可證。」盧記同。《正字》云：「『於周』二字，當『用』字之誤。」考單疏本《疏》文引《尚書》鄭注云：「歲成王元年正月朔日也，用二特牛祫祭文武於文王廟」，揆諸文義，作「也用」是也，當從單疏本等，阮記是也，浦說誤也。

17. 頁九左　地官 o 封人

按：「o」，元十行本、李本（元）、劉本（嘉靖）同；單疏本無，十行抄本同，十行本作空格；閩本作「中」，明監本、毛本同。阮記云：「閩本、明監本、毛本『o』作『中』，案：皆誤也，當衍。」盧記同。揆諸文義，「o」不當有，單疏、十行抄本皆無可證，十行本有空格，元刊十行本則補為「o」，閩本等見「o」絕不可通，遂改為「中」，一誤再誤，以譌傳譌，阮記是也。

18. 頁九左　彼注云爛火去其毛而炰之也*

按：「爛」，十行本、元十行本、李本（元）、劉本（嘉靖）、閩本、明監本、毛本、十行抄本同；單疏本作「燖」，《要義》所引同。阮記、盧記皆無說。《正字》云：「『燖』，誤『爛』。」此《疏》引《周禮·地官·封人》鄭注，檢之，正作「燖去其毛而炮之」，則作「燖」是也，當從單疏本等，浦說是也。

19. 頁九左　大羹湆煮肉汁

按：「湆」，十行本、元十行本、李本（元）、劉本（嘉靖）、閩本、毛本同；單疏本作「湆」，明監本同。阮記云：「閩本、毛本同，明監本作『湆』作『湆』，案：所改是也。」盧記同。《正字》云「『湆』，毛本誤『湆』」，乃阮記所本。此《疏》引《儀禮‧士虞禮》鄭注，檢之，正作「湆肉汁」，則作「湆」是也，當從單疏本，浦說是也。

20. 頁九左　明堂位稱祀周公作大廟

按：「作」，十行本、元十行本、李本（元）、劉本（嘉靖）、閩本、明監本、毛本同；單疏本作「於」，十行抄本同，《要義》所引亦同。阮記云：「案：浦鏜云『於誤作』，是也。」盧記同。揆諸文義，顯當作「於」，當從單疏本等，浦說是也。

21. 頁十左　天下無敢禦也

按：「也」，十行本、元十行本、李本（元）、劉本（嘉靖）、閩本、明監本、毛本、巾箱本、監圖本、纂圖本同；岳本作「之」，五山本、日抄本同。阮記云：「相臺本『也』作『之』，案：『之』字是也，《正義》云則無有於我僖公敢禦止之也，標起止云『至禦之』，可證也，《考文》古本『也』上有『之』字，采《正義》。」盧記同。《疏》文所見本作「之」，「也」「之」乃別本之異也。

22. 頁十一左　萬二千五百為軍

按：「為」，十行本、元十行本、李本（元）、劉本（嘉靖）、閩本、明監本、毛本同；單疏本作「人為」，十行抄本同，《要義》所引亦同。阮記云：「案：浦鏜云『為上疑脫人字』，是也。」盧記同。揆諸文義，「人」顯不可闕，當從單疏本等，浦說是也。

23. 頁十二左　俗本作增誤也

按：「增」，十行本、元十行本、李本（元）、劉本（元）、閩本、明監本同；單疏本作「憎」，毛本同。阮記云：「閩本、明監本、毛本『增』作『憎』，案：所改是也。」盧記同。考單疏本《疏》文云「定本、集注皆作『增』字，其義是也，俗本作『憎』誤也」，既已明言作「增」是也，必無可能再云作「增」誤也，則應作「憎」也，當從單疏本。閩本、明監本皆作「增」，阮記謂其作

「憎」，不知所據何本也。

24. 頁十二左　是三軍之大數又以此為三軍者

按：「三」「三」，十行本、李本（元）、閩本、明監本、毛本同；單疏本作「二」「二」，《要義》所引同；元十行本作「二」「三」，劉本（元）、十行抄本同。阮記云：「案：『三』字，盧文弨云：當作『二』下同，是也，《正義》下文云『故荅臨碩謂此為二軍』，二字不誤，可證。」盧記同。下《疏》云「其實於時唯二軍」，既無三軍唯二軍，則作「二」是也，當從單疏本等，阮記是也。

25. 頁十二左　文數可為四

按：「文」，十行本、元十行本、李本（元）、劉本（元）、閩本、明監本、毛本同；單疏本作「大」，十行抄本同，《要義》所引亦同。阮記云：「案：浦鏜云『文疑大字誤』，是也。」盧記同。文數，不辭，揆諸文義，作「大」是也，當從單疏本等，浦說是也。

26. 頁十二左　使知當時無三軍也

按：「使」，十行本、元十行本、李本（元）、劉本（元）、閩本、明監本、毛本同；單疏本作「決」，《要義》所引同。阮記云：「案：浦鏜云『便誤使』，是也。」盧記同。使知、便知，皆不合原文辭氣，作「決」是也，當從單疏本等，浦說、阮記皆誤。

27. 頁十三右　魯邦所詹

按：「詹」，十行本、元十行本、李本（元）、劉本（嘉靖）、閩本、明監本、毛本、巾箱本、監圖本、纂圖本、岳本、五山本、日抄本、唐石經、白文本皆同，《要義》所引亦同。阮記云：「唐石經、小字本、相臺本同，《考文》古本『詹』作『瞻』，案：古本非也……」盧記同。諸本皆同，檢敦煌殘卷伯三七三七《魯頌・閟宮》，正作「魯邦所詹」，則作「詹」實無可疑，衡其體例，阮本不當於此加圈。

28. 頁十四右　淮夷蠻貊而夷行也

按：「而」，十行本、元十行本（正德十二年）、李本（正德十二年）、劉本（正德十二年）、閩本、明監本、毛本、巾箱本、監圖本、纂圖本、岳本、五山

山本、日抄本皆同。阮記云：「小字本、相臺本同，案：此《傳》『而』，當依《正義》作『如』，其讀則以『淮夷蠻貊』四字為逗，《傳》之複舉經文者也……」盧記同。諸本皆同，作「而」不誤，《疏》文述《傳》云「言淮夷蠻貊如夷行者」，非直引《傳》文也，汪記謂：「『而』、『如』古通用字，《傳》作『而』，《正義》作『如』，非有異，不得云誤。」所言甚是。

29. 頁十四左　許口田未聞也

按：「許口田」，十行本同；元十行本（正德十二年）作「許許田」，李本（正德十二年）、劉本（正德十二年）、閩本、明監本、毛本同；巾箱本作「所由」，岳本同；監圖本作「許田」，纂圖本、五山本、日抄本同，《要義》所引亦同。阮記云：「小字本『許田』不空，《考文》古本同，閩本、明監本、毛本，空處誤補『許』字，相臺本『許田』作『所由』，案：所由是也。」盧記同。檢單疏本《疏》文引《傳》文云「故云『周公有營邑，所由未聞也』」，揆諸文義，作「所由」是也，當從巾箱本，阮記是也。

30. 頁十四左　天乃與公大夫之福

按：「大夫」，元十行本（正德十二年）、李本（正德十二年）同；單疏本作「大大」，十行本、劉本（正德十二年）、閩本、明監本、毛本同。阮記云：「閩本、明監本、毛本『夫』作『大』，案：所改是也。」盧記同。大夫之福，不辭，當作「大大」，單疏本可證，阮記以為閩本等改之，單疏本、十行本原文如此，閩本或別有所承也。

31. 頁十五右　許田未聞也

按：「許田」，十行本、元十行本（正德十二年）、李本（正德十二年）、劉本（正德十二年）、閩本、明監本、毛本同；單疏本作「所由」，《要義》所引同。阮記云：「此『許田』亦『所由』之誤。」盧記同。揆諸文義，「所由」是也，當從單疏本等，阮記是也。

32. 頁十五左　徂來之松

按：「來」，十行本、元十行本（正德十二年）、李本（正德十二年）、劉本（正德十二年）、閩本、明監本、毛本、巾箱本、岳本、日抄本、唐石經、白文本同；監圖本作「徠」，纂圖本、五山本同。阮記云：「唐石經、相臺本同，閩本、明監本、毛本同，小字本『來』作『徠』，《考文》古本同。案：《傳》

徂來山也，相臺本仍作『來』，餘本皆作『徠』……」盧記同。檢敦煌殘卷伯三七三七《魯頌・閟宮》，正作「徂來」，《疏》文標起止「徂來至是若」，則作「來」是也，監圖本作「徠」實誤。

33. 頁十五左　箋云孔甚碩大

按：「甚」，十行本、元十行本（正德十二年）、李本（正德十二年）、劉本（正德十二年）、閩本、明監本、毛本、巾箱本、監圖本、纂圖本、岳本、五山本、日抄本皆同，《要義》所引亦同。阮記云：「小字本、相臺本同，案：《正義》云『孔甚，《釋言》文，碩大，《釋詁》文，孔碩言其寢美也，定本、集注云：孔碩甚佼美也，與俗本不同』……今本箋有誤，故與定本、集注及俗本俱不合……」盧記同。諸本皆同，《疏》文標起止「箋孔甚至屋壞」，則作「甚」不誤，阮記之說，純屬猜測，不可信從。

34. 頁十五左　新者姜嫄廟也

按：「也」，十行本、元十行本（正德十二年）、李本（正德十二年）、劉本（正德十二年）、閩本、明監本、毛本、巾箱本、監圖本、纂圖本、五山本、日抄本皆同，《要義》所引亦同；岳本無。阮記云：「小字本同，閩本、明監本、毛本同，相臺本無『也』字，『新』上有『所』字，《考文》古本有，案：無者是也……」盧記同。諸本皆同，《疏》文引箋文「新者姜嫄之廟也」，與諸本合，則當有「也」字，阮記誤也。

35. 頁十五左　曼長也*

按：「曼」，十行本、元十行本（正德十二年）、李本（正德十二年）、劉本（正德十二年）、閩本、明監本、毛本、巾箱本、監圖本、纂圖本、岳本、五山本、日抄本皆同。阮記、盧記皆無說。不知阮本為何於此加圈。

卷二十之三

1. 頁一右　汝作司徒敷五教五教在寬*

按：「五教」，單疏本、十行本、元十行本、李本（元）、劉本（元）、閩本、明監本、毛本、十行抄本皆同。阮記云：「浦鏜云『衍五教二字』，非也，考《殷本紀》重『五教』二字，正用《尚書》文，唐石經初刻亦然，後乃磨去，合諸此《正義》所引，可知唐時本《尚書》自重二字，不可依今本輒刪之也。」

盧記同。諸本皆同，「五教」二字非衍文，浦說誤也，阮記是也，然衡其體例，阮本不當於此加圈。

2. 頁一右　斯封稷臬陶

按：「稷」，十行本、元十行本、李本（元）、劉本（元）、閩本、明監本、毛本同；單疏本作「稷契」，十行抄本同。阮記云：「『稷』下，浦鏜云『脫契字』，是也。」盧記同。單疏本有「契」字，浦說是也。

3. 頁一左　又書序王肅注云契孫相士居商丘

按：「士」，元十行本、李本（元）、劉本（元）、閩本同；單疏本作「土」，十行本、明監本、毛本、十行抄本同，《要義》所引亦同。阮記云：「閩本同，明監本、毛本『士』作『土』，案：所改非也，當是王肅自用『士』字，故依彼引之，不得用《正義》改為『土』也。」盧記同。前《疏》引《左傳》服虔注，明云「相土，契之孫」，又宋刊單疏本、十行本、《要義》皆作「相土」，則作「土」是也，阮記誤甚，謝記謂阮說實多難通，是也。

4. 頁二右　中候維予命

按：「維」，十行本、元十行本、李本（元）、劉本（元）、閩本、明監本、毛本同，《要義》所引亦同。單疏本作「雒」，十行抄本作「洛」。阮記云：「浦鏜云『雒誤維』，是也。」盧記同。單疏本作「雒」，浦說是也。

5. 頁三右　故故終言之

按：「故故」，十行本、元十行本、李本（元）、劉本（元）、十行抄本同；單疏本作「故」，閩本、明監本、毛本同。阮記云：「閩本、明監本、毛本，不重『故』字，案：所改非也，下『故』字，當作『譜』，此亦寫者誤而未及改正耳，不當輒刪。」盧記同。揆諸文義，「故故」顯誤，不當重，當從單疏本，阮記誤也。

6. 頁三右　西及豫州盟豬之野

按：「盟」，單疏本、十行本、元十行本、李本（元）、劉本（元）、閩本、明監本、毛本、十行抄本皆同，《要義》所引亦同。阮記云：「案：《陳譜》作『明豬』，《正義》引此文亦作『明』，今作『盟』當誤，《正義》中『盟』字據《地理志》及《陳譜》《正義》所引《尚書》訂之，則當作『盟』。」盧記同。

諸本皆同，作「盟」不誤，阮記誤也。

7. **頁三右　今之梁國市***

按：「市」，元十行本、李本（元）、劉本（元）、閩本、明監本、毛本同；單疏本作「沛」，十行本、十行抄本同，《要義》所引亦同。阮記引文作「今之梁國沛」，云：「閩本、明監本、毛本『沛』誤『市』。」盧記引文作「今之梁國市」，補云：「閩本、明監本、毛本同，案：『市』當作『沛』。」《正字》云：「『沛』，誤『市』。」此《疏》引《地理志》，梁國有沛縣，無市縣，作「沛」是也，當從單疏本等。意阮本之底本元刊明修十行本當作「市」，與李本、劉本同，讀此本者見此處有誤，遂加「氵」旁，顧廣圻作阮記或據此校本，故引文作「沛」也。

8. **頁三右　自從政衰**

按：「從」，十行本、元十行本、李本（元）、劉本（元）、閩本、明監本、毛本同。單疏本作「後」，十行抄本同，《要義》所引亦同。阮記云：「案：浦鏜云『後誤從』，是也。」盧記同。自後者，自此之後也，揆諸文義，作「後」是也，當從單疏本等，浦說是也。

9. **頁三左　存二王之後所以通大三統**

按：「大」，十行本、元十行本、李本（元）、劉本（元）、閩本、明監本、毛本同。單疏本作「天」，十行抄本同，《要義》所引亦同。阮記云：「案：『大』當作『天』，形近之譌……」盧記同。《正字》云「『天』，誤『大』」，乃阮記所本。檢《何彼襛矣》《疏》文云「言王姬必下嫁者，必二王之後，通天三統」，則作「天」是也，當從單疏本等，浦說是也，茆記謂作「天」未是，顯誤。

10. **頁四右　那祀成湯也**

按：「那」，十行本、元十行本、李本（元）、劉本（元）、閩本、明監本、毛本、巾箱本、監圖本、纂圖本、五山本、日抄本、白文本同，《要義》所引亦同；唐石經作「邢」，岳本同。阮記云：「相臺本『那』作『邢』，唐石經初刻『邢』，磨改『那』，案：那字是也，下同。」盧記同。檢敦煌殘卷伯三七三七《商頌・那》，作「那」，「邢」、「那」、「那」或互為別體字。

11. **頁四右** 有正考甫者

按：「甫」，十行本、元十行本、李本（元）、劉本（元）、閩本、明監本、毛本、巾箱本、監圖本、纂圖本、岳本、五山本、日抄本、唐石經、白文本皆同，《要義》所引亦同。阮記云：「唐石經、小字本、相臺本同，案：《釋文》云：『父』本亦作『甫』，此唐石經所出也……」盧記同。諸本皆同，檢敦煌殘卷伯三七三七《商頌·那》，正作「甫」，則作「甫」是也，衡其體例，阮本不應於此加圈也。

12. **頁四左** 死因為語耳

按：「語」，十行本、元十行本、李本（元）、劉本（元）、閩本同；明監本作「謚」，毛本、十行抄本同，《要義》所引亦同；單疏本漫漶。阮記云：「明監本、毛本『語』作『謚』，案：所改是也。」盧記同。為語，不知何義，考明監本《疏》文云「生為其號，死因為謚耳」，作「謚」是也，當從《要義》等。

14. **頁四左** 又呼湯為武王者以其伐紂革命

按：「紂」，十行本、元十行本、李本（元）、劉本（元）、閩本、明監本、毛本同；單疏本作「桀」，《要義》所引同。阮記云：「案：『紂』當作『桀』。」盧記同。湯如何伐紂，所伐者桀也，作「桀」是也，當從單疏本等，阮記是也。

15. **頁五右** 言潛公之適辭*

按：「辭」，十行本、元十行本、李本（元）、劉本（元）、閩本同；單疏本作「嗣」，明監本、毛本、十行抄本同，《要義》所引亦同。阮記無說，盧記補云：「毛本『辭』作『嗣』。」考單疏本《疏》文云「言潛公之適嗣，當有宋國，而讓與弟屬公也」，揆諸文義，作「嗣」是也，當從單疏、《要義》也。

16. **頁六右** 亦不夷懌

按：「懌」，十行本、元十行本、李本（元）、劉本（元）、閩本、明監本、毛本、巾箱本、監圖本、纂圖本、岳本、五山本、日抄本、唐石經、白文本皆同。阮記云：「唐石經、小字本、相臺本同，案：《釋文》云：『繹』字亦作『懌』，《正義》本是『懌』字，當為唐石經之所本也〇按：『懌』者俗字，從『繹』

為是。」盧記同。諸本皆同,檢敦煌殘卷伯三七三七《商頌·那》,正作「懌」,則作「懌」不誤,阮記按語,絕不可信。

17. 頁六右　先王稱之曰在古

按:「在」,十行本、元十行本、李本(元)、劉本(元)、閩本、明監本、毛本、巾箱本、監圖本、纂圖本、岳本、五山本、日抄本皆同。阮記云:「小字本、相臺本同,段玉裁云……各本作『在』字誤也。」盧記同。諸本皆同,作「在」不誤,阮記所引段說,不可信從也。

18. 頁六左　序助者之來意也

按:「之來」,十行本、元十行本、李本(元)、劉本(元)、閩本、明監本、毛本、岳本同;巾箱本作「來之」,監圖本、纂圖本、五山本、日抄本同。阮記云:「小字本『之來』作『來之』,案:小字本是也。」盧記同。注疏本系統作「之來」,經注本系統作「來之」,未詳孰是,阮記遽斷作「來之」為是,不可信從。

19. 頁六左　而能制作護樂

按:「護」,單疏本、十行本、元十行本、李本(元)、劉本(元)、十行抄本同;閩本作「濩」,明監本、毛本同,《要義》所引亦同。阮記云:「閩本、明監本、毛本『護』作『濩』,案:所改非也,當是《正義》本作『護』字,《正義》下文皆作『濩』,乃合併以後依經注改之耳。」盧記同。單疏本下《疏》皆作「護樂」,則此處作「護」是也,當從單疏本等,衡其體例,阮本不應於此加圈也。

20. 頁六左　大鍾之鏞

按:「鏞」,單疏本、十行本、元十行本、李本(元)、劉本(元)、閩本、明監本、毛本、十行抄本皆同。阮記云:「案:經、《傳》作『庸』,《正義》作『鏞』,庸、鏞古今字易而說之也,例見前。」盧記同。諸本皆同,作「鏞」不誤,衡其體例,阮本不當於此加圈也。

21. 頁七右　脩九招六列*
　　頁七左　晨露九招六列*

按:兩「招」,單疏本、十行本、元十行本、李本(元)、劉本(嘉靖)、

閩本、明監本、毛本皆同，《要義》所引亦同。阮記、盧記皆無說。諸本皆同，原文不誤，不知阮本為何於此加圈。

22. 頁八右　視其有所成

按：「視」，單疏本、十行本、元十行本、李本（元）、劉本（元）、閩本、明監本、毛本皆同，《要義》所引亦同。阮記云：「『視』，當作『是』。」盧記同。《正字》云：「『視』，疑『似』字誤。」諸本皆同，考《疏》文云「致思之深，想若聞見，視其有所成」，想若聞見，其見者即為視也，作「視」不誤，浦說、阮記皆為妄說也。

23. 頁八左　特牲所云食無樂當是

按：十行本、元十行本、李本（元）同；單疏本作「特牲所云食嘗無樂當是」，《要義》所引同；劉本（元）作「特牲所云食嘗無樂是」，閩本、明監本、毛本同，《要義》所引亦同。阮記云：「閩本、明監本、毛本『食』下有『嘗』字，『是』上無『當』字，案：所補是也，所刪非也。」盧記同。檢《禮記‧郊特牲》，正作「食嘗無樂」，則當從單疏本，阮記謂無「當」字，不可信從。

24. 頁九右　烈祖烈祖有功烈之祖*

按：十行本、元十行本、李本（元）、劉本（元）、閩本、監圖本同；明監本作「烈祖有功烈之祖」，毛本、纂圖本同。阮記、盧記皆無說。《釋文》出字「烈祖」，注云「烈祖，有功烈之祖」。「烈祖」二字似不可闕。

25. 頁九左　頵緫假大也

按：十行本、元十行本、李本（元）、劉本（元）、閩本、明監本、毛本、巾箱本、監圖本、纂圖本、岳本、五山本、日抄本皆同。阮記云：「小字本、相臺本同，案：《釋文》以『緫也』作音，是其本多『也』字。」盧記同。諸本皆同，無「也」字，有者別本也。

26. 頁十右　既齊立乎列矣*

按：「乎」，十行本、元十行本、李本（元）、劉本（嘉靖）、閩本、明監本、毛本、巾箱本、監圖本、纂圖本、岳本、五山本、日抄本皆同。阮記無說，盧記補云：「毛本同，案：『乎』當『平』字之譌。」諸本皆同，作「乎」不誤，盧記誤也，謝記謂改「平」非也，是也。

27. 頁十右　神靈用之故

按:「之」,十行本、元十行本、李本(元)、劉本(嘉靖)、閩本、明監本、毛本、巾箱本、監圖本、纂圖本、岳本、五山本、日抄本皆同。阮記云:「小字本、相臺本同,案:『之』,是也、此也,《正義》說經云『以此故』可證,下文云『而云用是之故』,當是《正義》自為文耳,《考文》古本『用』下有『是』字,采《正義》而為之耳」。《正字》云:「脫『是』字。」有者別本也。諸本皆同,作「之」不誤,浦說誤也,衡其體例,阮本不當於此加圈。

28. 頁十右　假大也*

按:「大」,十行本、元十行本、李本(元)、劉本(嘉靖)、閩本、明監本、毛本、巾箱本、監圖本、纂圖本、岳本、五山本、日抄本皆同。阮記引文作「假升也」,云:「小字本、相臺本同,《考文》古本同,閩本、明監本、毛本『升』誤『大』,案:山井鼎云:不可與《傳》混也,是也。」盧記同。諸本皆同,此《傳》文,《疏》文標起止云「傳八鸞至假大」,則作「大」是也,本詩《傳》云「假大也」,箋云「假升也」,阮本似當於「升」旁加圈,方與阮記所云相合也。

29. 頁十右　攘如羊反*

按:「攘」,十行本、元十行本、李本(元)、纂圖本同;劉本(嘉靖)作「穰」、閩本、明監本、毛本、巾箱本、監圖本同。阮記、盧記皆無說。考經文云「豐年穰穰」,《釋文》出字「穰穰」,注云「如羊反」,則作「穰」是也。

30. 頁十右　來假來饗

按:「饗」,十行本、元十行本、李本(元)、劉本(嘉靖)、監圖本、纂圖本、岳本、五山本、日抄本、唐石經、白文本同;閩本作「享」,明監本、毛本、巾箱本同。阮記云:「閩本、明監本、毛本『饗』誤『享』,案:經中饗、享二字截然有別,享者下享上也,饗者上饗下也,自歐陽脩《本義》以來,諸家論之審矣。」盧記同。《正字》云「『享』,石經作『饗』。案:顧氏炎武云:歐陽氏曰:上云以享者,謂諸侯皆來助享于神也,下云來饗者,謂神來至而歆饗也,享、饗二義不同,享者下享上也,《書》曰『享多儀』是也;饗者上饗下也,《傳》曰『王饗醴』是也,故《周頌》『我將我享』作『享』,『既右饗之』作『饗』,《魯頌》『享以騂犧』作『享』,『是饗是宜』作『饗』」,乃阮記

所本。據浦說所引，則此處是上饗下，當作「饗」，檢敦煌殘卷伯三七三七《商頌・烈祖》，作「來假來饗」，正可為證，作「饗」是也。

31. 頁十右　　享謂獻酒使神享之也

按：「享」，十行本、元十行本、李本（元）、劉本（嘉靖）、閩本、明監本、毛本、巾箱本同；監圖本作「饗」、纂圖本、岳本、五山本、日抄本皆同。阮記云：「小字本、相臺本『享』作『饗』，《考文》古本同，案：『享』字誤，見上……」盧記同。既云「獻酒」，則下享上也，作「享」是也，阮記誤甚！

32. 頁十右　　來升堂來獻酒

按：「獻」，十行本、元十行本、李本（元）、劉本（嘉靖）、閩本、明監本、毛本、巾箱本、監圖本、纂圖本、岳本、五山本、日抄本皆同。諸本皆同，原文不誤。阮記所云皆與此「獻」字之誤無關，盧記同。

33. 頁十左　　故余祀之

按：「余」，十行本、元十行本、李本（元）、劉本（嘉靖）同；單疏本作「今」，閩本、明監本、毛本、十行抄本同，《要義》所引亦同。阮記云：「閩本、明監本、毛本『余』作『今』，案：此皆誤也，當作『祭』，形近之譌。」盧記同。考單疏本《疏》文云「中宗既有此業，故今祀之」，又前《疏》云「毛以為中宗崩後，子孫祀之」，則中宗因有偉業，其崩後而子孫祀之，則作「余」顯誤，作「今」是也，當從單疏本等，阮記云當作「祭」，誤甚，謝記云「今」、「祭」俱可通，亦誤。

34. 頁十一右　　又言諸侯所以來故念我*

按：「故」，十行本、元十行本、李本（元）、劉本（嘉靖）、閩本、十行抄本同；單疏本作「顧」，明監本、毛本同。阮記無說，盧記補云：「毛本『故』作『顧』。」考本詩經文云「顧余烝嘗」，故單疏本《疏》文釋之云「諸侯所以來顧念我此烝嘗之時祭」，《疏》文之「顧」正本經文之「顧」，作「顧」是也，當從單疏本。

35. 頁十一左　　禴揔古今字之異也*

按：「揔」，單疏本、十行抄本同；十行本作「惣」，元十行本、李本（元）、劉本（嘉靖）；閩本作「揔」；明監本「總」，毛本同。阮記引文作「禴惣古今

字之異也」，云：「閩本、明監本、毛本『惣』作『總』，案：所改非也，『惣』
即『總』字，《正義》自為文多用之，唯順經注乃有『總』字，明監本以下悉
改之為『總』者，非。」盧記同。摁、惣、揔、總皆一字之異體也，豈可強分
是非彼此。又阮記謂閩本、明監本、毛本作「總」，與今日所見諸本皆異，不
知其所據何本。

36. 頁十一左　既戒且平*

按：「且」，單疏本、十行本、元十行本、李本（元）、劉本（嘉靖）、閩
本、明監本、毛本皆同。阮記云：「閩本、明監本、毛本同，案：此不誤，浦
鏜云『既平誤且平』，非也……」盧記同。諸本皆同，原文不誤，阮記是也，
然阮本既不誤，衡其體例，此處自不當加圈。

37. 頁十二右　鄭於秦風駟驖之箋云*

按：「驖」，單疏本作「驖」，十行本、元十行本同，《要義》所引亦同；劉
本（嘉靖）作「鐵」，閩本、明監本、毛本同；李本（元）作「識」。阮記引文
作「鄭於秦風駟鐵之箋云」，云：「閩本、明監本、毛本『鐵』誤『鐵』，案：
所改是也。」盧記引文「鄭於秦風駟驖之箋云」，云：「閩本、明監本、毛本
『驖』作『鐵』，案：所改是也」。檢敦煌殘卷伯二五二九有《四驖》篇，作
「驖」，「驖」「驖」一字之異體也，作「鐵」顯誤，阮記、盧記引文及所云互
異舛亂，實則皆非也。

38. 頁十二左　謂未升堂獻酒也

按：「未」，十行本、李本（元）、劉本（嘉靖）、閩本同；單疏本作「來」，
元十行本、明監本、毛本同。阮記云：「閩本同，明監本、毛本『未』作『來』，
案：所改是也。」盧記同。未升堂，不知何義，考本詩經文云「來假來饗」，
箋云「諸侯助祭者，來升堂，來獻酒」，單疏本《疏》文云「『來假』，謂來升
堂獻酒也」，此處《疏》文正是本箋釋經也，《疏》文之「來升堂」正本箋文之
「來升堂」，作「來」是也，當從單疏本。

39. 頁十二左　玄鳥玄鳥燕也*

按：十行本、元十行本、李本（元）、劉本（嘉靖）、閩本、纂圖本同；明
監本作「玄鳥燕也」，毛本、監圖本同。阮記、盧記皆無說。《釋文》出字「玄
鳥」，注云「玄鳥，燕也」。「玄鳥」似不當刪。

40. 頁十二左　一本作古字*

按：「字」，十行本、元十行本、李本（元）、劉本（嘉靖）、閩本、明監本、毛本同；巾箱本作「者」，監圖本、纂圖本同。阮記、盧記皆無說。《釋文》出字「古者喪三年既畢祫于太祖明年禘于羣廟」，注云「一本作古者君喪三年既畢禘于其廟而後祫祭于大祖明年春禘于羣廟」。則作「者」是也，當從巾箱本等。

41. 頁十三右　乃述序其事而歌作詩焉*

按：「作」，單疏本、十行本、元十行本、李本（元）、劉本（嘉靖）、閩本、明監本、毛本、十行抄本皆同，《要義》所引亦同。阮記無說，盧記補云：「毛本同，案：『作』當『此』字之譌。」《正字》云「『作』，當『此』字誤」，乃盧記所本。諸本皆同，作「作」不誤，浦說純屬猜測，不可信從。

42. 頁十三左　此月大祭

按：「此」，十行本、元十行本、李本（元）、劉本（嘉靖）、閩本、明監本、毛本同；單疏本作「比」，《要義》所引亦同。阮記云：「案：『此』當作『比』，形近之譌。」盧記同。揆諸文義，作「比」是也，當從單疏本等，阮記是也。

43. 頁十三左　僖二年除喪而明年春禘

按：「而」，單疏本、十行本、元十行本、李本（元）、劉本（嘉靖）、閩本、明監本、毛本、十行抄本皆同，《要義》所引亦同。阮記云：「案：『而』下當脫『祫』字。」盧記同。《正字》云：「下脫『而祫』二字。」諸本皆同，原文不誤，浦說、阮記皆非也。

44. 頁十三左　因禘事而致哀美

按：「美」，十行本、元十行本、李本（元）、劉本（嘉靖）、閩本、明監本、毛本同；單疏本作「姜」，十行抄本同，《要義》所引亦同。阮記云：「案：山井鼎云『美』當作『姜』，是也。」盧記同。《正字》云：「『姜』，誤『美』。」考單疏本《疏》文云「然致夫人自有禮，因禘事而致哀姜」，夫人者哀姜也，作「姜」是也，當從單疏本等，浦說是也。

45. 頁十四右　學者競傳其聞*

按：「聞」，單疏本、十行本、十行抄本同，《要義》所引亦同；元十行本作「間」，李本（元）、劉本（元）、閩本、明監本、毛本同。阮記引文「學者競傳其聞」，云：「閩本、明監本、毛本『聞』誤『間』。」盧記引文「學者競傳其間」，補云：「閩本、明監本、毛本同，案：『間』當作『聞』。傳間，不知何義，作「聞」是也，當從單疏本等。作「聞」既不誤，衡其體例，阮本不當於此加圈。盧記引文與阮記異，且同為元刊明修十行本之李本、劉本皆作「間」，頗疑阮本之底本亦作「間」，阮記之底本同，後經描改為「聞」，阮記據改正之字為說，阮本亦據改正之字重刊，遂致阮本與阮記引文同而與盧記引文異也。

46. 頁十四左　仍恐後字致惑

按：「字」，十行本、元十行本、李本（元）、劉本（元）、閩本、明監本、毛本同；單疏本作「學」，十行抄本同，《要義》所引亦同。阮記云：「案：山井鼎云：『字』恐『學』誤，是也。」盧記同。《正字》云：「『後』字，疑『後學』誤。」後字，不辭，顯誤，當作「學」，當從單疏本等，山井鼎所疑是也。

47. 頁十四左　帝率與之祈于郊禖

按：十行本、元十行本、李本（元）、劉本（元）、閩本、明監本、毛本、巾箱本、監圖本、纂圖本、岳本、五山本、日抄本皆同。阮記云：「案：《釋文》：『郊禖』，本或作『高禖』，《正義》云『祈於高禖而生契』，是《正義》本當作『高』字……」盧記同。諸本皆同，作「郊」不誤，作「高」者，乃別本也。

48. 頁十五右　受命不殆

按：「殆」，十行本、元十行本、李本（元）、劉本（元）、閩本、明監本、毛本、巾箱本、監圖本、纂圖本、岳本、五山本、日抄本、唐石經、白文本皆同。阮記云：「唐石經、小字本、相臺本同，案：箋云：受天命而行之，不解『殆』者……鄭以為『殆』即『懈怠』字，故箋云不解『殆』，而字仍作『殆』……」盧記同。諸本皆同，檢敦煌殘卷伯三七三七《商頌·玄鳥》，正作「受命不殆」，則作「殆」是也，阮本不應於此加圈。

49. 頁十五右　八州之大國

按：十行本、元十行本、李本（元）、劉本（元）、閩本、明監本、毛本、巾箱本、監圖本、纂圖本、岳本、日抄本同；五山本作「國也」。阮記云：「小字本、相臺本同，案：《釋文》云：『大國與』，音余。是其本『國』下有『與』字……」盧記同。《釋文》所據有「與」者，或乃別本也。

50. 頁十五左　員古文作云

按：十行本、元十行本、李本（元）、劉本（元）、閩本、明監本、毛本、巾箱本、監圖本、纂圖本、岳本、五山本、日抄本皆同。阮記云：「按：『作』字衍也，謂『員』是古文云字……」盧記同。諸本皆同，原文不誤，阮記所云，純屬猜測，不可信從。

51. 頁十五左　當擔負天之多福

按：十行本、元十行本、李本（元）、劉本（元）、閩本、明監本、毛本、巾箱本、監圖本、纂圖本、岳本、五山本、日抄本皆同。阮記云：「小字本、相臺本同，按：此與《長發》箋『擔』皆當作『檐』……」盧記同。考《釋文》出字「檐負」，云「都藍反」，又《讀詩記》卷三十二引《玄鳥》箋，作「檐負」，單疏本《疏》文云「故言『檐負天之多福』」，則其所見本亦作「檐」，則作「檐」是也，阮記是也。

52. 頁十五左　得言此殷王

按：十行本、元十行本、李本（元）、閩本、明監本、毛本同；單疏本作「得居此殷土」，《要義》所引同；劉本（元）作「得言此殷五」；十行抄本作「得言此殷土」。阮記云：「案：山井鼎云：『言』恐『居』誤，『王』，『土』誤，是也。」盧記同。《正字》云：「『言』，疑『有』字誤。」言此殷王，不知何義，考單疏本《疏》文云「故契之子孫得居此殷土」，揆諸文義，則作「得居此殷土」是也，當從單疏本，山井鼎所疑是也，浦說非也。

53. 頁十五左　o行其先祖武德之王道

按：「o」，李本（元）、劉本（元）、閩本同；單疏本無，元十行本、十行抄本同，《要義》所引亦同，十行本為空格；明監本作「能」，毛本同。阮記云：「閩本同，明監本、毛本『o』作『能』，案：所改非也，『o』當衍。」盧記同。此處前後皆為《疏》文，顯不當有「o」，當從單疏本等，阮記是也。十

行本誤有空格，元代翻刻遂補入「o」，明監本見義不可通，遂改「o」為「能」，可謂一誤再誤也，謝記謂有「能」字語更順，絕不可信，誤也。

54. 頁十六右　百祿是荷*

按：「荷」，單疏本、十行本、元十行本、李本（正德十二年）、劉本（正德十二年）、閩本、明監本、毛本、十行抄本皆同，《要義》所引亦同。阮記、盧記皆無說，不知阮本為何於此加圈。

55. 頁十六左　玄鳥降則日有祀郊禖之禮也

按：十行本、元十行本、李本（正德十二年）、劉本（正德十二年）、閩本同；單疏本作「則玄鳥降日有祀郊禖之禮也」，《要義》所引同；明監本作「玄鳥降之日有祀郊禖之禮也」，毛本。阮記云：「閩本同，明監本、毛本『則』作『之』，案：此誤改也，『則日』二字當倒耳，『郊』當作『高』，見上。○按：作『郊』者是。」盧記同。則日，不辭，揆諸文義，當從單疏本等，阮記誤也。

56. 頁十六左　注云是時指在桑

按：「指」，元十行本、李本（正德十二年）、劉本（正德十二年）、閩本、明監本、毛本同；單疏本作「恒」。阮記云：「案：山井鼎云：『指』當作『恒』，是也。」盧記同。《正字》云：「『恒』，誤『指』。」此《疏》引《禮記・月令》鄭注，檢之，正作「是時恒在桑」，則作「恒」是也，當從單疏本，浦說是也。

57. 頁十六左　殷本紀云簡狄行洛

按：「洛」，元十行本、李本（正德十二年）、劉本（正德十二年）、閩本、明監本、毛本同；單疏本作「浴」。阮記云：「閩本、毛本同，明監本『洛』作『浴』，案：『浴』字是也。」盧記同。《正字》云：「『浴』，毛本誤『洛』。」行洛，顯誤，《史記・殷本紀》云：「殷契，母曰簡狄，有娀氏之女，為帝嚳次妃，三人行浴，見玄鳥墮其卵，簡狄取吞之，因孕生契。」則作「浴」是也，當從單疏本，浦說是也。

58. 頁十六左　玄鳥墮其卵

按：單疏本、十行本、元十行本、李本（正德十二年）、劉本（正德十二

年）、閩本、明監本、毛本皆同。阮記云：「案：浦鏜云『墮，《本紀》作憻』，是也。」盧記同。諸本皆同，作「墮」不誤，此孔穎達所見本也，浦說云《本紀》作「憻」，非謂當作「憻」，阮記曲解其意，誤甚。

59. 頁十七右　學者咸以為亳在河洛之間書序注云今屬河南偃師地理志河南郡有偃師縣有尸鄉殷湯所都也皇甫謐云學者咸以亳在河洛之間

按：十行本、元十行本、李本（正德十二年）、劉本（正德十二年）同；單疏本無「書序」等四十二字，閩本、明監本、毛本同，《要義》所引亦同。阮記云：「閩本、明監本、毛本，無『書序』以下至『河洛之間』四十二字，案：此十行本複衍也。」盧記同。此四十二字顯為衍文，當從單疏本等，阮記是也。

60. 頁十七右　東觀在洛

按：「在」，十行本、元十行本、李本（正德十二年）、劉本（正德十二年）、閩本、明監本、毛本同；單疏本作「於」，十行抄本同，《要義》所引亦同。阮記云：「案：『在』當作『於』，《譜·正義》引作『於』，此與下互換而誤也。」盧記同。《正字》云：「『於洛』，誤『在洛』。」此《疏》引緯書《中候洛予命》，當從單疏本作「於」，下《疏》亦引之，故亦作「於」，浦說是也，阮記謂上下互換，誤甚。

61. 頁十七右　不得東觀於洛

按：「於」，單疏本、十行本、元十行本、李本（正德十二年）、劉本（正德十二年）、閩本、明監本、毛本、十行抄本皆同，《要義》所引亦同。阮記云：「案：『於』當作『在』，此與上互換。」盧記同。諸本皆同，作「於」不誤，當從單疏本等，阮記誤也。

62. 頁十七左　言九有九有

按：「九」，十行本、元十行本、李本（正德十二年）、劉本（正德十二年）、閩本、明監本、毛本同；單疏本作「奄」，十行抄本同。阮記云：「案：上『九』字當作『奄』，下文云『是同有天下之辭』，以『同』解『奄』也。」盧記同。《正字》云：「『九有』二字，疑衍其一，或言『九有』下脫『九州者』三字。」

此《疏》引經文也，經文云「奄有九有」，作「奄」是也，當從單疏本等，阮記是也，浦說誤也。

63. 頁十八右　注云在傍與己同日偏駕

按：「己」，單疏本、十行本、元十行本、李本（正德十二年）、劉本（正德十二年）、閩本、明監本、毛本、十行抄本皆同，《要義》所引亦同。阮記云：「案：『己』當作『王』。」盧記同。此《疏》引《儀禮·覲禮》鄭注，檢之，正作「在傍與己同」，則作「己」是也，諸本無異文，阮記竟謂當作「王」，誤甚也。

64. 頁十八左　荷者在負之義

按：「在」，十行本、元十行本、李本（正德十二年）、劉本（正德十二年）、閩本、明監本、毛本同；單疏本作「任」。阮記云：「案：浦鏜云『在當任字誤』，是也』。」盧記同。在負，不辭，揆諸文義，作「任」是也，當從單疏本，浦說是也。

65. 頁十八左　將故述其美殷之言*

按：「故」，十行本、元十行本、李本（正德十二年）、劉本（正德十二年）、閩本同；單疏本作「欲」，明監本、毛本同。阮記無說，盧記補云：「毛本『故』作『欲』，案：『欲』字是也。」揆諸文義，作「欲」是也，當從單疏本。

66. 頁十八左　荷任即是擔負之義

按：「擔」，元十行本、李本（正德十二年）、劉本（正德十二年）、閩本、明監本、毛本同；單疏本作「檐」，十行本同。阮記云：「案：『擔』當作『檐』。」盧記同。《釋文》出字「檐負」，注云「都監反」，則作「檐」是也，當從單疏本等，阮記是也。

67. 頁十八左　故言檐負天之多福

按：「檐」，單疏本、十行本、元十行本、李本（正德十二年）、劉本（正德十二年）同；閩本作「擔」，明監本、毛本同。阮記云：「閩本、明監本、毛本『檐』作『擔』字，案：『儋』是正字，俗作『擔』從手……」盧記同。作「檐」是也，當從單疏本等。

卷二十之四

1. 頁一左　歷更前世有功之祖

按：「更」，十行本、元十行本、李本（元）、劉本（元）、閩本、明監本同；單疏本作「陳」，毛本同，《要義》所引同。阮記云：「閩本、明監本同，毛本『更』作『陳』，案：所改是也。」盧記同。《正字》云「『陳』，監本誤『陳』」，乃阮記所本也。歷更，不辭，歷陳者，歷數也，作「陳」是也，當從單疏本等，浦說是也。

2. 頁一左　赤則赤摽怒

按：「摽」，十行本、元十行本、李本（元）、劉本（元）、閩本、明監本、毛本同；單疏本作「熛」。阮記云：「案：浦鏜云『熛誤摽』，是也。」盧記同。檢《周禮·小宗伯》鄭注云「蒼曰靈威仰，大昊食焉；赤曰赤熛怒，炎帝食焉，黃曰含樞紐，黃帝食焉」，則作「熛」是也，當從單疏本，浦說是也。

3. 頁一左　黃則含樞細

按：「細」，十行本、元十行本、李本（元）、劉本（元）、閩本同；單疏本作「紐」，明監本、毛本同。阮記云：「閩本同，明監本、毛本『細』作『紐』，案：所改是也。」盧記同。檢《周禮·小宗伯》鄭注云「蒼曰靈威仰，大昊食焉；赤曰赤熛怒，炎帝食焉，黃曰含樞紐，黃帝食焉」，則作「紐」是也，當從單疏本也。

4. 頁一左　易緯稱王王之郊

按：「王王」，十行本、元十行本、李本（元）、劉本（元）、閩本、明監本、毛本同；單疏本作「三王」。阮記云：「案：山井鼎云：上『王』恐『三』誤，是也。」盧記同。《正字》云：「『三』，誤『王』。」王王，不辭，考單疏本《疏》文云「《易緯》稱：三王之郊，一用夏正」，作「三王」是也，當從單疏本，浦說是也。

5. 頁二右　諸稱三王有受命中興之功

按：「諸」，十行本、元十行本、李本（元）、劉本（元）、閩本、明監本、毛本同；單疏本作「譜」。阮記云：「案：浦鏜云『譜誤諸』，是也。」盧記同。

《商頌譜》云「此三王有受命中興之功，時有作詩頌之者」，則作「譜」是也，當從單疏本，浦說是也。

6. 頁二左　王知音智
　　　　　　天下于況反

按：「王」，十行本、元十行本、李本（元）、劉本（元）、閩本、明監本、毛本同。阮記無說，盧記補云：「通志堂本、盧本竝無『王』字，案：當是下『王天下』，『王』字誤在上。」「天下」，十行本、李本（元）、劉本（元）、閩本同；明監本作「王天下」，毛本同。阮記無說，盧記補云：「通志堂本、盧本竝作『王天下于況反』，案：『天下』上當有『王』字，此誤在前『知音智』上。」檢《釋文》出字「深知」，云「音智」，又出字「王天下」，云「于況反」，則盧記是也，明監本補一「王」，然不知前條衍一「王」，故《正字》云『『深』，誤『王』」，是也。

7. 頁三右　禹平治水土

按：「禹」，單疏本、十行本、元十行本、李本（元）、劉本（元）、閩本、明監本、毛本皆同。阮記云：「案：『禹』當作『內』，形近之譌。」盧記同。諸本皆同，作「禹」不誤，考《疏》文云「王肅云：外，諸夏大國也，京師為內，諸夏為外，言禹外畫九州境界，禹平治水土，中國既廣，已平均且長也」，若從阮記之說作「內」，京師為內，則禹內平治水土，即僅僅平治京師之水土耶？此絕不可通，故其說誤甚。

8. 頁三右　比至成湯之興*

按：「比」，單疏本、十行本、元十行本、李本（元）、劉本（元）、閩本、明監本、毛本皆同。阮記、盧記皆無說。諸本皆同，不知阮本為何於此加圈。

9. 頁三右　上須言契而已

按：「上」，十行本、元十行本、李本（元）、劉本（元）、閩本、明監本、毛本同；單疏本作「止」，《要義》所引同。阮記云：「案：『上』當作『止』，形近之譌。」盧記同。上須，不辭，止須者，僅須也，與「而已」正前後相應，作「止」是也，當從單疏本等，阮記是也。

10. **頁三左　以其承黑商立子**

按：「商」，十行本、元十行本、李本（元）、劉本（元）、閩本、明監本、毛本同；單疏本作「帝」，《要義》所引同。阮記云：「案：山井鼎云：『商』恐『帝』誤，是也。」盧記同。《正字》云：「『帝』，誤『商』。」此《疏》引箋，箋云「承黑帝而立子」，則作「帝」是也，當從單疏本等，浦說是也。

11. **頁三左　國語亦云昔我先王后稷**

按：「先王」，單疏本、十行本、元十行本、李本（元）、劉本（元）、閩本、明監本、毛本皆同。阮記云：「案：『先王』，浦鏜云『《周語》作先世』，非也，《國語》本作『昔我先王世后稷』，誤本乃無『王』字耳，《正義》所引當亦『王世』兩有……」盧記同。《正字》云：「『先王』，《國語》作『先世』。」檢《國語・周語》，作「昔我先世后稷」，孔穎達所見本作「先王」，或其所見之本有異，浦說、阮記皆不可信從，汪記謂：「《疏》以證后稷通稱『先王』耳，無取世為稷官之義，故省『世』字。」或是。

12. **頁三左　我先王不窋***

按：「窋」，十行本、元十行本、李本（元）、劉本（元）、閩本、明監本、毛本、十行抄本同；單疏本作「窋」，《要義》所引同。阮記、盧記皆無說，阮記下引文「文武不先不窋」，云：「案：上文『我先王不窋』，十行本已誤『窋』，閩本以下同。」《正字》云：「『窋』，誤『窋』，下同。」檢《國語・周語》，作「我先王不窋」，韋昭注云「不窋，棄之子」，則作「窋」是也，當從單疏本等，浦說是也。

13. **頁四右　故為齊也**

按：「齊」，單疏本、十行本、元十行本、李本（元）、劉本（元）、閩本、明監本、毛本皆同。阮記云：「案：『齊』上，浦鏜云『脫整字』，是也。」盧記同。諸本皆同，原文不誤，浦說非也。

14. **頁四右　截而整齊**

按：「而」，十行本、元十行本、李本（元）、劉本（元）、閩本、明監本、毛本同；單疏本作「然」。阮記云：「案：浦鏜云『而，箋作爾，此譌』，是也。」盧記同。此《疏》引箋文，《要義》所引箋文正作「截然整齊」，又下《疏》屢

云「截然整齊」，則作「然」是也，浦說誤也。

15. **頁四左　其德浸大**

按：「浸」，十行本、元十行本、李本（元）、劉本（元）、閩本、明監本、毛本、巾箱本、監圖本、纂圖本、岳本、五山本、日抄本皆同，《要義》所引亦同。阮記云：「小字本、相臺本同，案：《釋文》云：浸大，子鳩反，《正義》云『定本作浸字』，如其所言，非為異本，當有誤也，意必求之，或《正義》本是『漸』字……」盧記同。諸本皆同，《要義》所引亦同，作「浸」不誤，此本無可懷疑，然阮記竟妄加猜測，以意求之，誤甚也。

16. **頁四左　不違言疾也***

按：「違」，十行本、元十行本、李本（元）、劉本（元）、纂圖本同；閩本作「遲」，明監本、毛本、巾箱本、監圖本、岳本、五山本同。阮記無說，盧記補云：「毛本『違』作『遲』，案：『遲』字是也。」不遲，為疾，此處箋文釋經，經云「湯降不遲」，則作「遲」是也，當從巾箱本等，盧記是也。

17. **頁四左　天命是故愛敬之也**

按：「命」，十行本、元十行本、李本（元）、劉本（元）、閩本、明監本、毛本、巾箱本同；監圖本作「用」，纂圖本、岳本、五山本、日抄本同。阮記云：「小字本、相臺本『命』作『用』，案：『用』字是也。」盧記同。《正字》云：「『命』，疑『以』字誤。」此箋釋經，經文云「上帝是祗」，上帝者天也，非天命，天用是故，非天命是故，作「用」是也，當從監圖本等，阮記是也，浦說誤也。

18. **頁四左　非韓字也**

按：「韓」，十行本、元十行本、李本（元）、劉本（元）、閩本、明監本、毛本、纂圖本同；巾箱本作「轉」，監圖本同。阮記云：「通志堂本同，盧本『韓』作『改』，云『改，舊譌韓』，案：考小字本、十行本所附亦如此，『韓』字當是『解』字，形近之譌，盧文弨所改者未是。」盧記補云：「《釋文挍勘》：通志堂本同，盧本『韓』作『改』，云『改，舊譌韓』，非也。案：考小字本所附亦如此，『韓』當作，形近之譌。」檢《釋文》出字「昭假」，注云：「古雅反，鄭云暇也，徐云：毛音格，鄭音暇。案：王肅訓假為至格，是王音也。沈

云：鄭箋云寬暇，此以義訓，非韓字也。」作「韓」則義不可解，巾箱本作「轉」，非轉字，義則曉暢，作「轉」是也，阮記、盧說皆誤也。又，盧記與阮記文字頗異，其云「韓當作」，無下文，誤甚也。

19. 頁五右　傳升至九州

按：「升」，十行本、元十行本、李本（元）、劉本（元）、閩本、明監本、毛本同；單疏本作「躋升」，十行抄本同。阮記云：「案：『升』上當脫『躋』字。」盧記同。此標起止，《傳》云「躋，升也，九圍，九州也」，則當作「傳躋升至九州」，則「躋」字不可闕，當從單疏本等，阮記是也。

20. 頁五右　晉維宋公孫固說公子重耳之德

按：「維」，十行本、元十行本、李本（元）、劉本（元）、閩本、明監本、毛本同；單疏本作「語」，《要義》所引同。阮記云：「閩本、明監本『固』誤『因』，毛本不誤，案：山井鼎云：『維』恐『語』誤，是也。」盧記同。《正字》云：「『語』，誤『維』。」檢《國語·晉語》，「公孫固言於襄公曰晉公子……」，則作「語」是也，當從單疏本等，浦說是也。

21. 頁五左　如旌旗之旒縿著焉

按：「旒縿」，十行本、元十行本、李本（元）、劉本（元）、閩本、明監本、毛本、巾箱本、纂圖本、監圖本、岳本、五山本同；日抄本作「梳縿」。阮記云：「小字本、相臺本同，案：《正義》云：『定本云如旌旗之縿旒者焉』，《釋文》云：旒縿，所銜反，著焉，直略反，是《釋文》本與《正義》本同也，此箋當讀『旒』字畧逗，『縿著焉』三字為句，定本非是……」盧記同。刊本皆作「旒縿」，是也，作「梳縿」誤也。衡其體例，阮本不當於此加圈。

22. 頁五左　舉事其得其中

按：「其」，十行本、李本（元）、十行抄本同；單疏本作「皆」，《要義》所引同；元十行本作「甚」，劉本（元）、閩本、明監本、毛本同。阮記云：「閩本、明監本、毛本，上『其』字作『甚』，案：所改非也，此『具』字之誤。」盧記同。考單疏本《疏》文云「湯之性行，不爭競，不急躁，不太剛猛，不太柔弱，舉事皆得其中」，揆諸文義，作「皆」是也，當從單疏本等，「其」、「甚」皆誤也，阮記誤也，謝記謂作「甚」未嘗不可，騎墻之說，實不可信。

23. 頁六右　定本云如旌旗之縿旒者焉

按：「者」，十行本、元十行本、李本（元）、劉本（元）同；單疏本作「著」；閩本作「首」，明監本、毛本同。阮記云：「閩本、明監本、毛本『者』誤『首』。○按：依定本上『縿』下『旒』為是，『者』字亦是『著』字之譌也，直畧反。」盧記同。單疏本作「著」，作「著」是也，阮記按語是也。

24. 頁六左　百祿是總

按：「總」，十行本、元十行本、李本（元）、劉本（元）、巾箱本、監圖本、纂圖本、岳本、五山本、日抄本、唐石經、白文本同；閩本作「緫」，明監本、毛本同。阮記云：「唐石經、小字本、相臺本同，案：《釋文》云：是總，子孔反，本又作『稯』，音宗……○按：此當『稯』字為長，淺人以總字與上文三上聲相叶，而輒改耳。」盧記同。檢敦煌殘卷伯三七三七《商頌·長發》，作「緫」，總、緫皆總字之異體，則作「緫」是也，阮記按語謂當作「稯」，真不知淺人為誰也。

25. 頁七右　採為美譽*

按：「採」，十行本、元十行本、李本（元補）、劉本（嘉靖）同；單疏本作「休」，閩本、明監本、毛本同。阮記無說，盧記補云：「案：『採』當作『休』，毛本不誤。」考單疏本《疏》文云「又『荷天之龍』，與上『荷天之休』，其文相值，休為美譽，則此宜為榮名」，所謂「上荷天之休」，正指上章經文也，上章箋云「休，美」，則《疏》文「休為美譽」正本此而來，作「休」是也，當從單疏本，盧記是也。

26. 頁七左　武王至夏桀o以為上言成湯

按：「以」，十行本、元十行本、李本（元補）、劉本（嘉靖）、閩本、明監本、毛本同；單疏本作「毛以」，十行抄本同，《要義》所引亦同。阮記云：「案：浦鏜云『以上當脫毛字』，是也。」盧記同。衡《疏》通例，釋經時例云「毛以為」，下云「鄭以為」，以為對照，作「毛」是也，當從單疏本等，浦說是也。

27. 頁七左　克伐既滅

按：「克伐」，十行本、元十行本、李本（元補）、劉本（嘉靖）、閩本、明

監本、毛本同；單疏本作「先代」，十行抄本同，《要義》所引亦同。阮記云：
「案：『克伐』當作『先代』，形近之譌。」盧記同。考單疏本《疏》文云「先
代既滅，封其支子為王者之後」，揆諸文義，作「先代」是也，當從單疏本等，
阮記是也。

28. 頁七左　謂本根已順

按：「順」，十行本、元十行本、李本（元補）同；單疏本作「傾」，劉本
（嘉靖）同，《要義》所引亦同；閩本作「顧」；明監本作「顛」，毛本同。阮
記云：「明監本、毛本『順』作『顛』，閩本作『顧』，案：『顛』字是也。」盧
記同。考單疏本《疏》文云「本根已傾，更生枝餘」，揆諸文義，作「傾」是
也，當從單疏本等，阮記誤也。

29. 頁八右　不歷數之

按：「不」，十行本、元十行本、李本（元補）、劉本（嘉靖）、閩本、明監
本、毛本同；單疏本作「又」，《要義》所引同。阮記云：「案：浦鏜云『下誤
不』，是也。」盧記同。考單疏本《疏》文云「又歷數之：己姓……彭姓」，揆
諸文義，作「又」是也，當從單疏本等，浦說誤也。

30. 頁八左　佟故之以*

按：「佟故」，單疏本、十行本、元十行本、李本（元補）同；劉本（嘉
靖）作「移放」，閩本、明監本、毛本同。阮記引文「佟故之以」，云：「閩本、
明監本、毛本『佟』誤『移』，『故』誤『放』。」盧記引文「移故之以」，云：
「閩本、明監本、毛本同，案：『移』當作『佟』，形近之譌」。《正字》云：「『佟
故』誤『移放』。」此《疏》引《左傳》，檢昭公十八年《左傳》，正作「佟故
之以」，則作「佟故」是也，當從單疏本等，浦說是也。衡其體例，阮本不當
於此加圈。

31. 頁八左　是吾與桀同日誅

按：「是」，元十行本、李本（元補）、劉本（嘉靖）同；單疏本作「昆」，
十行本、閩本、明監本、毛本同，《要義》所引亦同。阮記無說，盧記補云：
「毛本『是』作『昆』，案：『昆』字是也。」考單疏本《疏》文云「昆吾以乙
卯日亡也，昆吾與桀同日誅，則桀亦以乙卯日亡也」，以前證後，作「昆」是
也，當從單疏本等，盧記是也。

32. 頁八左　言實也上天子而愛之

按：「言實」，十行本、元十行本、李本（元補）、劉本（嘉靖）、閩本、明監本、毛本、十行抄本同；單疏本作「信實」。阮記云：「案：浦鏜云『言疑信字譌』，是也，『實』當衍字……」盧記同。考單疏本《疏》文云「至於成湯，乃有聖德，信實也」，揆諸文義，作「信」是也，當從單疏本，浦說是也，阮記誤也。

33. 頁九左　罙入其阻

按：「罙」，十行本、元十行本、李本（元補）、劉本（元）、巾箱本、監圖本、纂圖本、岳本、五山本、日抄本、唐石經、白文本同；閩本作「采」，明監本、毛本同。阮記云：「唐石經、小字本、相臺本同，閩本、明監本、毛本『罙』誤『采』，案：依字當作『罙』，詳《詩經小學》。」盧記同。《釋文》出字「罙」，單疏本《疏》文云「罙者，深入之意」，則作「罙」是也，阮記非也。

34. 頁十右　衷聚釋詁

按：「詁」，十行本、元十行本、李本（元補）、劉本（正德）同；單疏本作「詁文」，閩本、明監本、毛本同。阮記云：「閩本、明監本、毛本『詁』下有『文』字，案：所補是也。」盧記同。檢《爾雅·釋詁》云「衷、鳩、樓，聚也」，則「文」字不可闕，當從單疏本也。

35. 頁十左　曰商是常*

按：十行本、元十行本、李本（元補）、劉本（正德）、閩本、明監本、毛本、巾箱本、監圖本、纂圖本、岳本、五山本、日抄本、唐石經、日抄本皆同。阮記云：「小字本、相臺本同，唐石經『商』下旁添『王』字，案：旁添誤也，箋云曰商王是吾常君也，『王』字是箋文而非經文也。」盧記同。諸本皆同，檢敦煌殘卷伯三七三七《殷武》經文，正作「曰商是常」，則原文不誤，然阮本既不誤，此處自不當加圈也。

36. 頁十左　謂之藩國

按：「藩」，元十行本、李本（元補）同；單疏本作「蕃」，十行本、劉本（正德）、閩本、明監本、毛本同。阮記云：「閩本、明監本、毛本『藩』作『蕃』，案：所改非也，『藩』即『蕃』字耳。〇按：依《說文》『藩』是正字。」盧記同。單疏本、十行本皆作「蕃」，作「蕃」是也，阮記誤也，謝記謂各書

皆作「蕃」，《正義》他處引書亦作「蕃」，不能以《說文》律之，是也。

37. 頁十一右　　亦每服者合五百里

按：「合」，單疏本、十行本、元十行本、李本（元補）、劉本（元）、閩本、明監本、毛本皆同，《要義》所引亦同。阮記云：「案：浦鏜云『合當各之誤』，是也。」盧記同。諸本皆作「合」，作「合」不誤，浦說純屬猜測，不可信從，阮記是之，亦誤。

38. 頁十一左　　烝民不粒

按：「烝」，元十行本、李本（元補）、劉本（元）、閩本同；單疏本作「烝」，十行本、明監本、毛本同，《要義》所引亦同。阮記云：「閩本同，明監本、毛本『烝』作『烝』，案：所改是也。」盧記同。單疏本、十行本皆作「烝」，作「烝」是也。

39. 頁十二左　　中候契握曰若稽古王湯

按：「曰」，單疏本、十行本、元十行本、李本（元補）、劉本（元）、閩本、明監本、毛本皆。阮記云：「案：『曰』字當重，而誤脫其一。」盧記同。諸本皆同，原文不誤，阮記誤也。

40. 頁十三右　　松栝有梴

按：「梴」，十行本、元十行本、劉本（嘉靖）、閩本、明監本、毛本、巾箱本、監圖本、纂圖本、岳本、五山本、日抄本、唐石經、白文本同；李本（元補）作「梴」。阮記未云其誤，盧記同。《釋文》出字「有梴」，單疏本《疏》文云「梴為長貌」，則作「梴」是也。

41. 頁十三右　　俗作

按：「作」，十行本、元十行本、李本（元補）、劉本（嘉靖）、閩本、明監本、毛本、巾箱本、監圖本、纂圖本皆同。阮記云：「通志堂同，盧本『作』下有『埏』字，云：『埏』字舊無，今補，《白帖》卷一百引《詩》『松栝有埏』，則唐時本有俗從『土』者，案：段玉裁云是也，今考小字本、十行本所附皆『俗作』下更無字，當是《釋文》舊如此矣。」盧記同。《釋文》出字「有梴」，注云：「丑連反，又力鱣反，長貌，柔梴物同耳，字音鱣，俗作。」諸本同，且《釋文》本如此，存疑可也。

42. 頁十三右　鄭以樸又為椹

按：「又」，單疏本、十行本、元十行本、李本（元補）、劉本（嘉靖）、閩本、明監本、毛本、十行抄本皆同。阮記云：「案：浦鏜云『又疑衍字』，是也……」盧記同。諸本皆同，原文不誤，浦說誤也。

43. 頁十三左　弟小辛崩

按：「辛」，十行本、元十行本、李本（元補）、劉本（嘉靖）、閩本同；單疏本作「辛立」，明監本、毛本同。阮記云：「閩本同，明監本、毛本『辛』下有『立』字，案：所補是也。」盧記同。考單疏本《疏》文云「盤庚崩，弟小辛立，崩，弟小乙立」，揆諸文義，「立」字不可闕，當從單疏本等。

後　記

　　此前拙作《阮刻〈周易注疏〉圈字彙校考正》已正式出版，算是「阮刻《十三經注疏》圈字彙校考正集成」研究系列中面世的第一種，而實際上，該系列最早著手撰寫的卻是本書。打開本人 iPhone 上安裝的 ihour 軟件，據其記錄，本書的撰寫工作始於二〇一六年六月五日，至二〇一七年九月已完成主體部分，遂以此申報教育部後期資助項目，僥倖獲批後，又補入了清人相關考辨文字。二〇一八年三月，我赴日本北海道大學展開訪學活動，在此期間，除了整理《毛詩》經傳鄭箋、撰寫《阮刻〈周易注疏〉圈字彙校考正》，還對本書書稿進行了全面修訂，並補入了元刊十行本《毛詩注疏》等版本文字信息，本書撰寫工作初步完成。回國後，按照相關規定，申請課題結項，直到今年五月，接函通知已通過評審。此後，我又再次對全書書稿進行了修改，並補入了五山版《毛詩》等版本文字信息，至此，全書定稿。據軟件統計，共投入工作時間七百二十三小時，這都是我在備課、上課、進行其他科研工作，以及應付各種煩雜事務之餘擠出來的，現在回想起來，可謂遍嘗艱辛，實屬不易。

　　起先我曾擬名「南昌府學刊本《毛詩注疏》圈字彙校考正」，在動車上我向同事李文才教授提及此事，他便建議我將「南昌府學刊本」改作「阮刻」，簡潔精準，我感覺他說的很有道理，後來申報教育部課題、國家社科基金課題，俱以「阮刻」為名，皆僥倖獲批，應與此不無關係。朱兆虎兄將點校整理《毛詩》經注本的重任交付於我，既是莫大的信任，也是一種鞭策，使我在彙校整理的過程中，對《毛詩》經注文本有了全面徹底的認識，極為有利於本書書稿的修訂工作。李霖兄在點校本《毛詩傳箋》出版之後，提醒我應該

對日本五山本《毛詩》等古本給予重視，並惠賜相關版本，讓我有機會完善本書書稿的不足之處。此外，我還得到了很多師友的提攜和幫助，在此不一，真誠地感謝他們。

二〇一九年八月二十一日於漕河南岸寓所

二〇二二年元月十四日修訂